普通高等教育"十三五"规

U0598181

新编导游业务实训教程

——以职业能力培养为主线

韩笑·主编

电子科技大学出版社
University of Electronic Science and Technology of China Press

图书在版编目（CIP）数据

新编导游业务实训教程：以职业能力培养为主线 /
韩笑主编. —— 成都：电子科技大学出版社, 2018.8
ISBN 978-7-5647-6668-9

Ⅰ. ①新… Ⅱ. ①韩… Ⅲ. ①导游–业务–高等学校
–教材 Ⅳ. ①F590.63

中国版本图书馆CIP数据核字(2018)第197184号

新编导游业务实训教程——以职业能力培养为主线

韩　笑　主编

策划编辑　　李述娜
责任编辑　　谭炜麟

出版发行　　电子科技大学出版社
　　　　　　成都市一环路东一段159号电子信息产业大厦九楼　邮编　610051
主　　页　　www.uestcp.com.cn
服务电话　　028-83203399
邮购电话　　028-83201495

印　　刷　　定州启航印刷有限公司
成品尺寸　　170mm×240mm
印　　张　　17.5
字　　数　　382千字
版　　次　　2018年8月第一版
印　　次　　2018年8月第一次印刷
书　　号　　ISBN 978-7-5647-6668-9
定　　价　　38.00元

前　言

　　近年来，以服务业为代表的第三产业及以文化业为代表的第四产业高速发展，催生了服务业与文化业融合的朝阳产业——旅游业的蓬勃发展。随着旅游业的迅速发展，对旅游从业人员知识技能素质提出了更高的要求，调查显示目前游客的满意度不高，在投诉统计中近21%的比例是针对导游人员的投诉，可以看出，目前的导游队伍的职业能力已不能满足游客的需求，不能为游客提供高质量满意的服务，因此导游职业技能有待提高，一支素质高、业务能力强的旅游人才队伍建设很关键。

　　旅游院校作为主要导游人才培养基地，每年向旅游行业输送大量导游服务人员，但从整体上看，培养出的学生导游职业技能水平不高，其原因是多方面的。为了适应时代发展和政策需要，满足社会旅游行业发展对导游人才的需求，因此，迫切需要提高旅游院校教学质量，改革承载培养学生导游技能主要功能的导游业务课程教学，切实提高学生的导游职业技能。

　　导游业务实训——以业务能力培养为主线，对于旅游管理专业学生、旅游院校乃至旅游业发展都具有重要的指导意义。《导游业务实训》是高等院校旅游管理专业的学生在完成公共课程，以及《旅游学概论》《导游业务》等专业基础课后培养其综合操作、应变能力的一项实训课程。通过组织导游业务实训设计教学，具体落实旅游管理专业教学计划中模拟导游实习的教学内容，使学生进一步熟练掌握导游员带团的全过程和讲解技巧，同时对当地的著名人文景观和自然景观有一个比较全面、客观、详细的认识，以此来强化对学生全面的素质教育，为毕业后从事导游工作以及旅游管理工作奠定良好基础。

　　本书主要包括以下几个模块的内容：导游人员的概念与素质、地陪导游服务实训、全陪导游服务实训、领队导游服务实训、散客导游服务实训、导游讲解技能实训、流动游览、住宿餐饮、购物营销导游讲解、导游词创作实训、娱乐表演技能实训、导游应变能力、旅游安全事故的处理程序。导游业务实训——以业务能力培养为主线按照突出仿真性、先进性、适用性、简洁性的原则编写，并重组实训教程结构，体例新颖，力求反映本科院校旅游专业课程和教学内容体系改革方向，反映当前旅游实践教学的新内容，突出知识的应用和实践技能的培养；适应"旅游实践的要求和旅游行业岗位的需要"，贴近旅游行业岗位群，把国内外最新知识、最新技能和最新工艺，充分体现到实训教程体系中。

目录

导游人员的概念与素质

【实训目标】

1. 熟悉导游人员的基本类型和工作职能，区分不同类型的导游人员，初步了解其工作职能。
2. 掌握导游人员所需的知识素养。
3. 理解导游人员职业道德。

【实训手段】

案例分析；走访旅行社；实地跟团。

实训项目一　导游人员的概念与职能

一、实训目的

通过对资料的分析，帮助学生建立初步的导游人员形象，理解导游人员的概念，了解导游人员的不同类型，让学生充分了解导游人员的工作内容、工作职责。

通过下企业参观，与旅行社专职导游人员对话，认识各类导游人员的具体职能。通过班级讨论，培养学生的演讲技能。

二、基本知识点

（一）导游人员的概念

导游可谓世界上最古老的职业之一。人类自出现以来就在地球上漫游，那些历史上记载的带路的人，如探路者、带富家子弟旅行的家庭教师、帮助自己国家的人去国外旅游的人和大旅行时代的旅行家庭教师都可以作为今日的导游员的前身。

例如，唐代杜牧在《清明》中写道："借问酒家何处有，牧童遥指杏花村。"从目前导游人员的工作内容分析，牧童扮演的就是导游人员的角色。

"导游"一词来自于英语 Tour Guide，其中 Guide 一词既可以作为名词，也可以作为动词。按《牛津词典》解释，其作为名词词义为"指路的人"，作为动词，词义为"引导"。Tour Guide 按美国威斯康星大学哲学博士查理斯·梅特尔编著的《住宿、旅行和旅游辞典》的解释是"领有执照并受雇带领旅游者在当地观光旅行的人"。

"导游"这个词最早使用的时间虽然难以考证，但毫无疑问，它是人们在长期旅游实践中对引导游客旅行的行为进行科学概括而形成的。自托马斯·库克旅行社成立以来，旅游活动便作为一种商品来经营。旅行社为了从旅游活动的组织中获得利润，在市场上树立良好的品牌形象，必须提高游客的满意度，使旅行社组织的旅游活动能够安全顺利地进行。为此，就需要做好各项旅游服务工作，如引导游客顺利地旅行，向游客介绍游览项目，讲解和描述旅游景点的历史典故、人文景观的文化内涵，帮助游客解决旅游中遇到的各种问题。"导游"一词就是对这类工作进行的高度概括。

严格地说，"导游"与"导游人员"两者并不完全等价。导游是指导游服务，即旅行社按照合同或约定的内容和标准向旅游团（者）提供旅游接待服务，包括旅游向导、讲解、翻译及生活服务（含上下站联络、生活照料、票证服务、行李服务、委托服务、其他服务等），导游强调的是服务。导游人员是导游服务工作的从业人员，根据中华人民共和国国务院于 1999 年 10 月 1 日颁布的《导游人员管理条例》第二条，导游人员是指依照该条例取得中华人民共和国导游证书，接受旅行社委派，为旅游者提供向导、讲解、翻译及相关旅游服务的人员。

（二）导游人员的分类与职责

由于导游人员的业务范围、业务内容并不相同，服务对象和使用的语言各异，业务性质和服务方式也不尽相同，所以，目前世界上还没有统一的分类标准。我国目前根据导游人员的业务范围、职业性质、使用语言和技术等级对导游人员进行分类。

1. 按业务范围划分

导游人员按业务范围划分，可分为出境领队、全程陪同导游人员、地方陪同导游人员和景区景点导游人员。具体如表 1–1 所示。

表 1–1　导游人员按业务范围划分类型及对应的职责

导游人员类型	概念	主要职责
出境领队	受国家旅游行政管理部门批准的可以经营出境旅游业务的旅行社的委派，全权代表该旅行社带领旅游团在境外从事旅游活动的工作人员	介绍情况，全程陪同 落实旅游合同，监督旅游计划的实施 组织、团结工作 联络工作 维护旅游者的人身和财物安全

导游人员类型	概　念	主要职责
全程陪同导游人员	受组团旅行社委派，作为组团社的代表，在领队和地陪的配合下实施接待计划，为旅游团（者）提供全程陪同服务的工作人员	实施旅游计划 联络工作 组织协调工作 维护安全、处理问题与事故 宣传、调研
地方陪同导游人员	受接待旅行社委派，代表该接待社实施接待计划，为旅游团（者）提供当地旅游活动安排、讲解、翻译等服务的工作人员	安排旅游活动 做好接待工作 导游讲解和翻译 维护安全、处理问题
景区景点导游人员	在某一旅游景区景点内，负责为旅游团（者）进行导游讲解服务的工作人员	导游讲解 安全提示

2.按职业性质划分

导游人员按职业性质划分，可分为专职导游人员和兼职导游人员。

专职导游人员是指在一定期限内以导游工作为主要职业的导游人员。这类导游人员一般与旅行社签订了正式的劳动合同，属于旅行社的正式员工。

兼职导游人员是指利用业余时间从事导游工作的人员，其主要职业不是导游。在我国，这类导游人员主要有两种：一种是经国家导游资格统一考试取得导游资格证书，从事兼职导游工作的人员；另一种是具有特定语种语言能力，受聘于旅行社并领取临时导游证的临时导游人员。

3.按使用语言划分

导游人员按使用语言划分，可分为中文导游人员和外语导游人员。

中文导游人员是指能够使用普通话、方言或少数民族语言从事导游工作的人员，他们的服务对象主要是国内旅游者。

外语导游人员是指能够运用非中文语言从事导游工作的人员。他们的服务对象主要是入境旅游的外国人和出境旅游的中国公民。

4.按技术等级划分

根据我国导游人员职业等级标准，可将导游人员划分为初级导游人员、中级导游人员、高级导游人员和特级导游人员。

三、实训内容、组织方式及步骤

实训内容 I：导游人员的分类与职能

实训要求：请学生根据材料，总结导游人员的类型。

实训形式：资料分析。

实训步骤：

第一步：实训前准备。要求参加实训的同学，课前查阅相关书籍，初步了解本次实训所涉及的基础知识。

第二步：以 5 ~ 6 人的小组为单位，进行资料的分析与讨论，各人充分发表各人的观点。

 案例分析 1-1

导游人员的分类

美国波士顿某旅行社委派史密斯先生带领美国哈佛大学美术学院教授一行 30 人从北京入境，他们想了解中国的历史、中国的刺绣、中国的碑林和参观上海世博会，与中国国际旅行社签订旅游合同，根据客人要求，中国国际旅行社安排的线路是北京—济南—苏州—上海，并派了一名英语口语流利的中级导游员小李来落实此次旅游接待计划。小李带领美国教授一行在北京游览了故宫博物院，并邀请故宫博物院的导游人员小张对该景点进行了详细的讲解。在济南曲阜，参观了孔庙大成殿陈列的碑碣石刻，美国游客对曲阜的导游员小孔的工作非常满意。随后在苏州参观了刺绣厂。在上海参观了世博园，在世博园，由学生导游小陈为美国教授一行做介绍。最后由北京的小李和上海的小陈一起将客人送往上海虹桥机场离境返回美国。

第三步：对小组成员的各种观点进行记录（见表 1-2）。

第四步：各小组选出一名代表发言，对小组讨论结果进行总结。

第五步：实训指导教师对小组成员的讨论情况进行总结。

表 1-2　"导游人员的分类"资料分析记录

专业班级		组　别	
记录人		时　间	
小组成员			

讨论记录	根据以上材料，说说案例中共有哪些类型的导游人员？ 说说导游人员的分类标准。 根据自己的旅游经历，说说各类导游人员的职责。		成　绩
	组员 1		
	组员 2		
	组员 3		
	组员 4		
	组员 5		
	组员 6		

实训内容：下企业参观，与旅行社专职导游员对话，认识各类导游员的具体职能

实训形式：走访旅行社。

实训要求：请学生围绕导游工作内容和职能，准备与旅行社导游人员交流的问题，并在进行交流的过程中寻找问题的答案，以巩固对导游人员分类、导游人员工作职能的理解。通过走访旅行社，了解导游人员的真实工作情景。

实训步骤：

第一步：实训前准备。学生围绕导游工作内容，准备需要与旅行社导游交流的问题提交给实训指导老师，由指导老师对要交流的问题进行筛选。

第二步：由实训指导老师联系旅行社，并与旅行社沟通，组织学生走访旅行社，了解导游的实际工作情况。

第三步：学生按照指导老师筛选的问题与旅行社导游进行交流，并记录交流过程中涉及问题的答案。

第四步：学生返回课堂，整理与导游的交流记录，并完成走访报告。

第五步：学生交流走访心得。

表 1-3　与导游交流记录稿

姓　名		专业班级		学　号	
交流对象		所在单位		联系方式	
导游类型			成　绩		

问题1：＿＿＿＿＿＿＿＿＿＿＿＿＿＿＿＿＿＿＿

导游回答：＿＿＿＿＿＿＿＿＿＿＿＿＿＿＿＿＿＿＿

问题2：＿＿＿＿＿＿＿＿＿＿＿＿＿＿＿＿＿＿＿

导游回答：＿＿＿＿＿＿＿＿＿＿＿＿＿＿＿＿＿＿＿

四、实训时间及成绩评定

（一）实训时间

实训内容：资料分析、讨论时间以15分钟为宜，各小组代表发言时间控制在3分钟以内。

实训内容：学生准备交流的问题、联系旅行社利用课余时间，实际走访旅行社时间30分钟，与导游交流时间控制在20分钟以内。

（二）实训成绩评定

1. 实训成绩按优秀、良好、中等、及格、不及格5个等级评定。

2. 实训成绩评定准则：

（1）是否弄清导游人员的概念，能否准确区分各类型的导游人员，并准确说出划分标准。

（2）能否准确表述各类导游人员的职责。

（3）是否为本次实训活动制订了很好的计划并付诸实施，是否能很好地对讨论的内容进行总结和概括。

（4）是否能有效地与旅行社导游进行交流。

 知识点链接

1. 导游资格证与导游1C卡

导游资格证是导游从业人员必须具备的职业资格证书。获得全国导游人员资格证书的唯一途径是通过由国务院旅游行政部门委托省、自治区、直辖市人民政府旅游行政部门组织的全国导游人员资格考试。全国导游人员资格证书由国家旅游局统一印制。各省级旅游局将考试合格人员名单及证书编号上报国家旅游局，由国家旅游局核发证书。证书全国有效。

取得了全国导游人员资格证书，是从事导游工作的第一步。

取得全国导游人员资格证书的人员，须与旅行社签订劳动合同，或者在导游服务公司登记，方可持所签订的劳动合同或登记证明材料，向省、自治区、直辖市人民政府旅游行政部门申请领取导游证，即1C卡。取得导游证（1C卡）的导游人员才有资格从事导游工作。

　　具有特定语种语言能力的人员，虽未能取得导游人员资格证书，旅行社需要聘请临时从事导游活动的，由旅行社向省、自治区、直辖市人民政府旅游行政部门申请领取临时导游证。

　　2.导游证的有效期限

　　取得导游资格证3年内必须申请换导游证，否则导游资格证自动作废。

　　导游证的有效期限为3年。

　　导游证持证人需要在有效期满后继续从事导游活动的，应当在有效期限届满前3个月，向省、自治区、直辖市人民政府旅游行政部门申请办理换发导游证手续。

　　临时导游证的有效期限最长不超过3个月，并不得展期。

　　3.导游技术等级的晋升

　　（1）初级导游员（elementarytourguide）：获得导游人员资格证一年后，就技能、业务和资历对其进行考核，合格者自动成为初级导游员。

　　（2）中级导游员（intermediatetourguide）：获初级导游员资格两年以上，业绩明显，经考核、考试合格者晋升为中级导游员，他们是旅行社的业务骨干。

　　（3）高级导游员（seniortourguide）：取得中级导游员资格四年以上，业绩突出、水平较高，在国内外同行和旅行商中有一定影响，经考核、考试合格者晋升为高级导游员。

　　（4）特级导游员（specialclasstourguide）：取得高级导游员资格五年以上，业绩优异，有突出贡献，有高水平的科研成果，在国内外同行和旅行商中有较大影响，经考核合格者晋升为特级导游员。

实训项目二　导游人员的知识素养

一、实训目的

通过资料分析和讨论，要求学生了解导游人员应具备的知识素养。

二、基本知识点

　　随着时代的发展，现代旅游活动更趋向于对文化、知识的追求。人们出游，除了消遣和休闲外，还想通过旅游来获取信息、领略异国情趣、增长知识、丰富阅历。为了适应不同旅游者的需求，导游人员必须涉猎各方面、各领域的知识。导游人员的知识面越广、信息量越多，就越有可能把导游工作做得有声有色。导游知识是包罗万象的，通常，一名合格的导游人员应具备以下六方面的知识。

（一）丰富的语言知识

导游讲解是一项综合性的口语艺术，要有很强的口语表达能力，所以语言是导游人员最重要的基本功，是导游服务的工具。导游人员若没有过硬的语言能力和扎实的语言功底（特别是外语导游翻译人员），就不能与旅游者顺利地进行文化交流，也就不可能完成导游工作的任务，更谈不上优质服务了。导游人员必须借助声音来介绍旅游目的地的风土人情、民俗文化、自然山水、文物古迹，把原本毫无生气的景物渲染得栩栩如生，吸引旅游者的注意力，最终使旅游者对导游服务感到满意。

口语表达时，发音要准确，口齿要清楚，语法不出错，词汇丰富，反应灵敏，翻译时力求做到信、达、雅。不过，导游人员的口语艺术应置于丰富的知识宝库之中，知识宝库是土壤，口语艺术是种子，两者结合就能获得良好的导游效果。

（二）史地文化知识

史地文化知识是导游人员应掌握的最基本的知识，包括历史、地理、宗教、民族、民风民情、风物特产、文学艺术、古建筑园林等方面，这些知识是导游讲解的"实"的内容，是导游词的基本素材。

导游人员要努力学习，力争使自己上知天文、下知地理，对本地及邻近省、市、地区的旅游景点、风土人情、历史掌故、民间传说了如指掌，对国内外的主要名胜也应有所了解。在讲解时，善于将本地的风景名胜与历史典故、文学名著、名人轶事、民间传说等有机地联系在一起，做到有实有虚、生动有趣。

导游人员还要不断地提高艺术鉴赏能力。艺术素养不仅能使导游人员的人格更加完善，还可使导游讲解的层次大大提高，从而在中外文化交流中起到更为重要的作用。

目前，我国导游人员在这方面存在的问题主要是，知识面较窄，只求一知半解，对其包含的科学内容不进行深入研究。有的导游人员只满足于背诵导游词，在导游讲解时，单调生硬，不能激发起旅游者的兴趣；更有甚者杜撰史实，张冠李戴，胡言乱语，欺骗旅游者，这不仅有违导游人员的职业道德，而且有损于我国导游服务的声誉，不利于我国旅游业的发展。

（三）政策法规知识

政策法规知识是导游工作的指针。导游人员在导游讲解、回答旅游者的问询或与旅游者讨论有关问题时，必须以国家的方针政策和法规作指导，不给旅游者造成不必要的误解。在处理旅游过程中出现的问题时，要以国家的政策和有关法律法规为依据，正确处理。

导游人员应该掌握的政策法规知识主要包括：国家现行的方针政策、有关的法律法规知识、旅游者的权利和义务（特别是外国旅游者在中国的法律地位及他们的权利和义务）、与旅游业相关的法律法规。

（四）心理学、美学知识

导游人员在实施接待服务的过程中，时刻要与形形色色的旅游者、参与接待的其他工作人员打交道。导游人员的工作对象是人，不同的接待对象，其思维方式、价值观念、生活习惯、文化传统往往差异较大，而且导游人员与他们相处往往是短暂的，掌握必要的心理学知识有助于导游人员了解旅游者的心理活动，有的放矢地做好导游讲解工作和旅途生活服务工作，有针对性地提供心理服务，从而使旅游者在心理上得到满足，在精神上得到享受，导游人员才能更轻松地完成导游接待工作。

导游活动又是一项综合的审美活动。导游人员不仅要向旅游者传播知识，还要传递美的信息，帮助他们获得美的享受。一名合格的导游人员不仅要懂得什么是美，还善于用生动形象的语言向不同审美情趣的旅游者介绍美，也要能用美学知识指导自己的仪容、仪表、仪态。因为导游人员本身也是旅游者的审美对象。

导游人员应具备的美学知识包括：自然景观美学（山地景观、水体景观、动植物景观、气象景观等）、人文景观美学（建筑、园林、民风民俗等）、艺术美学（书法、绘画、音乐、舞蹈、戏剧、手工艺品等）、生活美学（饮食、服饰等）。

（五）旅行生活常识

旅行生活常识对于导游人员做好旅游接待工作有很大的帮助，在旅游接待过程中出现的许多问题，都可以依靠旅行生活常识来解决。

导游人员应具备的旅行生活常识包括两方面的内容：一是旅行常识，如交通知识、通信知识、海关知识、货币保险知识、急救知识、旅游业知识等；二是生活常识，如卫生防疫知识、待人接物常识、选购商品知识等。

这些知识一部分可以通过书本学习和培训获得，但大部分则需要在日常生活中不断积累。

（六）旅游客源地与目的地知识

导游人员应具备的旅游客源地知识主要包括客源地居民的文化传统、风俗习惯、礼俗禁忌、思维方式、价值观念，以及客源地国家（地区）的历史、政治、经济、社会的基本概况等。

旅游目的地知识，主要包括目的地国家（地区）的旅游设施基本条件，经济水平，服务方式，历史、地理、文化、风物、特产、礼俗禁忌，当地居民和政府对旅游者的态度等。

如果是出境旅游，还应了解目的地国家的货币兑换、海关、边检等规定。

三、实训内容、组织方式及步骤

实训内容：导游人员应具备的知识素养

实训要求：通过以下两个案例分析，要求学生总结作为一名合格的导游人员应该具备的基本知识。

实训形式：资料分析。

实训步骤：

第一步：实训前准备。要求参加实训的同学，课前查阅相关书籍，初步了解本次实训所涉及的基础知识。

第二步：以 5 ~ 6 人的小组为单位，进行资料的分析与讨论，各人充分发表各人的观点。

 案例分析 1-2

一问三不知的导游

小王是 XX 旅行社新招聘的导游员，对所在城市游览点的导游词已经背得滚瓜烂熟，对自己的工作充满信心。

一天，他带领游客去游览岳王庙。在正殿，小王讲解道："这天花板上绘的是松鹤图，共有 372 只仙鹤，在苍松翠柏之间飞翔，寓意岳飞精忠报国精神万古长青，一位游客听了后，就问小王："为什么是 372 只仙鹤，而不是 371 只或是 373 只？这有什么讲究吗？"小王倒是很爽快，回答说："这个我不清楚，应该没什么讲究吧！"

来到碑廊区，小王指着墙上"尽忠报国"四个字，说这是明代书法家洪珠所写。团中一位年轻人不解地问小王："为什么前面正殿墙上写的是'精忠报国'，而这儿却写成'尽忠报国'呢？"小王考虑了一会儿，支支吾吾道："这两个字没什么区别，反正它们都是赞扬岳飞的。"那游客还想些说什么，小王却喊道："走了，走了，我们去看看岳飞墓。"

到了塞区．小王指着墓道旁的石翁讲解："这三对石人代表了岳飞生前的仪卫。"游客们没有听懂，要求小王解释一下"仪卫"是什么，小王犯难地说："仪卫嘛，就是为岳飞守坟的。"游客反问道："放几个石人在这儿守坟有什么用呢？"小王说："这个，我不知道。"

案例分析 1-3

练就十八般武艺

一个导游人员，做在旅游车上，手拿麦克风，如数家珍地向游客介绍广州城的历史沿革，介绍她开放而生机勃勃的今天，这时，你是一个名副其实的导游讲解员。

当你置身在装饰精巧、富丽堂皇的陈氏书院，博物院的工作人员用中文向外宾讲述这别具特色的岭南庭院的建筑艺术风格时，你又是一位博学的翻译员。

长途坐车旅行，又遇到交通不杨，游客难免会感到烦躁和不安。为了活跃气氛，你会给游客们讲"三个和尚""曹冲称象"或"西门豹"的故事，尽管你会唱的歌曲不多，但至少能唱美国的"雪绒花"、加拿大的"红河谷"、澳大利亚的"剪羊毛"及中国民歌"浏阳河"。在笑声和掌声中，你又成了游客心中的演员和歌星。

由于旅游团成员之间兴趣和爱好各不相同，有时对参观线路意见各异，你需要在最短时间内，根据绝大多数人的要求以及当时当地的实际情况，雄辩地提出你的最佳方案，这是你又必须是一个出色的演说家和指挥家。

当你看到游客中的老太太拖着沉重的皮箱走出机场，看到游客在友谊商店聚精会神地挑选名贵的首饰而顾不上手袋里钱包打开时，你绝不要忘记你同时又是行李员、保卫员和服务员。

外国人不远万里来到中国，除了渴望游览我国的美丽河山和名胜古迹外，还希望通过中国之行，了解人民的生活，体会我国的民俗风情，他们常常会提出参观工厂、农村、医院、学校甚至普通人的家庭，因此导游人员还须学习工业、农业、文教、卫生、法律、考古、烹调等基本知识。六榕寺内，一石碑文，常令游人百思不得其解。镇海楼上，一联巧对，又急煞多少翻译员。正是"神州大地如书卷，旅程万里是考场"。这里需要十八般武艺，需要广泛的知识，其中包括懂得一点心理学，要研究一下中西方思想文化的异同。

在过去一段时间里，我们在安排游览节目时，曾存在很大的主观随意性，甚至认为自己喜欢看的东西，外国人就一定喜欢，这种强加于人的做法在接待效果上往往适得其反。我曾多次注意到，导游材料上介绍的当地人常引以为豪的一些高楼大厦，或者刚刚竣工的立体交通桥，并没有引起游客多大的兴趣，尽管导游们"言者谆谆"，而游客们却"听者藐藐"，但突然间，全车人却不约而同地扭身注视车外，把摄影机、录像机一齐对准马路旁鞭炮齐鸣的迎亲车队，好奇地目送着精心打扮的新郎新娘的背影消失在路旁小巷中。

他们不愿意听那枯燥无味的说教宣传，却会兴致勃勃地走进相见的古老大屋，欣赏屋檐的彩塑，看看院子的水井，与农妇闲话家常；乡镇百货大楼里琳琅满目的商品未必能引起他们的购买欲，但一位应邀来访的美国州长夫人却看中了村前小店的一扎农家用的竹筷子和两个响亮的单车铃。

（摘自广州中国国际旅行社导游翻译张植林的文章《十年风雨说导游》。

第三步：对小组成员的各种观点进行记录。

表1-4　案例分析讨论记录稿

专业班级			组　别		
记录人			时　间		
小组成员					
讨论记录	根据材料 I，说说案例中的小王存在什么问题？ 根据材料 n，说说一名合格的导游人员应该具有哪些基本的知识？				成　绩
	组员 1				
	组员 2				
	组员 3				
	组员 4				
	组员 5				
	组员 6				

第四步：各小组选出一名代表发言，对小组讨论结果进行总结。第五步：实训指导教师对小组成员的讨论情况进行总结。

四、实训时间及成绩评定

（一）实训时间

实训内容 I：资料分析、讨论时间以 30 分钟为宜，各小组代表发言时间控制在 3 分钟以内。

（二）实训成绩评定

1. 实训成绩按优秀、良好、中等、及格、不及格 5 个等级评定。

2. 实训成绩评定准则

（1）是否弄清导游人员应具备的基本知识。

（2）是否为本次实训活动制订了很好的计划并付诸实施，是否能很好地对讨论的内容进行总结和概括。

实训项目三　游人员的职业道德

一、实训目的

通过资料分析和讨论，要求学生了解导游人员应具备的职业道德。

二、基本知识点

旅游职业道德不仅是每个导游人员在工作中必须遵循的行为准则，也是人们衡量导游人员职业道德行为和服务质量的标准。

（一）自尊自强、敬业爱岗

自尊自强是指导游人员应当具有民族自尊心和民族自豪感。应该包括两个方面的含义：一方面，导游人员首先要"爱国"，"爱国"是各国伦理道德的核心，是导游人员必备的情操修养，也是合格导游人员的首要条件。只有爱国的导游人员才会具有民族自尊心和民族自豪感．才会把热爱祖国美好河山的情感传递给外国旅游者。另一方面，由于种种原因，导游人员的职业压力增大，并由过去的"精英职业"向"大众化职业"转变，导游人员必须增强对职业的认同感．认识到导游职业的崇高与伟大，才能有干好这一行的动力与激情。

对导游人员来说，敬业就是敬重从事的旅游服务业，爱岗就是热爱自己的本职工作。这是从事导游职业的人都应遵守的基本道德规范。

导游职业工作繁杂，艰辛劳累，意志不坚定、心态不稳定的从业人员很容易滋生敷衍、应付、抱怨的心理。导游人员接受旅行社的委派，领取接待计划之后，旅行社的利益和信誉以及全体游客的消费和安全都交付给了导游人员，导游人员对工作的负责程度同时影响到两方面的利益。如果导游人员不够敬业，缺乏责任感，致使旅游活动受损，旅行社要蒙受损失，而旅游者美好的假期也会蒙上阴影。因此，敬业爱岗是从事导游职业的人应该遵守的最基本的道德规范。

（二）热情友好、宾客至上

热情友好、宾客至上是旅游工作最显著的一个职业特征，也是旅游工作者必须遵循的行为准则。

国际上许多学者把"好客"视为旅游业的重要资源，我国也将"友谊为上、经济受益"作为旅游业的指导方针。

现代社会竞争激烈、生活节奏紧张，人和人之间的交往变得功利、直接。现代人在旅游过程中期待身心的放松和情感的慰藉，因此导游人员在接待过程中，应发扬我国热情好客、礼仪之邦的优良传统，做到微笑服务、文明礼貌、敬语称道。初次见面，导游人员笑脸相迎，会使游客在"宾至如归"的温暖氛围中消除陌生感和不安心理。有的国家，如日本，已把能否保持热情的态度作为录取导游人员的标准之一。把宾客放在首位，一切为宾客着想，努力满足宾客的合理、正当要求，克服冷淡、粗暴、懒散等违反导游职业道德的不良行为。

（三）不卑不亢、光明磊落

不卑不亢就是导游人员要正确对待自己和自己的职业。导游人员的工作虽然是服务性工作，但是高尚的，我们的人格、地位与旅游者是平等的，切不可表现出自卑情绪，以至于低三下四，盲目崇洋；同时，切不可妄自尊大、贬低别人。当对方的言行有损于我们的国格时，导游人员应理直气壮，坚持有理、有礼、有节的原则，维护祖国的尊严。

光明磊落有两层含义：一是对待旅游者要一视同仁，不因其国籍不同、地位不同、贫富不同、肤色各异等而厚此薄彼；二是不搞小动作，行事要落落大方，要给旅游者以"信任感"。

（四）真诚公道、信誉第一

真诚公道、信誉第一是正确处理旅游企业与旅游者之间实际利益关系的一项行为准则。

真诚就是真实诚恳，讲究信用，信守承诺和合同，不弄虚作假，不欺骗或刁难旅游者；公道就是公平合理，买卖公道，价格公道。

信誉第一，就是把企业的信誉放在第一位。导游人员是旅行社的窗口，导游人员的诚信程度直接影响到旅行社的信誉。

导游人员接待旅游者，要言行一致、表里如一，做到"言必信，行必果"，在职业活动中，还应与人为善、诚实可靠，要把旅游者看成是朋友，尊重他们，关心他们，做到急客人之所需，想客人之所虑，谋客人之所求。

（五）意志坚定、沉着冷静

导游人员在旅游者面前应时时处处表现出充分的自信心和抗干扰能力，坚定不移地维护旅行社的信誉和旅游者的正当权益，坚决要求相关服务方面不折不扣地按事先达成的合同或合作协议提供各项服务。

在遇到突发事件时，导游人员应沉着、冷静地分析问题，果断、坚定地采取适当措施处理问题，使事件的影响或损失减少到最低限度。

（六）遵纪守法、廉洁奉公

遵纪守法、廉洁奉公既是行政和法律的要求，又是道德规范的要求。

导游人员应自觉遵守下列禁止性规定：

（1）严禁嫖娼、赌博、吸毒；也不得索要和接受反动、黄色书刊画报及音像制品。

（2）不得套汇、炒汇；也不得以任何形式向海外游客兑换、索取外汇。

（3）不得向游客兜售物品或者购买游客的物品；不偷盗游客的财物。

（4）不能欺骗、胁迫游客消费或者与经营者串通欺骗、胁迫游客消费。

（5）不得以明示或暗示的方式向游客索要小费，不准因游客不给小费而拒绝提供服务。

（6）不得收受向游客销售商品或提供服务的经营者的财物。

（7）不得营私舞弊、假公济私。

廉洁奉公就是不贪、不占、不损公肥私、不化公为私、一心为公、秉公办事；就是处处为国家和集体利益着想，以人民利益为最高利益，抵制不正之风，维护旅游业的声誉。

（七）团结协作、顾全大局

旅游服务是关联性很强的综合性服务，虽是旅游接待服务的重要环节，然而靠导游人员单方面难以完成旅游计划，必须与许多部门、单位、企业或个人进行合作。在合作过程中一旦发生矛盾和冲突，导游人员应以大局为重；要个人利益服从集体利益，局部利益服从整体利益，眼前利益服从长远利益。在一些非原则性问题上，导游人员要委曲求全，尽量做好耐心解释工作，力争各方的谅解和合作，这样才能确保旅游服务的质量。

（八）身心健康、积极向上

导游工作是一项脑力劳动和体力劳动高度结合的工作，工作纷繁，量大面广，流动性强，体力消耗大，而且工作对象复杂，诱惑性大。因此，导游人员必须是一个身心健康的人，否则很难胜任工作。身心健康包括身体健康、心理平衡、头脑冷静和思想健康四个方面。

总之，一名合格的导游人员应精干、老练、沉着、果断、坚定，应时时处处显示出有能力领导旅游团，而且工作积极、耐心，会关心人、体谅人，富于幽默感，导游技能高超。

（九）文明礼貌、仪容端庄

礼貌待客是导游员的职业内功。"不学礼，无以立"，礼貌待客是对导游员文化知识和技术能力的要求，更是对导游思想品质和职业道德的要求。

导游员的工作性质和特点要求导游一定要注意穿着得体，离开了得体的穿着就谈不上导游员的文明礼貌。我国的导游员还没有统一的着装，然而每一个导游员都要认真把握自己的着装问题，把着装看成是关乎"德诚于中，礼行于外"的大事情。

（十）耐心细致、优质服务

耐心细致是衡量服务人员工作态度和工作责任心的一项重要标准。导游人员待客要虚心、耐心，关心要细致入微，俗话说得好："细微之处见真情。"

所谓优质服务，应该是规范化和个性化相结合的服务，是高效率、高附加值的服务。

旅游职业道德不仅是每个导游人员在工作中必须遵循的行为准则，而且也是人们衡量导游人员的职业道德行为和服务质量的标准。

三、实训内容、组织方式及步骤

实训内容 I：导游人员的职业道德

实训要求：通过对材料的分析，要求学生体会作为一名合格导游应该具备的职业道德。

实训形式：资料分析。

实训步骤：

第一步：实训前准备。要求参加实训的同学，课前查阅相关书籍，初步了解本次实训所涉及的基础知识。

第二步：以 5 ~ 6 人的小组为单位，进行资料的分析与讨论，各人充分发表各人的观点。

 案例分析 1-4

杭州导游蔡玮玮泰国海啸亲历记

回想起 48 小时前目睹的海啸场面，25 岁的女导游蔡玮玮说："和美国大片《后天》一模一样。"

28 日上午 7 点 50 分，杭州中国旅行社导游蔡玮玮带着旅行团乘坐东航班机从泰国普吉岛回到上海浦东国际机场，26 名游客一人不少。他们是 24 日出发到达普吉岛的。

26 日上午 8 点，旅行团一行 27 人乘船从普吉岛出发，前往附近的披披岛。快要到达目的地的时候，当地导游接到邻近岛屿的电话："发生了地震。"此时，海水已经悄然后退，船只无法靠岸，只能搁浅在滩涂上。

旅行团上岸后，海水又开始上涨，一些游客以为是潮起潮落，一些游客拿出手机和 DV 拍摄。蔡玮玮连忙提醒大家跑向附近三层楼高的酒店。跑到酒店门口的时候，第一排浪头已经追了上来。慌乱中，旅行团分成两拨跑上酒店主楼二楼，水位迅速上涨。

"你跑到哪里，水就涨到那里。只听见波浪打破玻璃的声音和人们的尖叫声、哭喊声。海水把酒店的家具电器卷起来了，相互碰撞，砰砰响。"蔡玮玮回忆说。

众人又连忙撤到三楼，此时已经无路可退，清点人数时才发现少了4人。蔡玮玮以为四个人受了惊吓，躲到三楼的客房里去了，她和另外一个游客找遍三楼客房，也没有客人的踪影。"这个时候我只想赶紧把人找到，也不管海浪还会不会涨上来。"好在海水没有继续上涨，过了十多分钟就慢慢退下了。

23个中国人轮番呼喊4名失踪同伴的名字，终于从酒店副楼平台上传来了应答声。两名同伴（同时也是一对夫妻）躲到了那里，其中的女游客右手臂血流不止，她是被海浪击碎的玻璃划伤的。"也不知是伤了动脉还是静脉，反正血就不住地往外喷，用一条脏毛巾捂着。"蔡玮玮说。

趁着第一波海浪退却的空隙，蔡玮玮和一个年轻的男游客赶紧下到酒店大堂，跑到副楼，用桌椅搭成"楼梯"，把受伤的女游客送上副楼楼顶。"当时我们已经没有力气了，房顶上好多外国游客，大家七手八脚把我们拉了上去。"

随后，第二波海浪又卷了过来，等水位再次下降，已经隔了快3个小时。大家又连忙把伤员送到主楼的三楼，和大部队会合。蔡玮玮到处找懂一点医术的外国游客，帮女游客止了血，用一条被海水染脏了的床单缠住右臂。

此时酒店的工作人员又通知说，楼下瓦斯泄漏，要求游客赶紧撤离。大家把客房的门全部拆下来，伤员躺在门板"担架"上第一批往外撤。"等我们走下楼，到酒店大堂的时候，不知道是瓦斯还是别的气体，呛得我们都睁不开眼。酒店里吃的用的，只要派得上用处的，大家都拿走了。"

跑到外面，许多人才发现自己光着脚，还有的人则拿酒店的拖鞋充数。为了躲避可能来袭的下一波海浪，当地工作人员组织游客往酒店后的小土山上跑，许多人跑到30米高的地方就没力气了。"这时候他们说下一波海浪有30米高，大家只好拼命往山上跑。"蔡玮玮说。跑到土山上，大家砍下树枝生火，把酒店里拿来的毛毯烤干，裹在身上休息，熬过了不眠的一夜。

27日清晨6点半，众人开始下山。蔡玮玮一路上还看到不少遗体，都裹着白布躺在地上，"我相信天亮了肯定会有船来接，所以叫团友集合在码头最前面的泊位上等"。在码头等了十多分钟，第一艘船靠岸，25个中国人幸运地上了船首批撤出。但还有两名游客没有消息。

到了普吉岛，中国驻泰国的使领馆通知蔡玮玮，另外两名游客已经找到了，他们已随其他旅行团先撤回普吉岛。见面后才知道，这两名游客下船后，发现有东西遗失在船上就回头去找，两人在船上经历了惊天动地的海啸。他们被解救上岸后，以为前面 25 个人生还无望，还焦急地去找过大家的"遗体"。

"大家都到齐了，我才放了心。"蔡玮玮说，她到了普吉岛，看到当地旅行社的员工来迎接，才放声痛哭起来。

这支浙江旅行团是几经辗转才联系上我国驻泰国的使领馆的。蔡玮玮在 26 日中午 11 点 50 分，打电话告诉同事张金蓓："发生了海啸！"张金蓓回忆说，自己一点思想准备都没有，"现在想起来，我可能是国内第一个知道海啸消息的人"。

杭州中国旅行社副总经理李慧说，接到蔡玮玮的电话后，旅行社连忙向杭州市旅游委和浙江省旅游局汇报，然后又和外交部、泰国旅游局驻北京办事处取得联系。26 名游客中，有 19 人是中国联合工程公司的员工。海啸发生后，被困员工也打手机向杭州的公司总部求助，公司也立即通过中国外交部请求紧急救援。中国驻泰国大使馆闻讯采取了应急措施，派员赶赴现场抢险。两名"失踪"游客就是通过中国大使馆和大部队恢复联系的。

蔡玮玮和她的旅行团 28 日下午回到了杭州，此时杭州已是满天飞雪，在旅行社总部，她接受了多家媒体的采访。在回忆 48 小时的惊险经历时，蔡玮玮的表情非常平静，只是提到"一个人都不少"时，脸上才流露出自然的笑容。

（材料来源于浙江省 2007 年导游年审培训读本第七章优秀导游员先进事迹汇编）

第三步：各小组根据实训指导教师提问进行讨论，并记录讨论结果。

表 1-5　案例分析讨论记录稿

专业班级		组　别	
记录人		时　间	
小组成员			
讨论记录	根据材料，说说蔡玮玮具有哪些优秀的导游职业道德？ 根据材料，说说蔡玮玮具有哪些导游人员的基本知识？ 谈谈蔡玮玮导游的优秀事迹对你的启发		成　绩
	组员 1		
	组员 2		
	组员 3		
	组员 4		
	组员 5		
	组员 6		

第四步：各小组选出一名代表发言，对小组讨论结果进行总结。

第五步：实训指导教师对小组成员的讨论情况进行总结。

实训内容二：导游人员的职业道德

实训要求：要求学生实地全程跟团，体会导游接待服务过程中所扮演的角色，思考作为一名合格导游人员应具备的基本知识和职业素养。

实训形式：实地跟团。

实训步骤：

第一步：实训前准备。教师与校外实训基地联系，确定实训时间、实训线路及实训指导老师（实训指导教师由合作旅游社的导游担任）。

第二步：以学生学号为依据，每个实训基地安排 2 名学生实地跟团。

第三步：教师与旅行社共同制订跟团实训计划。

第四步：跟团学生实训前了解跟团线路，阅读相关书籍，了解实地导游需要的知识、职业道德。

第五步：跟团学生按照旅行社要求按时实施实训计划。

第六步：跟团结束后撰写总结，进行实训交流。

四、实训时间及成绩评定

（一）实训时间

实训内容 I：资料分析、讨论时间以 20 分钟为宜，各小组代表发言时间控制在 3 分钟以内。

实训内容 n：联系旅行社、制订跟团实训计划、学生了解实训线路、做好实训准备、撰写跟团总结等工作利用课余时间；实训跟团学习利用周末，不超过两天；实训交流时间利用课堂时间，不超过 20 分钟为宜。

（二）实训成绩评定

1. 实训成绩按优秀、良好、中等、及格、不及格 5 个等级评定。

2. 实训成绩评定准则：

（1）是否为本次跟团实习制订了很好的计划并付诸实施。

（2）旅行社导游反馈意见。

（3）跟团实训总结是否结合导游人员所需要的知识素养，是否体现了导游人员的职业道德要求。

（4）跟团实训总结交流时，是否能清楚准确地表达自己的观点。

模块二　地陪导游服务实训

【实训目的】

1. 通过本模块的实训，使学生熟练掌握地陪导游服务的具体工作程序。

2. 通过本模块的实训，使学生基本达到地陪导游服务所需的技能要求。

3. 通过本模块的实训，使学生能够将理论与实践有机的结合，更好地理解和巩固学习内容。

【实训方法】

1. 教师示范讲解。

2. 分组讨论。

3. 学生示范讲解。

4. 课外活动。

【课时分配】

地陪服务准备（1学时）

地陪迎接服务（1学时）

地陪入住饭店服务（1学时）

核对，商定日程服务（0.5学时）

参观游览服务（2学时）

导购服务（1学时）

导餐服务（0.5学时）

送站服务（1学时）

学时合计（8学时）

【关键词】

迎接服务入店服务核对；商定日程参观游览用餐导购送站。

【背景知识】

地陪服务是指地方陪同导游人员从接受接待旅行社下达的旅游接待任务起，到旅游团离开本地，并做完善后工作为止的一系列服务工作。地陪是受当地接待社委派或聘用，代表当地旅行社执行组团社接待计划，提供当地导游服务的人员。在当地导游服务过程中，地陪应按时做好旅游团在本地的迎送工作；严格按照接待计划，做好旅游团在本地参观浏览过程中的导游讲解工作和计划内的食宿购物，文娱等活动的安排；妥善处理各方面的关系和出现的问题。地陪应严格按照导游服务质量标准提供各项服务。

【预习思考】

1. 地陪在服务准备阶段应做好哪些工作？

2. 如何认找旅游团？

3. 途中导游应该讲解哪些内容？

4. 如何引导游客购物？

5. 一篇好的欢送词包括哪些内容？

实训项目一 地陪服务准备

一、实训目的

服务准备是地陪在旅游者未到达当地之前的一系列准备性工作，是地陪做好导游服务工作的前提和保障。在旅游团尚未抵达当地时，地陪应与旅行社联系，充分做好接团前的各种工作。通过本实训项目，着重培养实训者作为地陪导游的提前服务意识、认真的工作态度。

二、实训内容

项 目	说 明
项目名称	地陪服务准备
时 间	实训授课 1 学时，共计 50 分钟，其中示范讲解 20 分钟，学生分组演练 30 分钟
要 求	（1）熟悉服务准备阶段的具体工作要求 （2）培养实训者认真工作的态度
器具准备	接待计划、导游图、导游证、导游旗、接站牌、各种结算单

项 目	说 明
方　法	（1）教师示范讲解 （2）学生分组演练
步骤与操作标准	（1）实训前：准备好实训所需的物品，交代实训中的注意事项 （2）实训开始 1）领取接待计划。接待计划是组团旅行社委托地方接待社组织实施旅游团活动的契约性安排，是导游人员了解该旅游团基本情况和安排活动日程的主要依据。在旅游团抵达之前，实训者要详细、认真的阅读接待计划和有关资料，详细而准确地了解该旅游团的服务项目和要求，对于重要的事宜还应做相关的记录。接待计划主要包括旅游团概况、旅游团成员的情况、旅游线路和所乘的交通工具、交通票据的情况、旅游者特殊要求和注意事项等 2）认真阅读接待计划。领到接待计划后实训者要认真阅读，熟悉接待计划中的每一项安排 3）核对日程安排表。实训者要对接待计划中的各项日程安排逐一核实、校对，如发现接待计划与实际安排有出入应立即与本社有关人员联系，问清情况并作出必要的修改 4）落实旅游车辆。与车队和旅游汽车公司联系，确认为本旅游团提供交通服务车辆的类（车型是否与旅游团人数相符）、车牌号以及司机的姓名、联系方式 5）落实住房。熟悉本团所住的饭店的位置、概况、设施和服务项目，核实本团旅游者所住房间的数目、级别、是否含早餐等 6）落实用餐。实训者与有关就餐单位联系，确认本团日程表上安排的每一次用餐情况、人数、团号、餐饮标准、日程、特殊要求等 7）落实运送行李的安排情况。实训者与本社相关人员联系，了解落实运送行李的工作是否安排妥当 8）了解接待计划中不熟悉景点的情况。主要是对接待计划中新的旅游景点或不太熟悉的景点，实训者要事先了解该景点情况，比如该景点的具体方位、开放时间、游览线路、厕所位置等 9）与全配联系。实训者应提前与全配电话或其他方式联系，具体约定接团的时间和地点 10）准备上团所需物品。在上团以前，实训者按照还团人数要求领取导游图或交通图、餐饮结算单、门票结算单以及相关费用，带好接待计划、导游证、导游旗、接站牌等物品 11）准备上团所需专业知识、时政要闻等。实训者要准备好相关的专业词汇、专业知识，准备好当前的热门话题、重大的国内外新闻和旅游者可能感兴趣的问题 12）形象准备。导游人员的形象至关重要，形象的美不美，不是导游的个人行为，他在宣传旅游目的形象、传播文明等方面起着重要作用，导游员自身的美也能在旅游者心目中树立良好的形象。所以，在上团以前，实训者要做好仪表仪容方面的准备。如着装要符合本地区、本民族的习惯，符合自己的身份，方便导游服务等，穿着应简洁、大方、整齐等

项目	说　明
步骤与操作标准	13）做好上团钱的心理准备。这个主要表现在要准备好面临艰苦复杂的工作和接受旅游者抱怨和投诉 （3）实训结束
实训总结	每组实训者认真总结本次实训的心得、体会，并写出实训总结

三、操作程序

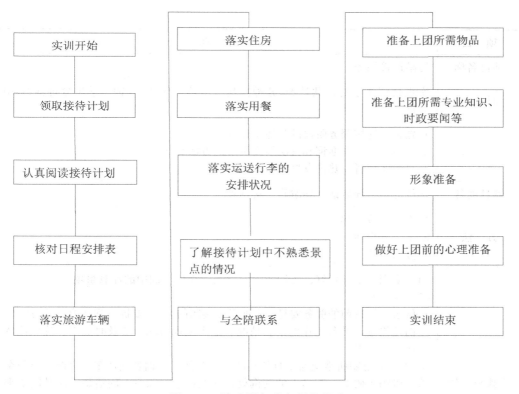

图 2-1　地陪服务准备操作程序

实训项目二　地陪迎接服务

一、实训目的

迎接服务在整个接待程序中至关重要，这是实训者第一次和旅游者接触，这一阶段带工作直接影响以后的接待工作。因此，实训者要让旅游团在迎接地点得到及时、热情而友好的接待，了解在当地参观游览活动的概况。

二、实训内容

项　目	说　明
项目名称	地陪迎接服务
时　间	实训授课 1 学时，共计 50 分钟，其中示范讲解 20 分钟，学生分钟演练 30 分钟
要　求	1. 熟悉，迎接服务阶段的具体工作要求 2. 熟悉掌握致欢迎词和首次沿途讲解的方法和技巧 3. 培养实训者，热情友好的服务态度
器具准备	接待计划、导游证、导游旗、接站牌
方　法	1. 教师示范讲解 2. 学生分组演 3. 分组讨论
步骤与操作标准	（1）实训前：准备好，实训所需的物品，交代实训中的注意事项 （2）实训开始 1)旅游团抵达前的服务安排。实训者在接团的当天，要提前到达旅行社，认真、全面地检查，准备工作的落实情况，如果发现问题，要及时更正，确保接待工作万无一失 ① 确认旅游团所乘交通工具抵达的准确时间。实训者到达车站之前，要与全陪、机场（码头，车站）的问询处或交通信息台联系，问清楚，旅游团所乘交通工具的准确到达时间 ② 与旅游车司机联系。弄清楚，该团所乘交通工具的具体时间后，时选择马上与旅游车司机联系，与其商定出发接团的时间、地点。，保证提前 30 分钟抵达机场。（码头、车站），同时，在途中，要详细地告诉司机该团的活动日程和具体时间安排，到达接站地点后，与司机商量好停车的位置 ③ 再次核实旅游团抵达的准确时间。到达机场（码头、车站）后，实训者，要再次核实该旅游团所乘交通工具抵达的准确时间，确保万无一失

项　目	说　明
步骤与操作标准	④ 与行李员联系。实训者在该团出站以前，应与该团提供行李服务的行李员取得联系，通知其抵达机场。（码头、车站）将旅游者的行李送到下榻的饭店 ⑤ 接待站牌迎候旅游团。旅游团到达本地后，实训者要在旅游者出站以前持接站牌在机场（码头、车站）出口处醒目的位置热情迎接旅游团。一般情况下，接站牌要写清团名、团号、全陪或领队的名字，如果接的是小型旅游团和无全陪、领队的旅游团要写上旅游者的名字 2）旅游团抵达后的服务。旅游团抵达后，实训者要尽快找到自己的旅游者，安排好赴饭店的各项工作 ① 认找旅游团。在旅游团出站后实训者要尽快找到自己的旅游团。这时实训者要站在出站口醒目的位置，举起接站牌，以便全陪、领队和客人看到。另外，实训者还可以从旅游者的民族特征、衣着、组团社的徽标来认找，感觉是自己的旅游团时，要主动上前委婉询问，如果该团有全陪和领队，要与之电话或短信联系。如果该团无全陪、领队，应与该团成员逐一核实团名、国别、团员姓名等，无任何出入时才能确定是自己应接的旅游团 ② 核实实到人数。接到旅游团后，立刻与全陪、领队和旅游团负责人核实实到人数，发现有增加或减少旅游者的情况，要及时通知接待社的有关部门和负责人 ○ 33 集中清点行李，核实完人数后，实训者协助旅游者将行李集中放到比较僻静、安全的位置，提醒旅游者检查其行李是否完好无损，然后与全陪、领队、行李员共同清点行李，核对无误后移交行李员，双发办好交接手续 ○ 44 组织旅游者集合登车。清点完行李后，实训者要提醒旅游者检查自己随身携带的物品是否完好，然后引导旅游者前往乘车处。在旅游者上车时，实训者要恭候在车门旁，协助老弱病残客人上车。旅游者上车后，帮助旅游者将行李和随身携带物品摆放在行李架上，协助旅游者就座。旅游者坐稳后，实训者再次检查一下旅游者的物品在行李架上是否放好放稳，有礼貌地清点人数，确认旅游者到齐后再请司机开车 3）赴饭店途中的服务。接到客人以后，实训者要组织旅游者前往下榻的饭店，在送往的途中，实训者要做好以下几个方面的工作，这是给客人留下良好第一印象的重要环节 ○ 11 车内致欢迎辞。致欢迎辞时，实训者站在车厢前部靠近司机的位置，面向全团旅游者，两腿稍稍分开，上身自然挺直。欢迎辞的内容应视旅游团的性质及其成员的文化水平、职业、年龄及居住地区等情况有所不同。注意用词要恰当，给旅游者以亲切、热情和可信之感。一般情况下欢迎辞应包括以下内容： ●代表所在旅行社、本人以及司机欢迎旅游者光临本地 ●介绍自己的姓名及所属单位 ●介绍司机 ●表示提供服务的真挚愿望 ●预祝旅途愉快顺利 ○ 22 调整时间。如果所接的是入境旅游团，在致完欢迎辞后，要向旅游者介绍两国（或两地）的时间差，请旅游者将自己的表调成北京时间

项 目	说 明
步骤与操作标准	○ 33 首次沿途导游。这是显示导游知识、技能和工作能力的好机会，精彩的首次沿途导游会使旅游者对导游产生信任感和满足感，同时能满足旅游者的好奇心与求知欲，有助于导游树立良好的形象。一般来说，首次沿途导游的内容主要是介绍当地的风光、风情（如当地的概况、历史沿革、行政区划、人口、气候、社会生活、文化传统、民族风情、土特产品等）以及下榻饭店的情况。因此，实训者要以精彩的演讲博得旅游者的信任 3）抵达饭店后向旅游者讲清并请其记住集合时间、地点及车牌号 4）实训结束
实训总结	每组实训者认真总结本次实训的心得、体会，并写出实训总结，每位实训者自写一篇欢迎辞

三、操作程序

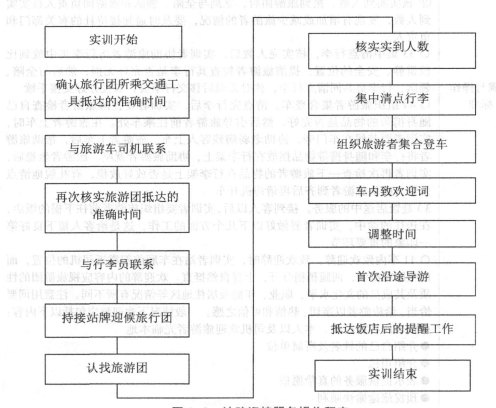

图 2-2 地陪迎接服务操作程序

实训项目三　地陪入住饭店服务

一、实训目的

抵达饭店以后，实训者要尽快办理或协助办理好入店手续，安排房间并领取行李，让旅游者及时了解饭店的基本情况和住店的注意事项，知道当天或第二天的活动安排。

二、实训内容

项　目	说　明
项目名称	地陪入住饭店服务
时　间	实训授课 1 学时，共计 50 分钟，其中示范讲解 20 分钟，学生分组演练 30 分钟
要　求	（1）熟悉入店服务的具体工作程序 （2）培养实训者组织协调的能力
器具准备	房卡、行李
方　法	（1）教师示范讲解 （2）学生分组演练
步骤与操作方法	（1）实训前：准备好实训所需的物品，交代实训中的注意事项 （2）实训开始 1）协助领队和全陪办理住店手续。实训者带领旅游者抵达饭店之后，要协助领队和全陪办理好住店登记手续，请全陪或领队分发房卡。实训者要掌握全陪、领队和团圆的房间号，并将自己的联系方式告诉全陪和领队，以便有事尽快联系 2）介绍饭店设施，安排好房间后，实训者要向旅游者介绍饭店内的中西餐厅、货币兑换、娱乐场所、商品部、商务中心，公共洗手间等设施的位置讲解饭店的有关注意事项 3）带领旅游团用餐。实训者要向旅游者介绍饭店内的就餐方式、地点、时间及餐饮的有关规定，旅游者到餐厅用的第一餐，实训者应主动引进，并将该团领队介绍给餐厅经理或主观服务员，告知旅游团的特殊要求 4）向全团宣布当日或次日的活动安排。实训者在与旅游者用餐时，向全团宣布当天或第二天的活动安排，集合时间、地点 5）照顾行李进房。本团的行李送达饭店后，实训者负责核对行李，督促饭店行李员及时将行李送至旅游者的房间

续　表

项　目	说　明
步骤与操作方法	6）安排好叫早服务。在结束当天活动，离开饭店之前，实训者应和领队、全陪商定第二天的叫早时间，并请领队通知全国，实训者通知饭店总服务台或楼层服务台 （3）实训结束
实训总结	每组实训者认真总结本次实训的心得、体会，并写出实训总结

实训项目四　核对、商定日程服务

一、实训目的

核对、商定日程是旅游团抵达当地后的一项重要工作，可以视作两地（两国）间导游合作的开始。在此阶段，实训者要认真负责，与全陪、领队以及旅游者充分沟通、交流，确保旅游团在本地的活动顺利进行。

二、实训内容

项　目	说　明
项目名称	核对、商定日程
时　间	实训授课 0.5 学时，共计 25 分钟，其中示范讲解 10 分钟，学生分组演练 15 分钟
要　求	（1）掌握核对、商定日程的原则与技巧 （2）培养实训者合作、协调的能力
器具准备	接待计划
方　法	（1）教师示范讲解 （2）学生分组演练 （3）分组讨论
步骤与操作标准	1）与领队、全陪商定本地节目安排。一般情况下，旅游团在当地的参观活动已在旅游接待计划上明确规定，即使如此，实训者也应与领队、全陪核对、商定日程，在核对、商定的过程中，对于出现的不同情况，实训者要采取相应的措施，尊重领队、全陪的意见和建议

续　表

项　目	说　明
步骤与操作标准	2）将商定结果通知全团旅游者。与领队、全陪核对、商定完以后，将商定结果通知全体旅游者 3）对领队或旅游者的修改意见审慎对待。在商定的过程中，有可能领队或旅游者对原定接待计划中的活动安排不太满意，提出修改意见，对于他们的修改意见实训者要及时向有关部门反映，对于合理又有可能满足的项目应尽量安排，需要加收费用的项目，要事先向领队或旅游者说明原因并耐心解释。对于领队或旅游者提出的要求与原日程不符又涉及接待规格的，实训者一般应婉言拒绝，并说明我方不便单方便不执行合同，如有特殊理由，并且是由领队提出时，地陪应请示接待舍有关部门 （3）实训结束
实训总结	每组实训者认真总结本次实训的心得、体会，并写出实训总结

三、操作程序

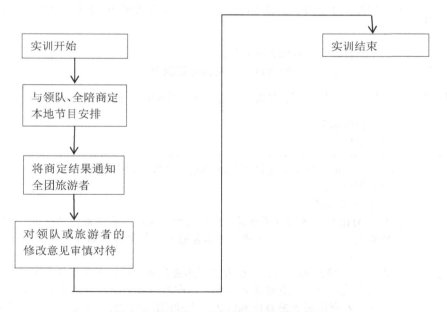

图 2-3　核对、商定日程工作操作程序

实训项目五　参观游览服务

一、实训目的

参观游览活动是导游服务工作的中心环节，是旅游活动的核心。在参观游览过程中，实训者应努力使旅游团参观游览过程安全、顺利。使旅游者能够详细了解参观游览对象的特色、历史背景及其感兴趣的问题。因此实训者必须认真准备、精心安排、热情服务、生动讲解。

二、实训内容

项　目	说　明
项目名称	参观游览服务
时　间	实训授课 2 学时，共计 100 分钟，其中示范讲解 40 分钟，学生分组演练 60 分钟
要　求	（1）掌握参观游览服务的具体内容 （2）培养实训者组织协调、应变和讲解能力
器具准备	接待计划、导游图、导游证、导游旗、小喇叭、各种结算单
方　法	（1）教师示范讲解 （2）学生分组演练
步骤与准备	（1）实训前：准备好实训所需的物品，交代实训中的注意事项 （2）实训开始 1）出发前的准备 ① 做好前往景区的各项准备，出发之前，实训者应准备好导游旗、导游证和必要的票证，提前 20 分钟到达集合地点，并督促旅游车司机做好出发前的各项准备工作 ② 核实、清点实到人数、旅游者到达集合地点后，不要着急上车出发，应先清点人数，如发现有旅游者未到，应向领队或全陪及其他旅游者询问，设法找到，若有旅游者愿意留到饭店或不随团活动，实训者要问清情况并妥善安排，必要时报告饭店有关部门 ③ 向旅游者提醒注意事项。实训者要想旅游者预报当天的天气和游览景点的地形、行走路线的长度等情况，如当日有雨，应提醒旅游者带好衣服、雨具及换鞋等

项　目	说　明
步骤与准备	④ 组织集体登车。实训者清点完实到人数后，请旅游者及时上车，实训者应站在车门一侧，组织大家上车，并扶助老弱者登车，开车前，实训者要再次清点人数 2）途中导游 ① 重申当日活动安排。开车后，实训者要想旅游者重申当日活动安排，包括午、晚餐的时间地点，向旅游者报告到达参观景点所需的时间 ② 风光旅游。在前往景区途中，实训者应向旅游者做沿途风光导游讲解，介绍本地的风土人情、自然景观，回答旅游者提出的问题 ③ 介绍游览景点。在抵达景点前，实训者应向旅游者介绍景点的简要概况，尤其是经典的历史文化价值和特色。讲解时要简明扼要，满足旅游者了解有关知识的需要，激起旅游者游览景点的欲望 ④ 活跃车内气氛。如果旅途较长，实训者应适当组织娱乐活动活跃气氛，如唱歌、猜谜语，或与旅游者讨论其感兴趣的国内外问题 3）景点导游、讲解 ① 交代游览注意事项。在抵达景点时，实训者在下车之前要向旅游者讲清并提醒旅游者记住旅游车的标志、车牌号和停车地点、开车时间等。在景点示意图前，实训者应讲明游览路线、所需时间、集合时间和地点等。同时，地陪应向旅游者讲清参观过程中的有关注意事项 ② 游览中的导游讲解。进入景点后，实训者应对景点进行讲解。讲解内容要繁简适度，主要讲解经典的历史背景、特色、地位、价值等方面的内容。讲解时要语言生动，富有表达力。在讲解的过程中，实训者要保证在计划时间与费用内让旅游者充分地游览、观赏，做到讲解与引导游览相结合，集中分散相结合，劳逸适度，并注意关照老弱病残的旅游者 ③ 参观活动。在游览中，若旅游者提出参观当地居民的住所，实训者要与主人取得联系，征得同意后方可参观 4）返程中的工作 ① 回顾当天活动。在返程中，实训者应回顾当天参观、游览的内容，必要时可补充讲解，回答旅游者的提问 ② 返程风光导游。这主要是针对不原路返回饭店时，实训者要向旅游者做沿途的风光导游，或者组织适当的娱乐活动 ③ 宣布次日活动日程。在返回饭店下车前，实训者要预报当晚或次日的活动日程、出发时间、集合地点等。下车时提醒旅游者带好随身物品，下车时，实训者先下，照顾旅游者下车，与旅游车告别 3）实训结束
实训总结	每组实训者认真总结本次实训的心得、体会，并写出实训总结

实训项目六 导购服务

一、实训目的

在游览过程中，各地总会有不少当地的土特产，通过本项目的实训，使实训者掌握导购服务的原则与要求，以及恰到好处的导购分寸，培养良好的诚信的职业道德。

二、实训内容

项　　目	说　　明
项目名称	导购服务
时　间	实训授课1学，共计50分，其中示范讲解20分，学生分组演练30分
要　求	（1）掌握购物服务的原则与要求 （2）培养实训者良好的认真、诚信的职业道德
器具准备	导游证
方　法	（1）教师示范讲解 （2）学生分组演练
步骤与操作 标准	（1）实训前：准备好实训所需的物品，交代实训中的注意事项 （2）实训开始 1）带领旅游者前往指定商店。实训者安排旅游者购物应当到制定商店购物，切记到非指定商店购物，以保障旅游者购物的合法权益 2）讲清购物须知。到商店后，实训者要向旅游者讲清楚在购物过程中的注意事项，不要盲目购物，不要在小摊小贩处购物等 3）真实客观的介绍商品。导游员不是职业的导购员，没有主动向旅游者介绍和兜售商品的义务，即使有介绍，也是应旅游者之情。如果旅游者请实训者介绍商品，实训者在介绍时要客观真实，既不夸大商品，也不贬低任何商品，既不偏向商家，也不偏向旅游者，做到公平、公正 4）尊重旅游者的选择。旅游者在商店看中某个商品而举棋不定时，想请求导游参谋是否购买，作为地陪的实训者要切记尊重旅游者的选择，不要建议旅游者购买或不购买，而应把购物与否的决定权交给旅游者。这是锻炼和考验实训者职业道德的重要手段 （3）实训结束
实训总结	每组实训者认真总结本次实训的心得、体会，并写出实训总结

三、操作程序

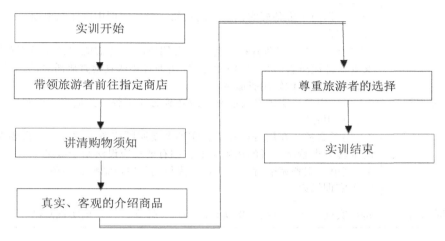

图 2-4　导购服务工作操作程序

实训项目七　导 餐 服 务

一、实训目的

用餐服务是整个旅游计划中的一个重要组成部分，实训者应该安排好旅游团在当地的用餐服务，使旅游者不仅玩好，还要吃好。

二、实训内容

项　目	说　明
项目名称	导餐服务
时　间	实训授课 0.5 学，共计 25 分，其中示范讲解 10 分，学生分组演练 15 分
要　求	（1）掌握餐饮服务的特点和要求 （2）培养实训者相互合作的能力
器具准备	结算单
方　法	（1）教师示范讲解 （2）学生分组演练

续 表

项 目	说 明
步骤与操作标准	（1）实训前：准备好实训所需的物品，交代实训中的注意事项 （2）实训开始 1）餐前准备。实训者在安排旅游者用餐时要考虑既保证旅游者的用餐，又要保证旅游者的行程，用餐之前，实训者要认真检查旅游者的用餐标准，提前通知餐厅做好用餐服务 2）引导用餐。实训者要引领旅游者到餐厅用餐，并适当介绍餐厅的设施设备和用餐服务 3）用餐服务。在用餐过程中，实训者要照顾旅游者的特殊饮食要求，不时地转桌查看旅游者的用餐情况，如有要求应设法给予满足 4）签单。用餐完毕后，实训者尽快与用餐单位结账、签单 （3）实训结束
实训总结	每组实训者认真总结本次实训的心得、体会，并写出实训总结

三、操作程序

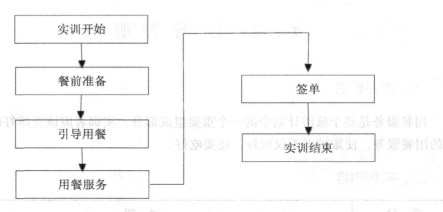

图 2-5　导餐服务工作操作程序

实训项目八　送 站 服 务

一、实训目的

旅游团结束本地参观游览活动后，实训者应安排好旅游者的离站工作，要做到是旅游者顺利、安全离站，并妥善处理遗留问题。

二、实训内容

项　目	说　明
项目名称	送站服务
时　间	实训授课 1 学，共计 50 分，其中示范讲解 20 分，学生分组演练 30 分
要　求	熟悉送站服务的具体工作要求培养实训者认真、负责的工作态度培养实训者全面考虑问题的能力
器具准备	接待计划、导游证、导游旗、结算单据、行李物品
方　法	教师示范讲解 学生分组演练
步骤与操作标准	实训前：准备好实训所需的物品，交代实训中的注意事项 实训开始 1）送行前的服务 ① 核实、确认交通票据。在旅游团离开本地的前一天，实训者应核实该团离开的飞机（火车、轮船）票，核对团名、人数、去向、航班（车次、船次）、起飞（开车、起航）时间（要做到四核实：计划时间、票面时间、时刻表时间、问询时间）、在哪个机场（车站、码头）启程等事项 ② 商定出行李的时间。实训者在核实确认了交通票据后，先与旅行社行李部联系，了解旅行社行李员与饭店行李员交接行李的时间（或按旅行社规定的时间），然后再与饭店行李员商定交接行李的时间。与饭店行李员商定后，再与领队、全陪商定旅游者出行的时间，然后通知全团旅游者，同事还要向旅游者讲清托运行李的具体规定和注意事项 ③ 商定出发、叫早和早餐时间。实训者与旅游车司机商定出发时间，向司机说明该团是乘国内航班还是国际航班离站，并及时与领队、全陪商议，确定时间后及时通知全团旅游者。如果该团出发时间较早，实训者应与领队、全陪商定叫早时间并通知旅游者，如果需要改变用餐时间（如早于餐厅的服务时间）、地点和方式，实训者应通知饭店有关部门提前安排 ④ 协助饭店结清有关的账目。实训者在旅游者离开饭店之前，要及时提醒、督促旅游者尽快与饭店结清有关账目，如洗衣费、长途电话费、饮料费等；如有旅游者损坏了客房设备，实训者应协助饭店处理赔偿事宜；还要及时通知饭店有关部门该团的离店时间，提醒其提前与旅游者结清有关账目 ⑤ 及时归还证件，在离站的前一天，实训者要检查自己的物品，看看是否保留有旅游者的证件（一般实训者不应报保管旅游团的有关旅行证件用完后要立刻归还领队或旅游者）、票据等，若有应立即归还，当面点清。如是出境团，在出境前要提醒领队准备好全部护照和申报单，以便交边防站和海关检查

项　目	说　明
步骤与操作标准	2）离站服务 ① 集中交运行李。在离店之前，实训者要按商定时间与饭店行李员办好行李交接手续：先将本团旅游者要托运的行李收齐、集中，与领队或全陪共同清点行李件数，检查行李是否上锁，捆扎是否牢固，有无破损，确认行李准确无误后交付饭店行李员，填写行李运送卡。在清点行李时要当着行李员的面清点，同时要告诉领队和全陪 ② 办理退房手续。如无特殊原因，实训者应在中午 12：00 以前理退房手 ③ 集合登车。在出发之前，实训者要询问本团旅游者与饭店的账目是否结清，提醒旅游者有无遗漏物品，然后收齐旅游者房间钥匙，交到饭店总服务台。组织旅游者集合登车，上车后，再一次提醒旅游者清点自己随身携带的物品，如无遗漏则请司机开车离开饭店 3）送行服务 ① 致欢迎辞。在乘车前往车站（机场、码头）的途中，实训者应向全体旅游者致欢送辞。致欢迎辞是给旅游者留下深刻印象的最后一笔，他往往会关系到导游服务的成功与否，因此，实训者要精心设计，具体来说致欢迎辞时要注意以下几点：一要表情深沉，二要感情真挚，三要语速放慢。欢迎辞的内容一般包括：回顾旅游活动，感谢大家的合作；表达友谊和惜别之情·诚恳征求旅游者对待工作的意见和建议；如旅游活动中有不顺利、不愉快或服务有不尽如人意之处，导游可借此机会再次向旅游者赔礼道歉，表达美好的祝愿 ② 提前抵达车站（机场、码头）。实训者在送站时要提前抵达，具体来说是：乘出境航班提前 2 小，乘国内航班提前 90 分，乘火车、轮船提前 1 小时 ③ 办理离店手续。实训者送乘旅游团离站时，根据具体情况来办理，如果送乘国内航班（火车、轮船）离站时，实训者要移交交通票据和行李卡，带团进入机场（车站、码头）后，应迅速与旅行社行李员取得联系，将其交来的交通票据、行李托运单或行李卡逐一清点并核实，然后交给全陪，无全陪交给领队，请其当面清点核实，等旅游团所乘交通工具离开后，实训者方可离开。如果送乘国际航班（火车、轮船）离站时，实训者要移交行李，然后和全陪、领队一起与旅行社的行李员交接行李，清点、核实后协助旅游者拿走自己的行李，实训者要向领队或旅游者介绍如何办理出境手续。等旅游团进入隔离区后，实训者方可离开 ④ 与旅游车司机结账。实训者送走旅游团后，应与旅游车司机结账，在单据上签字，并保留好单据 实训结束
实训总结	每组实训者认真总结本次实训的心得、体会，并写出实训总结

三、操作程序

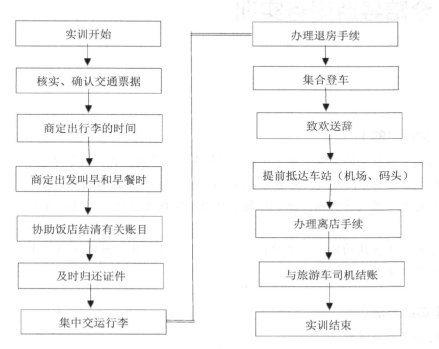

图 2-6　送站服务工作操作程序

模块三　全陪导游服务实训

【实训目的】

1.通过本模块的实训，使学生熟练掌握全陪服务的具体工作程序。

2.通过本模块的实训，使学生基本达到全陪导游服务所需的技能要求。

3.通过本模块的实训，使学生能够理论与实践有机结合，更好地理解和巩固教学内容。

4.通过本模块的实训，使学生能了解全陪服务工作、地陪服务工作、领队服务工作的相互关系及不同侧重体现。

【实训方法】

1.教师示范讲解。

2.分组讨论。

3.学生模拟操作。

4.全陪服务见习。

【课时分配】

全陪服务准备（1学时）

全陪迎接服务（1学时）

各站服务（1学时）

离站和末站服务（1学时）

学时合计（4课时）

【关键词】

服务准备；酒店服务核对；日程商定；各站服务；中途服务；离站服务。

【背景知识】

根据《导游服务质量》界定：全陪服务是保证旅游团（者）的各项活动按计划实施、旅行顺畅、安全的重要因素之一。全陪作为组团社的代表，应自始至终参与旅游团（者）移动中各环节的衔接，监督接待计划的实施，协调领队、地陪、司机等旅游接待人员的协作关系。全陪应严格按照规范提供各项服务。

【预习思考】

1. 全陪在服务准备阶段应该做好哪些工作？
2. 优秀的全陪应具备哪些优点？
3. 旅游购物时，全陪应做好哪些工作？

实训项目一 全陪服务准备

一、实训目的

全陪外出带团一般少则一周，多则数周，加上旅途本身有很多不可预测的因素，决定了全陪接待的复杂性，因此做好细致周密的准备工作是做好全陪服务工作的重要环节之一，是全陪做好导游服务工作的前提和保障。

通过本实训项目，着重培养同学们作为全陪导游的工作计划性，服务意识，掌握全陪服务准备工作的内容和流程。

二、实训内容

项 目	说 明
项目名称	服务准备
时 间	实训授课一学时共计五十分钟，其中示范讲解20分钟，学生分组演练30分钟
要 求	（1）熟悉服务准备阶段的具体工作要求 （2）熟练掌握接待计划的格式与内容 （3）掌握落实相关项目的内容 （4）掌握物质准备工作的主要内容 （5）培养同学认真工作的态度

项　目	说　明
器具准备	了解旅游团队的收费情况及付款方式，如团费、风味餐费、各地机场税等，准备好充足的现金，上团前要做好必要的物质准备，携带必备的证件和有关资料，其中包括本人身份证、导游证、接团接待计划《全陪日志》和各站联络电话等
操作标准	（1）熟悉接待计划 1）熟悉旅游团的基本情况 2）熟悉旅游团的计划行程 ①了解旅游团所到各地的接待旅行社的情况 ②了解交通情况 ③了解餐饮情况 ④了解住房情况 ⑤了解计划中是否有特殊安排 ⑥了解注意计划中是否悬而未决的事项或困难 （2）物质准备 1）必要的证件 2）必要的票据和物品 3）核算单据和费用 4）回程机票 5）个人物品 （3）与接待社联络 全陪应摘记各站地方接待社有关部门的电话号码和传真号码，接团的前一天，全陪应同接待社取得联系，互通情况，妥善安排好相关事宜 （4）充实相应的知识 1）景观知识 2）专题知识。专题知识是全陪为准备专题讲解所用，其内容一般应根据沿线各站景点的情况和旅游团成员的特点而定 3）客源地区知识
实训步骤和方法	（1）实训内容一：接待计划研究 1）实训准备：分发接待计划单 2）实训内容 ①认真阅读接待计划和有关资料，准确了解该旅游团的服务项目和要求，学会记录相关要点 ②客源地组团社名称、联系电话、组团负责人紧急联络电话，领队姓名、联系电话，各地接待负责人的姓名、联系电话，地陪的姓名与联系电话，行程中所涉及下榻饭店、餐厅、景点等的联系电话。 ③客人组成情况，即人数、性别、姓名、年龄结构、职业等 ④全程旅游线路 ⑤所程交通工具情况，抵离本地时所乘飞机（火车、轮船）班次、时间、机场、车站和码头的名称

项　目	说　明
实训步骤和方法	⑥ 掌握交通票据的情况 ⑦ 掌握特殊要求和注意事项（房、餐、车，有否会见宴请等活动，有无需要办理相关通行证的参观游览项目等） （2）实训内容二：落实接待工作事宜 1）实训准备：学生分组扮演车队负责人、司机、航空公司（火车站）咨询处、地陪 2）实训内容 ① 联络车队负责人，确认旅游车车型、车牌号、司机姓名 ② 联络航空公司问询处，确认航班是否正点起飞，抵达时间 ③ 联络司机，落实会面地点、时间、记住车号、司机姓名、电话 ④ 联络地陪，确认彼此联系方式，交流团队情况，交代特殊要求和注意事项，确认接团的时间，准确的地点和接站牌的内容 （3）实训内容三：物质准备工作 1）实训准备：了解全陪工作中必须准备的必要物品和使用方法 2）实训内容 ① 必带证件：本人身份证、导游证、边防通行证等 ② 必要的票据和物品：旅游团接待计划书、客人名单、分房表、全陪日志（见本实训项目）、旅游者意见反馈表、旅游宣传资料、行李封条、旅行社徽记、名片等 ③ 合算单据的费用：拨款结算通知单或支票、现金、足够的旅费等 ④ 回程机票：国内团的回程机票若有组团社出、由全陪带上，全陪要认真清点，并核对团员名称有无写错 ⑤ 其他材料：导游旗、记事本、各站联络电话、笔、常备药品、个人行李、手机、充电器等 3）填写行程前确认表 （4）实训内容四：知识准备 1）实训准备：收集相关旅游目的景观知识、注意事项；收集相关专题讲座的内容；了解旅游者来自何方，收集旅游者的地域特点和禁忌 2）实训内容 ① 将同学分组，分别撰写指定旅游目的地全程首次导游词，如北京五日游，云南七日游，海南五日游，桂林四日游等 ② 将同学分组，分别撰写专题讲座的内容，如现代社会专题，中国四大工程专题，中国民族、民俗专题，饮食文化专题，文化艺术专题，红色旅游专题等 ③ 将同学分组，分别收集来自不同地方的旅游者的地域特点和注意事项，如广州、香港、上海、北京等
实训总结	每组同学认真总结本次实训的新的体会并写出实训总结

实训项目二 全陪迎接服务

一、实训目的

全陪迎接服务是全陪人员首次与旅游者见面的过程，在此期间，全陪的第一次亮相、第一次服务、一段非常精彩的开场白都会给旅游者留下深刻的印象。同时，全陪在迎接地点的接待是否及时、热情、周到也是其是否能取得旅游者的信任、建立友谊的关键所在，正所谓"良好的开始是成功的一半"因此，导游人员在掌握基本技能的基础上，必须熟练掌握迎接服务的基本程序。

二、实训内容

项 目	说 明
项目名称	迎接服务
时 间	实训授课1学时，共计50分钟，其中示范讲解20分钟，学生分组演练30分钟
要 求	（1）熟悉迎接服务阶段的具体工作要求 （2）熟悉掌握致欢迎词的方法和技巧 （3）培养同学热情、友好的服务态度
器具准备	接待计划、导游证、导游旗、接站牌、模拟机场办理登机牌和行李托运柜台、模拟机场出口
操作标准	1.入境团队首站接团服务 （1）车站迎客 1）全陪应提前半小时到接站地点与地陪一起迎候旅游团 2）全陪协助地陪尽快找到旅游团，向领队自我介绍后，立即与领队核实实到人数、行李件数、住房等方面情况，如人数有变化立即通知组团社 3）协助领队向地陪交接行李 （2）致欢迎辞。全陪应代表组团社和个人向旅游团致欢迎词，欢迎辞的内容包括：表示欢迎、自我介绍（同时应将地陪介绍给全团）、表示提供服务的真诚愿望、预祝旅行顺利愉快等内容 2.国内团队首战出发、抵达服务 全陪应当按照规定，提前到团队客人预定集中地点（散客团队通常为机场、车站、码头的国内出发厅，单位团队咋可能要求全陪带车去客人单位送客人去机场、车站、码头）。以乘飞机出发为例，全陪需要提供的服务有： 1）提前抵达集合地点，在事先约定的地点手举导游旗等候客人的到来

项　目	说　明
操作标准	2）给已经抵达的客人分发旅游袋、帽、行李卡等，同时收取客人身份证，注意检查一下有效期，并统一放好在随身携带的包内 3）注意时间，如有客人未按照规定时间抵达，要与客人取得联系，催促客人尽快抵达 4）当客人全部抵达，致欢迎词，表达为客人服务的愿望，并提醒有关旅途中应注意的事项，使客人对旅途中的各项服务有切合实际的期望 5）带领有行李托运需要的客人去柜台办理登机牌及行李托运，全陪保管好所有的行李托运单，无行李托运的客人在原地等候 6）将机票、登机牌、客人身份证分发给客人 7）带领全团客人通过安检，进入候机区，如公司有规定，全陪在候机区应及时收回客人机票 8）带领客人按时从规定的登机门登记，飞机起飞前全陪应及时告知地陪团队已经登机 抵达目的地机场后的服务主要有： 1）提醒客人带齐所有的行李物品，手持导游旗，带领全队客人走下飞机，告知地陪团队已经抵达，询问地陪所站的位置 2）组织客人在行李出口等候行李，出来后提醒客人拿去，清点行李，组织未托运行李旅游者集中，并请他们一同耐心等待 3）清点客人人数无误，带领全体客人出机场，在出口处向工作人员出示团队行李托运单 4）认找地陪，找到后与地陪核对团队主要资料，以免错接 5）带领全队随地陪去到旅游车，上车后注意再次清点客人是否全部到齐 6）开车后，向客人介绍地陪、司机，请地陪致欢迎词
实训方法 与步骤	（1）实训内容一：入境团队首站迎接服务 1）实训准备：将教师布置称为机场出口处场景；学生分组扮演旅游团、领队、全陪、地陪 2）实训过程 制作接站牌 只接站牌与地陪一起在出站口（教室门口）的醒目位置，热情迎候旅游团，便于领队客人前来联系 主动认清旅游团。由学生扮演几组不同国家的旅游者，团队资料由受测学生抽签获得，受测学生通过旅游者的民族特征、衣着、组团社徽标等进行分析与判断，并上前委婉询问、主动认找，问清团号、组团社名称、领队姓名 核实人数 集中清点行李 集合登车，并再次清点人数 全陪致欢迎词，并介绍司机、地陪，请地陪致欢迎词 3）实训结束 （2）实训内容二：国内首站出发抵达服务

项　目	说　明
实训方法 与步骤	1）实训准备：将教室布置为旅游车、机场办理登机牌、托运行李处、安检处、候机厅、机场出口等五个场景；准备一些模拟机票、登机牌、行李牌；学生分组扮演司机、全陪、旅游者、地陪 2）实训过程 全陪在指定地点集中客人上车 车上致欢迎词 机场办理登机手续、行李托运手续 将机票、登机牌、身份证分发给客人，带领客人进入安检 进入候机厅，回收机票 抵达后，组织客人下飞机 在行李出口处等行李 认找地陪 集合等车，介绍地陪、司机，请地陪致欢迎词 （3）实训结束
实训总结	每组同学认真总结本次实训的心得、体会，并写出实训总结，每位同学自写一篇欢迎词。

实训项目三　各　站　服　务

一、实训目的

　　各站服务是全陪工作的主要组成部分，各站之间有机衔接，各项服务适时、到位，保护好旅游者的人身、财产安全，使突发事件得到及时、有效的处理，都属于各站服务的内容。在向异地（下一站）转移的途中，无论乘坐何种交通工具，全陪都应当提醒旅游者注意人身和财物的安全，安排好旅途中的生活，努力使旅游者旅行充实，愉快。全陪通过这些工作使旅游团的计划得到顺利实施。

二、实训内容

项　目	说　明
项目名称	各站和途中服务
时　间	实训授课 1 学时，共计 50 分钟，其中示范讲解 20 分钟，学生分组演练 30 分钟

项　目	说　明
要　求	（1）掌握全陪在各站服务中的注意事项和要求 （2）掌握全陪途中服务的注意事项和要求 （3）培养同学认真、细心的工作方法
器具准备	电话，将教室布置成为旅游车、购物店，旅游商品
操作标准	（1）联络工作 1）做好领队与地陪、旅游者与地陪之间的联络、协调工作 2）做好旅游线路上、下站之间的联络工作 3）抵达下一站后，全陪主动把团队的有关信息通报给地陪，以便地陪能采取有效、主动的方法 （2）监督与协助 1）若活动安排与前几站有明显的重复，应建议地陪做必要的调整 2）若对当地的接待工作有意见和建议，要诚恳地向地陪提出，必要时向组团社汇报 （3）旅行过程中的服务 1）生活服务。出发、返回、上车、下车时，协助地陪清点人数，照顾年老体弱的旅游者上下车；游览过程中，留意客人的举动，防止旅游者走失和意外事件发生；按照"合理而可能"的原则，帮助旅游者解决旅行过程中的一些疑难问题；融洽气氛，使旅游团有强烈的团队精神 2）讲解服务和文娱服务。两站之间的讲解，组织文娱活动，力求形式上丰富多彩，使旅游者能踊跃参加 3）为旅游者当好购物参谋。从旅游者的角度出发，结合自己所掌握的旅游商品方面的知识，为旅游者着想，当好旅游顾问
实训步骤和方法	1）实训内容一：联络工作 1）实训准备：学生按顺序扮演领队、全陪、地陪、旅游者 2）实训过程 ① 模拟场景1：接待入境团队，与领队的联络，落实团队抵达时间 ② 模拟场景2：国内出发的团队，与地陪联络，告知团队抵达时间、团队的基本情况 ③ 模拟场景3：一个国内旅游团队，走昆明、大理、丽江七日游线路，在大理到丽江的途中，有两名客人临时退团，不去丽江了，请于丽江地陪联系 （2）实训内容二：监督与协调工作 1）实训准备：学生按顺序扮演全陪、地陪 2）实训过程 ① 模拟场景1：团队抵达丽江后，地陪准备带客人去购买玉器，而此前团队在昆明、大理和前往丽江的途中已经去了六家玉器店了，请于地陪商量建议地陪做适当调整

续 表

项 目	说 明
实训步骤和方法	② 模拟场景2：团队抵达三亚后，发现原来合同中规定的海景房变成了三亚市区的住房，旅游者意见比较大，请向地陪提出并向组团社领导汇报 （3）实训内容三：旅游过程中的服务 1）实训准备：将教室布置成为模拟的旅游车、旅游景区、购物店等，学生分别扮演地陪、全陪、购物店促销人员 2）实训过程 ① 模拟场景1：早晨团队准备出发外出用早餐，并开始第一天的游览，全陪提前10分钟和地陪抵达集合地点迎候客人，礼貌地招呼早到的旅游者，协助年老体弱得旅游者上车；清点人数；提醒注意事项，预报当天的天气和游览路线；开车前发现有位客人还未到，请全陪负责联络 ② 模拟场景2：一个旅游团，从大理开车到丽江，途中需要三个小时的时间，没有地陪，请全陪负责途中讲解并组织旅游者开展文娱活动。 途中讲解可以有什么内容 可以开展些什么文娱活动？如何组织 ③ 模拟场景3：购物店内，一位旅游者请你帮她参考一个玉镯子值不值得购买 你知道如何鉴别玉器吗 如何当好购物参谋？请大家讨论 如何帮助客人砍价，争取合理的折扣
实训总结	每组同学认真总结本次实训的心得、体会，并写出实训总结

三、操作程序

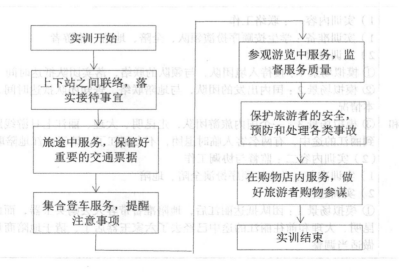

图 3-1　各站服务操作程序

实训项目四　离站和末站服务

一、实训目的

每离开一地前，全陪都应为本站送站与下站接站的顺利衔接做好工作，要做到使旅游者顺利安全离站，并妥善处理遗留问题。

末站服务是全陪服务的最后环节，和地陪一样，全陪要一丝不苟，通过最后服务加深旅者对整个行程的良好印象。

二、实训内容

项　目	说　明
项目名称	离站和末站服务
时　间	实训授课 1 学时，共计 50 分钟，其中示范讲解 20 分钟，学生分组演练 30 分钟
要　求	（1）熟悉离站服务和末站服务的具体工作要求 （2）了解总结工作的内容 （3）掌握总结工作的程序 （4）培养同学认真，负责的工作态度 （5）培养同学全面考虑问题的能力
器具准备	接待计划，导游证、导游旗、结算单据、行李物品
操作标准	离站服务 每离开一地陪，全陪就要做好以下工作： 1）提前提醒地陪落实离站的交通票据及核实准确时间 2）如离站时间因故变化，全陪要立即通知下一站接待社或请本站接待社通知，以防空接和漏接的情况发生 3）协助领队和地陪妥善办理离站事宜，向旅游者讲清托运行李的有关规定并提醒旅游者检查，带好旅游证件 4）协助领队、地陪清点托运行李，妥善保管行李票 5）按规定与接待社办妥财务结算手续 末站（离境站）服务 末站（离境站）服务是全陪服务中的最后环节，要做好以下工作： 1）当旅行结束时，全陪要协助领队在 72 小时前办理飞机作为确认手续，并提醒旅游者带好自己的物品和证件 2）向领队和旅游者征求旅游者对整个接待工作的意见和建议，并填写"团队服务质量反馈表"

项 目	说 明
操作标准	3）致欢送词，对客人给予的合作表示感谢并欢迎再次光临 后续工作 1）旅游团离境后，全陪应认真处理好旅游团的遗留问题，提供可能延伸的服务，如有重大情况要向本社进行专题汇报 2）认真、按时填写《全陪日志》或提供旅游行政管理部门或组团社所要求的资料。全陪日志包括：旅游团的基本情况，旅游日程安排及飞机、火车、航运交通情况，各地接待质量（包括客人对食、住、行、游、购、娱各方面的满意程度），发生的问题及处理经过，旅游者的反应及改进意见 3）按财务规定，尽快报销差旅费 4）归还所借物品 5）全陪带团到全国各地参观游览，又同各种各样的领队、地陪打交道，每送走一个旅游团，应及时总结带团的经验体会，找出不足，不断提高导游服务讲解水平，不断地进行自我完善
实训步骤和方法	（1）离站（末站）业务实训 （1）实训准备：学生按顺序扮演全陪、地陪、领队，场景模拟，相关资料，交通票据（2）实训过程 1.团队离开前一天提前地陪落实离站交通票据，协助核对团名、代号、人数、航班（车次，船次）、起飞（开车、起航）时间、机场（车站、码头）名称等。如果航班（车次、船次）和时间有变更，应提前通知下一站接待社，以免造成漏接 2.与地陪、领队商量出行李时间，商定后通知旅游者，并向旅游者讲清有关行李托运的具体规定和注意事项 3.与领队、地陪商定集合、出发时间，确定后及时通知旅游者 4.与领队、地陪商定叫早和早餐时间，并及时通知旅游者 5.协助饭店结清与旅游者相关的账目 6.集中交运行李，与地陪、领队共同确认托运行李的件数，检查行李，填写行李运送卡 7.集合登车，提醒旅游者有无遗漏物品，协助地陪收取房间钥匙 8.致欢迎辞，感谢地陪和司机的工作，感谢旅游者的配合，回顾在当地的旅程，请地陪致欢送辞 9.请旅游者、领队填写意见反馈表 10.提前抵达机场（车站、码头），照顾旅游者下车 11.办理离站手续，移交交通票据和行李票，与地陪办理好结算手续，应保留票据 （2）总结工作实训 1.实训准备：将教室摆设为旅行社内部机构设置 2.实训内容 1.处理实训遗留问题 处理好旅游团在浏览时遗留下的问题 按规定处理旅游者的委托

续　表

项　目	说　明
实训步骤和方法	2.结账 填写有关财务结算表格 整理各种单据、活动日程等有关材料，上交有关部门到财务部门结算账目 3.总结文字材料 整理全陪日志 写经验总结
实训总结	每组同学认真总结本次实训的心得、体会、并写出实训总结

三、操作程序

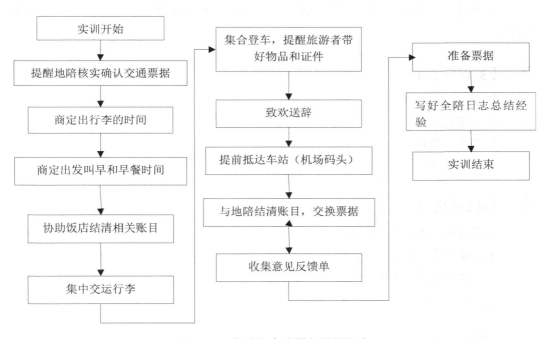

图 3-2　离站和末站服务操作程序

模块四　领队导游服务实训

【实训目的】

1.通过本模块的实训，使学生熟练掌握领队导游服务的具体工作程序。

2.通过本模块的实训，使学生基本达到领队导游服务所需的技能要求。

3.通过本模块的实训，使学生能够理论与实践有机地结合，更好巩固和理解教学内容。

【实训方法】

1.教师失范讲解。

2.分组讨论。

3.学生失范讲解。

4.课外活动。

【课时分配】

出团前的准备工作（1 学时）

出入境服务（1 学时）

境外游览服务（1 学时）

散团后的服务（1 学时）

【关键词】

出团说明会；出入境服务；境外服务；散团服务。

【背景知识】

领队是经国家旅游行政管理部门批准的国际旅行社委派的出国旅游团队导游服务人员，代表该旅行社，全权负责旅游团在境外的旅游活动，在旅游活动过程中，领队起着桥梁作用，负责沟通联系派出方旅行社和境外接待方旅行社，旅游者和旅游目的地国家或地区导游人员。其职责是：维护旅游团成员间的团结，协调旅游团同境外接待方旅行社导游之间的关系，监督接待方旅行社全面执行旅游合同规定的内容，协助各地导游人员落实旅行团的食、住、行、游、购、娱等各项服务，维护旅行团成员的正当权益，保证旅游团在境外旅游的安全。

【预习思考】

1. 开好出团说明会应注意哪些内容？
2. 出国领队应具备哪些知识？

实训项目一　出团前的准备工作

一、实训目的

出团前的准备工作需要细致，不能疏忽大意，它是一次出行业务成败的关键，通过实训，培养学生的耐心、细腻的性格品质，养成周密思考的良好习惯，培养个人的良好素质和亲和力。具体程序如下。

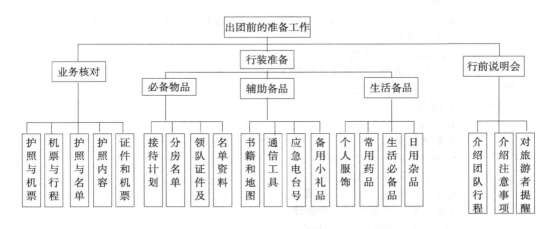

图 4-1　出团前准备工作

二、实训内容

项　目	说　明
项目名称	出团前的准备工作

项　目	说　明
时　间	实训授课 1 学时，共计 50 分钟，其中示范讲解 20 分钟，学生分组演练 30 分钟
要　求	（1）了解行前准备工作的基本内容 （2）在时间紧的情况下，细心完成行前的准备工作 （3）学会对准备的必需品进行归类
器具准备	（1）方案一：行前业务核对错误资料每人一份，未分类的备品卡片，评价表 （2）方案二：利用多媒体机房，通过软件形式完成。软件资料与方案一相同，同学交叉核对改为计算机完成
方　法	（1）教师示范讲解 （2）学生分组演练 （3）分组讨论
步骤与操作标准	（1）实训开始前：准备好实训资料、多个相同内容备品卡片箱 （2）教师讲解准备工作的要求和实训要求 （3）实训开始 1）出行前业务准备 1. 机票与护照的核对：包括中英文姓名和前往国家 2. 机票与行程核对：包括国际段和国内段行程、日期航班和间隔时间等 3. 护照员名单表核对：各项一一核对，核对好实际出境旅游人数与《团队名单表》一致 4. 护照内容核对：包括是否有黄卡，是否与前往国相符，签证的有效期限、签证水印及签字 2）出团必需品准备 1. 护照、机票、已办妥手续的《团队名单表》 2. 团队计划、自费项目表 3. 国内外重要联系电话 4. 客人房间分配表 5. 航班时刻表 6. 旅游者胸卡、行李标签 7. 旅行社社旗、社牌、名片 8. 客人问卷表、领队日记簿 9. 旅行包（核对该团是否提供） 10. 各国入出境卡、海关申报卡 11. 机场税款及团费 12. 随身日用品（如闹钟、计算器、签字笔、剪刀、信封等） 13. 常用药品（如感冒药、镇痛剂、止泻药、胃肠药、消炎药、晕车药等） 3）说明会的内容 1. 欢迎词：感谢大家对本旅行社的信任，选择参加的团队

项　目	说　明
步骤与操作标准	2. 领队自我介绍：表明为大家服务的工作态度，并请大家对领队工作予以配合和监督 3. 对每位客人提出要求：注意统一活动，强化时间观念及相互之间团结友爱 4. 行程说明：按行程表逐一介绍，但必须强调行程表上的游览顺序有可能因交通等原因发生变化，同时说明哪些活动属于自费项目，客人可以选择，也可以不参加 4）同桌或隔桌交换资料和备品卡片，分发评论表 5）按表上的要求重新核对资料及备品卡片的多少，按要求进行评价并打分 6）教师走动查看，根据发现的共同问题，进行小结 7）实训结束 注：应用多媒体进行实训授课，软件设计时最好有自动数据统计功能
实训总结	每组实训者认真总结本次实训的心得、体会，并写出实训总结

三、操作程序

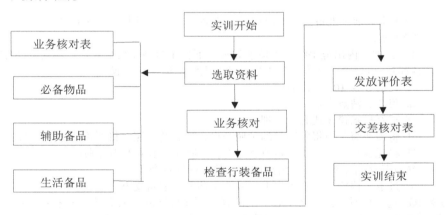

图 4-2　出团前准备工作操作程序

实训项目二　出入境服务

一、实训目的

出入境目的要经过中外海关十多个关口的检查，有许多具体的手续要办理，领队要对所要经过的关口、所要办理的各项手续十分熟悉，以便能带领全体旅游者顺利完成从国内到国外、从国外到国内的出入境中的所有繁杂的工作。

二、实训内容

项　目	说　明
项目名称	出入境服务
时　间	实训授课 1 学时，共计 50 分钟，其中示范讲解 20 分钟，学生分组演练 30 分钟
要　求	（1）熟悉出入境海关所有的工作流程和要求 （2）预防并解决出入境过程中所遇到的问题 （3）组织队员顺利的出入海关 （4）熟悉出境前意外事件的处理原则 （5）使学生明白不同国家的海关政策的不同特点
器具准备	领队及其队员手中的模拟各类带有错误信息的证件、集合前后的意外事件提示卡等
方　法	教师示范讲解 学生分组演练 分组讨论
步骤与操作标准	（1）实训前：准备好实训时所需的物品，交代实训中的注意事项 （2）实训开始 1）办理国内出境手续。出境前先将一下程序简略介绍给客人，当领队办理有关手续时，可选择一名客人负责把其他客人统一集合在一起 ① 提前 5 ~ 10 分钟到达 ② 集合、清点人数 ③ 买好机场税（或客人自理） ④ 将需要海关申报的团员的护照分出，让其持护照、机票税票走红色通道 ⑤ 将托运行李过安检，办理登记手续，最好提前取下当日乘机联，小心不要多斯；统计托运行李数，务必清点准确，并保存好行李牌 ⑥ 过卫生检疫，出示黄皮书，或购买药物领取黄皮书 ⑦ 过边检时，按《名单表》上的客人顺序排好队，依次通过；未上《名单表》的客人可走其他通道，填写出境卡。在该过程中要注意一米线，尊重现场工作人员 ⑧ 将《名单表》交边检官检查，边检存留一份，另一份盖边检章后，交领队收存，入境时依此检查 ⑨ 过安检、候机、登机 2）办理国外入境手续 ① 到达旅游站或目的地后，办理有关入境手续，通常称为"过三关"，即卫生检疫、证照查验和海关检验 ② 入境的 E/D 卡及申报的表卡应事先填妥，不论在飞机上还是在机场内，都先将规定卡片备妥，证件齐全 ③ 带团出机场时，从入境边检开始，再接着取行李至海关检查，按顺序办理 ④ 领队如先于团员通过移民关卡，应回头照顾团员，并请已过关的团员协助接取行李

项　目	说　明
步骤与操作标准	⑤ 待全数入镜后，经检查行李件数无误，到海关办公室报告团体的性质，人数、国籍、行李件数。海关要求检查时，可请求抽验数件，并请物主立即开箱受检，同时告诫团员切勿离队，因国外机场庞大复杂，离散后寻找不易 ⑥ 当海关检查完毕即出关与当地接待人员联络，并将行李交其负责，然后带团员登车清点人数，至此，办理国外的入境手续才算完成 ⑦ 如果在公路上通过国境，则应将团员证件收齐，团员坐在位上不动，请求移民单位派员上车检查，通常只核对人数，一般不检查行李 3）办理国外离境手续 ① 办理国外离境手续与在中国出境时基本相同，通常都是先办理登机手续，再过边检海关 ② 过关前，领队因告诉客人航班号、登机时间、登机门，叮嘱客人一定要在约定时间前赶到登机门 ③ 过关时，客人手中应持有护照、该国移民局要求的出境卡和登机牌 ④ 持团体签证或落地签证的客人，领队应要求他们按名单顺序排队，依次审核出关 4）办理回国入境手续 ① 领队须告知客人遵守中国边检及海关规定，不得携带违禁物品、管制品入境，也不得携带未经检疫的水果入境 ② 凡在《名单表》上的客人，须按《名单表》上的顺序排队，依次到边检审查护照，领队将《名单表》交边检官审验盖章 ③ 未上《名单表》的客人，自行持护照入关 ④ 健康声明书通常不必每人都填写，只要领队在统一名单上说明全团人员均健康即可（有规定检疫疾病的除外），但人数较多的团队入境时尽量每人填写一份，以避免麻烦 （3）实训结束
实训总结	每组实训者认真总结本次实训的心得、体会，并写出实训总结

三、出、入境图解

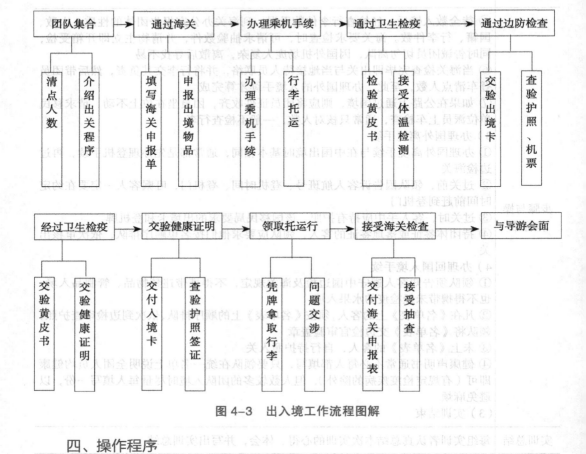

图 4-3　出入境工作流程图解

四、操作程序

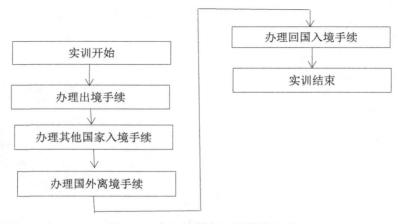

图 4-4　出入境服务工作操作程序

实训项目三　境外游览服务

一、实训目的

领队在境外带团期间的主要工作是围绕着为旅游者安排好食、住、行、游、购、娱等出行目的进行。所以领队对每一项工作，每一件可能发生的事情都要做到心中有数，同时在一地陪导游为主、自己为辅的前提下开展工作，保证预定计划的圆满完成。在此过程中，在保证不对旅游者出行造成太多不变的情况下，为维护国民的尊严，对所发生的意外，要冷静处理，同时也要不卑不亢，依据合同据理力争，并及时上报国内总部取得后方的大力支持。

二、实训内容

项　　目	说　　明
项目名称	境外游览服务
时　　间	实训授课 1 课时，共计 50 分钟，其中示范讲解 20 分钟，学生分组演练 30 分钟
要　　求	（1）如何协助导游圆满完成境外全部活动 （2）在境外活动中如何与队员进行沟通，补充在导游中存在的不足 及时通报国外的行程计划，如何应付意外的行程变动 如何在境外维护队员的合法权益
器具准备	模拟游览路线图、交通工具卡片、饭店条件卡片、饮食套餐卡片、旅游路线变更卡片、意外事件模拟卡片、错误讲解词片段
方　　法	（1）教师示范讲解 （2）学生分组演练 （3）分组讨论
步骤与操作标准	（1）实训前，准备好实训所需物品，交代实训中的注意事项 （2）实训开始 1）团队到达旅游目的地后，领队马上与地接社导游进行接洽，清点行李与团员人数，与导游一起安排客人入住饭店 2）待安排妥当后，领队及时与导游按事先约定的行程计划，商定游览计划和时刻表，必要时可拜访该旅行社的负责人，以示重视和友好

续　表

项　目	说　明
步骤与操作标准	3）在境外旅游期间，领队应尽量和导游、司机搞好关系，共同协作，把旅游活动安排好，让客人满意。如遇到导游或司机提出无理要求，或者有侵犯客人利益行为的（如随意增加自费项目、延长购物时间或增加购物次数、降低服务标准等），领队应及时与导游交涉，维护客人的正当权益，必要时向地接社投诉并向国内组团社报告 4）领队带团出境并不是到了目的地把团队交给当地的旅行社导游就了事，而是要按旅行活动，把销售给旅游者的旅程中的交通、餐宿、游览等商品兑现给旅游者旅游团队在国外途中行程紧促，流动面广，沿途应照料团队的登机、食宿、购物、游览等活动，并协助解可能遇到的问题，遇到问题必须当机立断的采取措施解决，以便圆满的完成任务 （3）实训结束
实训总结	每组实训者认真总结本次实训的心得、体会并写出实训总结

二、操作程序

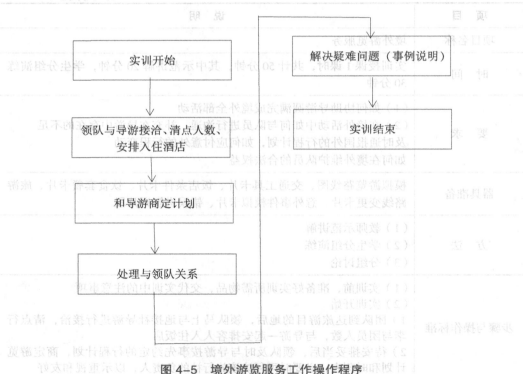

图 4-5　境外游览服务工作操作程序

实训项目四　散团后的服务

一、实训内容

散团后的服务是整个出行活动的收尾工作，俗话说，"编筐编篓全在收口"，也就是说，收尾工作的好坏，决定今后工作业绩的好坏，所以越是后期的工作越要更加重视，在此期间既要做好团员的后期工作，同时也要对自己此次带队出行的有关事宜对所在的旅行社做出明确的交代。

二、实训内容

项　目	说　明
项目名称	散团后的服务
时　间	实训授课 1 学时，共计 50 分钟，其中示范讲解 15 分钟，学生分组演练 35 分钟
要　求	（1）整理并上交工作日志 （2）及时敦促并回收旅游者填写的质量的评价表 （3）掌握完成散团前的总结性发言 （4）对旅行社汇报全程工作，及时报销财务账单
器具准备	模拟工作日志、模拟质量评价表、模拟财务账单
方　法	（1）教师示范讲解 （2）学生分组演练 （3）分组讨论
步骤与操作标准	（1）实训前：准备好实训所需的物品，交代实训中的注意事项 （2）实训开始 ① 根据事先确定的行程计划，团队回国后，领队在散团前应提请客人有关事项，包括清点行李物品、注意安全等 ② 在散团前，领队应充分利用时间填写《出境旅游团旅游者问卷表》，回国后及时交还组团社 ③ 整理和上交领队日志。领队日志要填写详细，评价景点、住宿、餐饮、交通车辆、导游服务等情况，对境外接待社推销自费项目的情况及客人意见作出说明，回国后应及时上交组团社 ④ 财务账单的报销。对带团出游所发生的费用，领队应妥当地保存有关票据，回国后应及时到组团社财务部门核销。 （3）实训结束
实训总结	每组实训者认真总结本次实训的心得、体会，并写出实训总结

二、操作程序

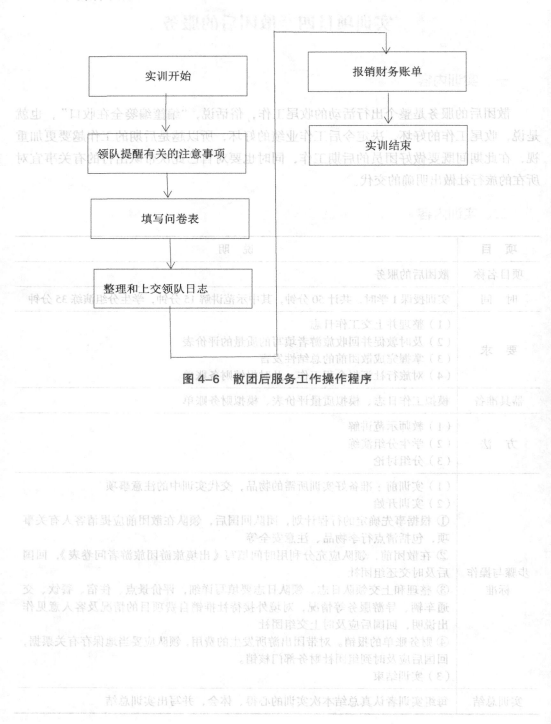

图 4-6 散团后服务工作操作程序

模块五 散客导游服务实训

 【实训目标】

通过"散客服务工作程序"模块实训，了解散客旅游的基本概念、类型和特点以及与团队旅游的区别；熟悉办理散客的各项委托代办业务；掌握散客导游服务程序。

 【实训手段】

案例分析；模拟演练；走访旅行社；实地跟团。

实训项目一 散客旅游产品的类型

一、实训目的

通过教师课堂讲解、示范和组织学生观摩，使学生了解散客旅游的基本概念、类型和特点以及与团队旅游的区别。

二、基本知识点

（一）散客旅游产品

1.概念

散客旅游，又称自助或半自助旅游，在国外称为自主旅游（Independent Tour），它是由旅游者自行安排旅游线路和活动项目，零星现付各项旅游费用的旅游方式。自20世纪80年代以来，世界旅游市场呈现出"散客化"的趋势，目前，欧美各主要旅游接待国的散客市场份额达到了70%～80%，经营和接待散客旅游的能力，已经成为衡量一个国家或地区旅游业成熟度的主要标准。有关专家认为，散客旅游是发展的必然趋势，随着游客消费模式的变化、旅行经验的成熟，将会不断推动散客旅游的发展，但这并不意味着旅行社无事可做，而是要求旅行社的经营理念和方式加以转变，由过去的接待为主转变为空间移动服务商，为游客采集、综合和提供旅游信息，安排行程等单向旅游产品操作，对商务旅行安排要便利舒适、节省费用，进行专业性旅行安排。

2.特点

散客旅游主要有两大特点：

（1）批量少，批次多。较团队旅游，散客旅游在人数规模上要小得多，因此批量较少。近年来，由于散客旅游的迅速发展，选择散客旅游的人数大大超过了团队旅游的人数，再加之其批量少的特点，导致了散客旅游批次多的特点。

（2）要求多，变化多。散客不同于已成形的团队，他们在出团之前会提出种种预设方案线路，要求旅行社按他们的想法来安排计划。散客在参加旅游时要求旅行社提供的往往只是单项服务或几项服务，但在旅游过程中却极容易多次发生旅游行程、线路等的变更或取消，同时也会提出新增的旅游项目要求，并要求旅行社在较短时间内为其安排或办妥有关手续。

3.与团队旅游的区别

散客旅游与团队旅游的区别如下：

（1）旅游行程安排不同。团队旅游的食、住、行、游、购、娱一般都是由旅行社或旅游服务中介机构提前安排妥当，而散客旅游的行程则是由散客自由选择、安排和计划的。团队旅游是有组织按预定的行程、计划进行旅游，而散客旅游的随意性强，服务项目不固定。

（2）付费方式与价格不同。团队旅游是由旅行社以包价形式向参加团队的旅游者一次性收取全部或部分旅游服务费用。散客旅游的付款方式有时是零星现付，即购买什么，购买多少，按零售价格当场现付。由于散客旅游的价格是零售价，而团队旅游是批发价，所以相同级别的旅游项目，散客旅游所需的费用要比团队旅游贵一些。

（3）游客人数不同。旅游团队一般是由10人以上的旅游者组成。而散客旅游一般不超过9人，可以是单个的旅游者，可以是一个家庭，还可以是几个好友组成。

（二）散客旅游服务的类型

旅行社为散客提供的旅游服务主要有旅游咨询服务、单项委托服务和选择性旅游服务。

1.旅游咨询

旅行社"散客部"或"散客中心"接待人员向客人热情提供各种旅游信息，推荐灵活多样的服务项目。旅游者咨询旅游服务的方式主要有人员咨询服务、电话咨询服务、网络咨询服务等。人员咨询服务是指门市服务人员接待前来旅行社门市进行咨询的旅游者，回答旅游者提出的有关旅游方面的问题，向旅游者介绍旅行社的散客旅游产品，提供旅游建议。电话咨询服务是指门市服务人员通过电话回答旅游者关于旅行社产品及其他旅游服务方面的问题。并向旅游者提供本旅行社有关产品的建议，积极促销、宣传本旅行社产品、信誉、品牌。网络咨询服务是指门市服务人员通过电子邮件、QQ 等方式，回答旅游者提出的有关旅游方面的问题，向旅游者介绍旅行社的散客旅游产品，提供旅游建议。

2. 单项服务

旅行社为散客提供各种按单项计价的可供选择的服务。常规服务项目有导游服务、抵离接送、代订饭店、代办行李托运、代租汽车、代办签证等。过去在旅行社属于"跑龙套"的票务专营，如今却扮演着越来越重要的角色。

火车票和轮船票预订。出票时，票务人员要认真核对日期、班次、去向、张数。旅游者因故需退票，需请购票人填写退票单，按规定缴纳退票手续费。票务人员将退票和退票手续费一并交财务，妥善保管退款单据。

航空客票预定。要在专门登记机票的登记本上记录：接待时间，接待人姓名，电话内容，包括预定日期、人数、区间，是否有儿童或婴儿，舱位等，如果客人有指定的航班或时间以及舱位等都要做详细的记录。最关键的就是身份证号码和姓名，如果是电话预定的就要多询问几次，反复核对，确定无误之后进行登记。订票时，在专业的订票平台上输入要预定的票面信息，并反复核对身份证号码或护照号码和姓名，无法打出的字可以用拼音代替。确认无误后，点击"支付"。打印票面，出票完成。电话预定的票，要在出票以后给客人发送短信，告知航站楼等预定信息。当天的票（通常是 8∶00 ～ 23∶00 点预定的票）可以提交"退票"，只损失 10 元的手续费；如果隔天提交的就只能退票了，要根据各航空公司不同的政策收取不等的退票损失。

单项服务通常由旅行社所设立的散客部或综合服务部完成，也可通过旅行社在各大饭店、机场、车站、码头等场所设立的门市柜台来完成。单项服务主要分为受理散客到本地旅游的委托服务、代办散客赴外地旅游的委托服务、受理散客在本地旅游的委托服务。

受理散客到本地旅游的委托服务。应记录散客的姓名、国籍（地区）、人数、性别、抵达日期、所乘交通工具抵达时间、需提供的服务项目、付款方式等。如要代办在本地出境的交通票据，则要记录下客人护照上准确的姓名拼写、护照或身份证号码、出生年月、交通工具档次，以及外地委托社名称、通话人姓名、通话时间等。认真填写任务通知书，并及时送达有关部门及个人（如导游）。如果旅行社无法提供散客委托的服务项目时，应在 24 小时内通知外地委托旅行社。

代办散客赴外地旅游的委托服务。门市为散客代办赴外地旅游的委托应在其离开本地前三天受理，若代办当天或次日赴外地旅游的委托时，需加收加急长途通讯费。

如委托人在国外，门市可告知到该国与其有业务关系的外国旅行社，通过该旅行社办理；如委托人在我国境内，可让其直接到旅行社相关部门办理。接受此项委托业务时，必须耐心询问客人要求，认真检验其身份证件。根据客人到达的地点、使用的交通工具及其他服务要求逐项计价，现场收取委托服务费用，出具发票或收据。如果客人委托他人代办委托手续，受委托人在办理委托时，必须出示委托人的委托书和委托人身份证件，然后再按上述程序进行。

受理散客在本地旅游的委托服务。受理散客在本地旅游的操作与代办散客赴外地旅游的操作相同。

3.选择性旅游服务

通过招徕，将赴同一旅行线路或地区或相同旅游景点的不同地方的旅游者组织起来，分别按单项价格计算的旅游形式。根据散客旅游的特点，旅行社所设立的选择性旅游产品应是"组合式"的，即每一个产品的构成部分的价格均由产品的成本和利润组成。其形式主要有小包价旅游中的可选择性部分；某一景点游览、观赏文娱节目、品尝当地风味等单项服务项目；"购物旅游""半日游""一日游"和"数日游"等。

三、实训内容、组织方式及步骤

实训内容Ⅰ：散客旅游服务的类型

实训要求：要求学生根据所学的知识，掌握散客服务的类型及旅行社门市服务的主要业务。

实训形式：资料分析、模拟演练。

实训步骤：

第一步：实训前准备。要求参加实训的同学，课前查阅相关书籍，初步了解本次实训所涉及的基础知识。

第二步：以5~6人的小组为单位，进行资料的分析与讨论，各人充分发表各人的观点。

表5-1 散客旅游服务的分类"资料分析记录

专业班级		组　别	
记录人		时　间	
小组成员			
案例讨论内容	根据所学的知识以及所收集的资料，说说共有哪些类型的散客旅游服务？请举出一些例子 请你预测下散客旅游服务的发展前景		

讨论记录	
小组成绩	□优秀□良好□中等□合格□不合格

第三步：各小组选出一名代表发言，对小组讨论结果进行总结。

第四步：实训指导教师对小组成员的讨论情况进行总结。

第五步：分小组模拟演练旅游咨询服务、单项委托服务、选择性旅游服务。

表 5-2　散客旅游服务"模拟演练记录

专业班级		组　别	
记录人		时　间	
小组成员			
演练内容			
小组成绩	□优秀□良好□中等□合格□不合格		

实训内容二：航空客票的代售

实训要求：要求学生根据所学的知识，掌握航空客票的代售技巧。

实训形式：模拟演练。

实训步骤：

第一步：实训前准备。要求参加实训的同学，课前查阅相关资料，初步了解本次实训所涉及的基础知识。

第二步：以 5～6 人的小组为单位，1 位扮演订票员（轮流扮演），其他几位扮演顾客，进行模拟演练。

第三步：各小组选出一名代表发言，对小组讨论结果进行总结。

第四步：实训指导教师对小组成员的讨论情况进行总结。

四、实训时间及成绩评定

（一）实训时间

资料分析、讨论时间以15分钟为宜，各小组代表发言时间控制在3分钟以内。学生准备模拟演练内容，模拟演练控制在15分钟以内。

（二）实训成绩评定

1. 实训成绩按优秀、良好、中等、及格、不及格5个等级评定。

2. 实训成绩评定准则

（1）是否了解散客旅游的基本概念、特点以及与团队旅游的区别。

（2）是否熟知散客旅游服务的类型。

（3）是否掌握航空票代售技巧。

 知识点链接

"量身定做"应对"散客时代"

在一些旅行社眼中，散客市场利润薄、业务零碎，同时，散客的要求灵活多变，不易满足。但在专家们看来，重团体、轻散客只会让利润空间有限，对散客的漠不关心，失去的是最大的市场蛋糕。应对散客时代，各地政府和旅游企业需要有为这个市场"量身定做"的思维。

第一，有关部门及各级政府应及早准备，加大面向散客的基础设施建设力度。要提高对散客市场的认识，在航空、铁路、公路、海运及宾馆住宿等方面，加大投入，制定相应对策，以应对即将到来的散客时代。

第二，各地应加强旅游信息化服务建设。各地政府要加快建立城市综合服务网络和大环境的配套，比如城市呼叫服务中心、旅游咨询服务中心等。对散客提供良好的服务，提供多语种的城市咨询、远程查询、远程交易等，向散客们提供公正性的咨询服务。

散客时代的来临，也意味着旅行社提升服务水平时代的来临。旅行社可以为散客提供充实的各种信息，帮助游客制定当地出发的旅游行程安排等，还可以根据游客的需求，提供"量身定做"的旅游。因此，中国旅游业界人士应尽快完善接待服务体制，在提高旅游服务品质、旅游信息发布等各个方面多下功夫。

第三，政府企业共同进行旅游目的地推广。开发散客旅游市场，最重要的就是做好旅游目的地推广，应放在首要位置。除了政府部门外，旅游企业要暂时抛弃竞争概念，联合起来，共同进行城市推广，吸引散客。

第四，景区营销应走出对旅行社的过度依赖，逐步向散客市场倾斜。散客旅游的关键词是"方便、自由"，因此，如何让游客方便、如何让游客自由自在地旅游是旅游行业研究的重点。

第五，保证安全。旅行社要积极应对散客旅游时代，提高品质，确保游客安全，包括交通安全、饮食安全，要有良好的紧急联络体制和对应网络。

（资料来源：闫平散客时代"：旅游市场需要"量身定做"思维，新华每日电讯，2008-1-19）

散客旅游心理分析

近年来，随着旅游市场的日趋成熟、游客自主意识的增强和旅游者消费观念的改变，团队旅游有安全感、省时方便、价格便宜的优势对旅游者的吸引力已有所下降，而针对团队旅游的弱势而产生的散客旅游以其独特的优点吸引着广大旅游者。据1997年《中国旅游年鉴》的统计，1996年散客旅游人数已占入境游客总数的70%。在出境旅游中，1996年中国公民出境旅游总人次为506.07万，其中由旅行社组团出境的为164万人次，只占出境旅游总数的32.4%。在我国国内旅游中，1997年我国城乡居民出游总人次为6.44亿，其中由旅行社承办的仅为1528万人次，仅占出游总人数的5.9%。根据2002年国家统计局中国经济景气监测中心会同中央电视台《中国财经报道》对北京、上海、广州三地城市的多位居民进行调查，选择自助旅游方式的比例达到38.8%，而选择团队旅游的仅占8.3%，其余大部分受访者未做回答。由此可见，散客旅游已成为我国各种旅游活动的主要形式。

第一，旅游者自主意识的增强。在社会稳定和具备一定经济基础的前提下，旅游者选择旅游目的地和旅游方式更注重体现个人的自主意识，而随着信息产业的发展，人们更容易获得各种旅游方面的知识。知识的积累和旅行经验的丰富，使人们对旅行社及旅游中介机构的依赖性逐渐减弱，人们出游的自主意识和参与意识日趋增强，越来越多的人喜欢结伴旅游或全家一起出游，自主地选择目的地、参观的景点及其他旅游活动。

第二，旅游者心理成熟度的增强。心理成熟表现为有较大的选择性和独立性，不成熟则表现为有较大的盲目性和依赖性。旅游者作为本身的职业所扮演的社会角色是相当成熟的，但作为旅游者这一社会角色也许还不成熟。但在100多年的旅游业的发展过程中，无数次的旅游实践培养了一大批成熟型的旅游者，表现在：从茫然和胆怯到经验丰富、信心十足；从必须加入旅游团到往往宁愿做"散客"；从随大流地购买标准化的旅游产品到选购甚至"定制"个性化的旅游产品；从慕名前往一些众所周知的旅游胜地到自己去发现"旅游胜地";从匆匆忙忙、东奔西跑做"走马看花式"的巡游到选定一两个地方做"下马看花式"的滞留型旅游;在旅游中,从只是"旁观"到也要"参与",从只是"领受"到也要作出自己的"贡献";从只重视旅游的"结果"到既重视旅游的"结果"也重视旅游的"过程";从只是"被组织""被安排"到"自己组织""自己安排"。

第三,旅游者需求层次的提高。现代旅游者之所以要花费时间和金钱,去过一段不同于日常生活的生活,为的是寻求补偿和解脱,从日常生活所造成的精神紧张中解脱出来,去接触一些日常生活中接触不到的事物,做一些日常生活中想做而没有条件去做的事情。心理学家弗洛姆曾在《逃避自我》一书中写道:"也许我们已经注意到,也许我们还没有注意到:世界上最使我们感到羞耻的莫过于不能表现我们自己;最使我们感到骄傲和幸福的也莫过于想、说和做我们自己要想、要说、要做的事。"现代旅游者不想从日常生活的围城中冲出来,又跳进团队旅游的围城中去。尤其是在旅游者中,中青年人数在增加,他们中相当多的人性格大胆,富有冒险精神,带着明显的个人爱好寻求旅游目的地和旅游方式,不愿受到限制和束缚。他们寻求表现自己、突出自己、充实和提高自己的机会。按照马斯洛的需要层次理论,个体的需要从低到高分为生理的需要、安全的需要、归属的需要、尊重的需要及自我实现的需要五个层次,在低一层次的需要满足的前提下产生高一层次的需要。在现代旅游中,旅游者已满足了生理的需要、安全的需要、归属的需要、尊重的需要,达到寻求自我实现的需要的满足。这种需求层次的提升,促使散客旅游迅速发展。

第四,旅游者消费中个性成分的增加。旅游市场的飞速发展,使身处其中的旅游消费者发生着观念的变化,以及由心理的变化带来观念的变化和旅游行为的变化。旅游者不仅仅把旅游看成是一种花钱买享用和观赏的经历,而且把旅游看成是一种花钱买操作和表现的经历。单一形态的团队旅游形式对旅游者的吸引力有所下降,而且越来越明显的是,旅游消费者越来越趋向于选择能体现自己的生活质量、个性特征,能让自己由被动变主动、积极参与到其中的散客旅游方式。这样,一些诸如"民俗旅游""探险旅游""体育旅游""回归自然旅游""环保旅游"等项目悄然兴起,并深受旅游消费者的欢迎。

第五,旅游者经济支出心理承受能力的提高。旅行社的出现就是为了给旅游者提供低廉的价格、优质的服务,因而大受欢迎。现在旅行社通过批量购买、强劲的计价还价实力,在交通费用、住宿餐饮和景区门票等方面获得折扣,从而降低了旅游者的旅游花费。这种价格比旅游者个人自助旅游的花费要低得多,因此,参加旅行社旅游一直是观光旅游的主要组织方式。但随着经济水平的提高、人们购买力的增强,对经济支出的心理承受能力提高、对价格的关注程度下降,而对旅游经验更加重视。自助旅游行程灵活、购物灵活，能满足旅游者的心理需要，因此散客旅游迅速发展。

　　除此之外，散客旅游设施的初步具备，也是散客旅游迅速发展的原因之一。现代交通的发达，铁路、航空等实行电脑联网售票，为散客旅游提供了交通的便利；现代电脑、通讯的发展，使人们无需通过旅行社就可在互联网上查询有关旅游的知识，安排自己的旅行，基本解决食、住、行的问题。另外，许多城市设立了旅游咨询电话、电脑导游显示屏等，这也促使了散客旅游的迅速发展。

实训项目二　散客服务程序

一、实训目的

通过教师讲授和模拟演练，要求学生掌握旅行社散客服务程序。

二、基本知识点

散客旅游与团队旅游，在接待工作和接待程序上有许多相似的地方，但也有不同之处，地陪不能完全照搬团队旅游的导游服务程序，其主要环节如图 5-1 所示。这里主要讲一些不同之处。

图 5-1　散客服务三个环节

（一）接站服务

　　导游人员要准备好迎接散客旅游者或小包价旅游团的欢迎标志，接站牌上应写上客人姓名。导游人员和司机应站在不同的出口迎接游客。如果没有接到应接的旅游者，导游人员应该：①询问机场或车站工作人员，确认本次航班（火车、轮船）的乘客确已全部下车或在隔离区内确以没有出港旅客。②导游人员（如有可能与司机一起）在尽可能的范围内寻找（至少 20 分钟）。③与散客下榻饭店联系，查询是否已自行到饭店。④若确实找不到应接的散客，导游员应电话与计调人员联系并告知情况，进一步核实其抵达的日期和航班（火车、轮船＞及是否有变更的情况。⑤当确定迎接无望时，必须经计调部或散客部同意方可离开机场（车站、码头）。⑥对于未在机场（车站、码头）接到旅游者的导游人员来说，回到市区后，应前往旅游者下榻的饭店前台，确认旅游者是否已入住饭店。如果旅游者已入住饭店，必须主动与其联系，并表示歉意。

模块六　导游讲解技能实训

【实训目的】

1. 通过本模块的实训，使学生掌握导游讲解常用方法。

2. 通过本模块的实训，使学生学会恰当运用导游语言。

3. 通过本模块的实训，使学生能够理论与实践有机结合，更好地理解与巩固教学内容。

【实训方法】

1. 教师示范讲解。

2. 分组讨论。

3. 学生示范讲解。

4. 课下训练。

【课时分配】

1. 导游讲解方法（三学时）

2. 导游语言艺术（三学时）

3. 学时合计（六学时）

【关键词】

导游讲解语言艺术；讲解技能。

【背景知识】

导游讲解是导游员的主要职责之一，也是游客外出游览的需要。导游服务工作之所以重要，关键就在于导游讲解。导游员要完成引导游客观景审美的任务，满足游客游览的需要，就必须做好导游讲解的工作。导游讲解的基础是知识，而讲解质量的高低关键在于讲解的方法与艺术，讲解的前提是对服务对象要有全面了解。

【预习思考】

1.常用的导游讲解方法主要有哪几种？

2.如何在不同的场合恰当使用导游的语言艺术？

实训项目一 导游讲解方法

一、实训目的

导游服务是一门艺术，它集表演艺术、语言艺术和综合艺术于一身，集中体现在导游讲解之中。导游讲解就是导游人员以丰富多彩的社会生活和绚丽多姿的自然美景为题材，以兴趣爱好不同、审美情趣各异的旅游者为对象，对自己掌握的各类知识进行整理、加工和提炼，用简洁明快的语言进行的一种意境的再创造过程。

旅游既是人际交往和沟通的过程，也是不同国家、不同地区、不同民族的人们进行文化交流的过程。作为导游人员，有责任让这个过程顺利进行，并在此基础上让自己的导游讲解语言富有艺术性、感染力、亲和力。要达到这个效果，应遵循准确、清楚、生动、灵活的原则进行讲解，还有恰当运用各种讲解方法和手段，这也是导游重要的基本功之一。

二、实训内容

项 目	说 明
项目名称	导游讲解方法
时 间	实训授课 3 学时，共计 150 分钟，其中示范讲解 60 分钟，学生模拟训练 90 分钟
要 求	1）了解九种常用导游讲解方法的使用对象与环境。（2）掌握九种常用导游讲解方法的使用技巧，并能结合具体景点熟练使用
准备工作	导游词，景点图片多媒体教学设备等，并告知实训的重要性
方 法	（1）教师示范讲解；（2）学生操作；（3）提供范例；（4）课下实训；（5）评述
步骤与操作准备	（1）简单概述法：对景点进行简单的概述，让客人先入为主 （2）分段讲解法 1）将大景点分为前后衔接的部分，边走边讲

续　表

项目	说　明
步骤与操作准备	2）一般按照参观景点的顺序进行分段 （3）突出重点法 1）找出该景区的代表性景观 2）找出该景区与其他类似景区的不同之处 3）根据旅游者构成的不同，找出他们的兴趣点 （4）触景生情法 1）找出可以借题发挥的景观 2）找出可以借景生情的情景（5）虚实结合法：找出有典故、传统的景物，适时地将其结合起来（6）问答法1）可依据的景物应趣味性强，答案也出人意料2）向客人提出的问题不应太难，以免客人感到尴尬（7）制造悬念法1）找出旅游者不熟悉但有一定文化底蕴和神秘色彩的景物2）语言要讲解技巧，要能够引起客人游玩的兴趣（8）类比法1）找出可以与景物类比的内容2）找出相同时代的类比物（9）画龙点睛法：整体掌握景点、景物特征，词句提炼精确
实训总结	每组学生认真总结本次实训，完成实训报告报告

如下为导游讲解常用方法。

导游讲解常一览表

实训内容／讲解方法	主要特点	适用的讲解对象或时间	注意事项	举　例
简单概述法	用简洁明了的语言，对一个参观游览项目作一次性的介绍	一般用于到达景点后，开始游览前，在景点进门处的"导游图"或"景点示意图"前	旅游者游兴正浓，忌讳导游在入口处长篇大论，会引起旅游者的不满	一般包括景点的历史沿革、坐落位置、布局、规模、游览路线，休息地方等
分段讲解方法	一般包括景点的历史沿革、坐落位置、布局、规模、游览路线，休息地方等	段落清晰，游览过程完整的景点	"眼前有景，口中说景"，即讲解不宜太超前或滞后	如游陕西华清池，由西门进入园区，然后分为九龙湖风景区、唐华清宫御汤遗址区、"西安事变"文物保护区，温泉沐浴区和唐代梨园遗址以及陈列馆等五段

续　表

实训内容/讲解方法	主要特点	适用的讲解对象或时间	注意事项	举　例
突出重点法	在讲解过程中,对内容进行主次划分,突出景点的主要方面,对此方面略讲或忽略不讲,不追求面面俱到,而是突出某一方面的讲解方法	涉及的知识宽泛,讲解内容庞杂或旅游者的兴趣爱好较单一的景点	(1)突出大景点中具有代表性的景观;(2)突出景点的特征及与众人不同之处;(3)突出旅游感兴趣的内容;(4)突出该景点之最	北京故宫是世界上规模最大的宫殿建筑群,长城是世界上最伟大的古代人类建筑工程,天安门广场是世界上最大的城市中心广场
触景生情法	利用所见景物借题发挥,制造意境,引人入胜,使旅游者产生联想,陶冶情操	在游览途中或车船行进过程中遇到让旅游者使旅游者产生新意的事物及情景	不能仅仅就事论事介绍景物,而要借题发挥,引人入胜;讲解内容与所见景物和谐统一,情景交融	如船至三峡工程,联想到几代伟人的巨大贡献,建成后为国家能够起到的作用
虚实结合法	将典故、传说与景物介绍有机结合,编织成故事情节,拓展讲解的空间和深度	富有神话传说、传奇故事的自然及人文景观	不能用得太多,太滥,注意旅游者的价值观和情感取向,而且在文化层次较高的旅游者面前要重"实"轻"嘘"	如三峡风光中有"神女峰"的故事;杭州西湖有"西湖明珠自天降,龙飞凤舞到钱塘,的美丽传说等
问答法 自问自答 我问客答客问 我答客问客答	在讲解过程中为避免自己唱独角戏,用先讲后问.问后再答的方法调动旅游者的积极性,巧妙地抓住旅游者的注意力,让他们主动参与,以达到活跃气氛、提高游兴的目的	旅游者在游览中感觉疲劳或注意力较分散时	不能笑话旅游者的问题或答案简单幼稚,也不要让自己的提问令客人为难而导致尴尬;同时注意以讲解为主,避免问题太多,太杂的冲击	如在讲解颐和园中的谐趣园时,可以提问谐趣园中有几趣?这个问题一般旅游者回答不上来,可以自问自答地必点出八处:时趣、水趣、桥趣、书趣、楼趣、画趣、廊趣、仿趣。这样旅游者对这个园子的印象就会生动、直观多了

实训内容／讲解方法	主要特点	适用的讲解对象或时间	注意事项	举 例
制造悬念法	在讲解过程时提出令人感兴趣的话题，但又故意引而不发，激起旅游者急于知道答案的欲望，使其产生悬念，俗称"卖关子"	讲述的故事或事物发展的结果与旅游者所想有较大反差或游兴不太高时	不要故弄玄虚，哗众取宠，结果游客索然无味	如游览苏州园的"月到风来亭"，亭后装一大镜。导游可提到：每当夜晚，皓月当空，在这里可以看到三个月亮，引起旅游者好奇心：天上一月，池中一月。怎么会有第三个月亮？谜底第三个月亮在镜中
类比法	在讲解时以熟喻生，即用旅游者熟悉的事物与眼前陌生的事物相比较，便于他们理解，使他们感到熟悉、亲切，从而留下深刻的印象	事物的时间、年代、价值、地位等所处的环境背景与旅游者的环境差异较大	应熟悉旅游者的背景，业确、熟练地运用	如将北京的王府井比作日本东京的银座。美国纽约的第五大街、法国巴黎的香榭丽舍大街
画龙点睛法	用凝练的词句概括所游览景点的独特之处，使旅游者领略其中的奥妙，留下鲜明的印象	可用于总结语，也可以用于引导语，贵在突出景观的精髓	概括前应该有较详尽的介绍，以免旅游者感觉突兀或遗憾	河南省的导游用"古、河、拳、根、花、红、绿"作为点睛之笔；云南省的导游用"美丽、富饶、古老、神奇"来概括云南的美丽风光

如下为导游词实例：

颐和园始建于1750年。那时，清朝正值盛世时期，疆土广阔，国力强盛，是一个强大的东方帝国。当时执掌朝政的是第四个皇帝乾隆，他凭借自己对中国园林的理解和至高无上的权力以及国库大量的存银，以"兴修水利和为母祝寿"为名，选定燕山脚下一处能工巧韵的绝妙之处，吸收了中国古典园林艺术之精华，继承了历代皇家园林的成就，荟萃了全国能工巧匠，连续施工15年，动用了全国年度收入1/7的财力，建成了这座规模巨大的皇家御园"清漪园"，显示了中国科学文化的最高成就。1860年清漪园和圆明园一起，被侵入北京的英法联军焚毁。1888年，慈禧太后又将这座园林重建，并改名为"颐和园"。颐和园是当今世界上建筑规模最大、保存最完整、文化内涵最丰富的皇家御苑，被誉为皇家园林博物馆。它杰出的园林艺术价值和重要的科学历史价值，使它成为中外最著名的游览胜地之一，这里就是颐和园的正门——东宫门。门檐上高悬着光绪皇帝亲题的"颐和园"匾额。现在旅游者进出的宫门，当年只供皇帝，皇后和皇太后通行，其他人只能走两旁小门，所以，今天各位也当回皇帝和皇后了！（在东宫门内）颐和园主要是由万寿山和昆明湖组成的，占地面积290公顷，其中水面约占3/4，大小建筑3000余间，约7万平方米。大小景点100多个。

——颐和园管理处:《颐和园》

在前面右侧临水的山壁，有几根悬垂倒挂的钟乳石柱，它们形态嵯峨，形神兼备，仿佛像几条戀伙江的巨龙，它们的身子，隐藏在山壁内，只有龙头向着水面。每当冬水涨，龙头便会吐传说这几条龙是天帝派它们到漓江边来采集桂花香精的很久以前这些山坡上长满了桂花树，那冲天的香气直贯天宫，引得嫦娥也想偷偷下凡，天帝为之震怒，于是派来了这几条神龙，要把这桂花的香气全部吸进带回天宫。谁知道神龙到了这里后被这里的景色迷住了，它们不仅没有带走人间的桂花，反而引来了天庭的雨露，它们把雨露倾注在崖壁下的潭里，从此这个潭就叫沉香潭。沉香潭的水灌溉了漓江两岸的四方土地，在这片土地上的桂花树长得更加繁茂了，不信您到八月来，漓江两岸都是桂花香，怪不得人们都把这片土地叫桂林呢！

——《漓江游》

"日灭我不灭，云散我不歇．我的灵魂永不散，我的声音永不灭"，头戴林滋达玛包头，背着四方花篮，亭亭玉立、脉脉含情，蓝天白云中，仰望着远方，是在沉思，还是在呼唤？是在期待，还是在追求？传说每年火把节之夜，星星为她点灯，月亮为她引路，踏着茫茫云海，带着五彩光环，阿诗玛又捎悄回到阿爹阿妈身边，和亲爱的阿黑哥欢聚，和兄弟姐妹们翩翩起舞……

"阿诗玛"歌颂了一个民族勤劳勇敢的品质，体现着追求真、善、美的民族性格，象征着追求自由、自强不息的民族精神！"阿诗玛"成了石林文化的中心，塑造撒尼人民心中的女神！每天都有成千上万的人来拜望圣洁美丽的阿诗玛。人们都说，阿诗玛让小孩健康成长，让老人安康长寿，让青年事业有成，让相爱的人永结同心，创造美好的生活。朋友们，请接受阿诗玛美好的祝愿：祝愿朋友们**每天更幸福，生活更甜美**！

——李威宏:《石林一日游》

刚才说过，石狮子是门第高贵的象征，那么在这里还能找到表示同样作用的石雕吗？是门前两旁的高台？不对，那是庆典活动是唱戏用的。是成交的浮雕图案吗？也不是那是用来表示吉祥太平之意，还是这位先生（小姐）说对了，这是对大石鼓。

——吕晓燕：《陈家祠堂》

请大家来看一下，这件石器，猜一下，他是做什么用途的呢？不不，是消防用的，它重1300斤。铸于明万历年间，是少林寺和尚当年用的一口小炒菜锅。我在前边讲过，明代少林僧人有2000多人，闸这么大的锅并不稀奇。少林和尚做什么都不忘不了练功。吃饭的时候，站在梅花桩上扎马步，畏水的时候双臂平伸举起水桶，当年他们做饭也是在练功。怎么练呢？在锅的正上方悬挂一根横梁，跳饭的僧人们用腿在上面倒挂金钩倒悬着做饭。可见，少林功夫不是徒有虚名的。

——陈建光：《少林寺》

进门我们看到的这块半人高的石头，非常珍贵，传说宗喀巴的母亲生前背水途中靠着它休息．现在成了信徒朝拜的圣物。石头上面贴着的钱币是怎么回事呢？原来是信徒对佛的一种虔诚的表示，实际上是对寺庙的布施，都是信徒和旅游者的一份心意。据说只有心中有佛的人才能够将布施贴在石头上，否则佛就不收。有心的人可以试一下自己的诚意，我稍后可以告诉大家这里面有个小小的窍门，现在大家可以试试，好吗？……

女士们，先生们，今天我们参观塔尔寺就到这里结束了。在和大家告别之前，首先让我来解答个贴钱币的秘密，那是因为在石头表面涂满了酥油，有人猜对了吗？

——王秉习：《青海塔尔寺》

避暑山庄是清代康乾皇帝盛世的象征，作为山庄缔造者的康熙和乾隆，都是六下江南，盘历天下景物之美。在修建避暑山庄时，博取众家之长，融合中国南北园林风格为一体，使避暑山庄成为中国古典园林艺术的总结与升华。我国园林专家们说，整个避暑山庄就是祖国锦绣河山的缩影。专家们为什么会这样说呢？这个问题我想还是请女士们、先生们游览了避暑山庄之后再来回答，不过，我这里先给大家提个醒，这个原因与避暑山庄的地形有关。

——王坚：《避暑山庄》

长江，全长6300千米，仅次于6751千米的南美洲亚马逊河和长6671千米的非洲尼罗列，为世界第三长河。它发源于青海唐古拉山主峰的格拉丹东大雪山，泌涌奔流，注入东海。

——杨佑仁:《长江三峡》

中国香港出版的《中国旅游》杂志在 192 期上用四个"天下第一"，概括了曲阜，那就是"天下第一人孔子"，"天下第一庙孔庙""天下第一家孔府"，"天下第一林孔林"，下面，我们就进入这几个主要景点，开始我们的参观游览。

——孔祥金:《孔子的故乡——曲阜》

各位来宾，我们现在来到了鱼乐榭。鱼乐榭三面临水，凭栏观看池中来回游动的红鲤鱼，其乐融融。它使人想起，当年庄子与惠子在濠回游玩，就"鱼乐""知鱼乐""焉知余不如鱼之乐"展开争论，引出中国古代哲学史上一段佳话。豫园鱼乐榭四周面积虽小，可放眼望去，皆是美景。看，这榭的右侧，百年紫藤环绕，盘根错节：初夏开紫白花，随风飘香池南假山，树木葱芳，鸟语花香，是一个静的世界；池北游廊里，人来人往，欢声笑语，是一个动的天地，特别要指出的是，一股清溪自西而入，流经假山：从一垛隔水花墙下的半圆厕门穿过，悠悠东去，而洞下清澈的水面映照着墙内外景色，使人产生一种水流长远，何处是尽头的感觉。这里，从古至今，自远至近，廊榭与假山结合，运动与寂静交融，小小的空间带给人的景色和遐想是多么的大啊鱼乐榭正是中国造园艺术中"小中见大，小中思大"特点的一个典型，充分体现了造园真谛——空灵"二字。

——周明德:《上海豫园》

以拙政园为代表的苏州园林，处处充满着诗情画意的青山绿水，时时洋溢着温情脉脉的家庭气氛，全都体现了淡泊明惑的人生哲理，正是古人们苦苦追求的"人间天堂"

——曹耀常:《拙政园》

实训项目二　导游语言艺术

一、实训目的

导游语言艺术是导游员根据特定语境，选择和确定信息内容，从而寻找出易被旅游者理解和接受的表达方式的一种活动，是导游人员必备技能之一。

二、实训内容

项　目	说　明
项目名称	导游语言艺术
时　间	实训授课三学时共150分钟。其中示范讲解60分钟学生模拟训练90分钟
要　求	一敢于表达，二掌握常见情景的语言应对技巧
准备工作	设置一定场景，并告知实训的重要性
方　法	一教师示范讲解二学生操作三提供范例，四课下实训，五评述
步骤与操作标准	（1）语言的针对性 1）任何一种语言交际，都是在一定环境中进行的。俗话说，'到什么山唱什么歌''见什么人说什么话'，意思是语言运用要有针对性，是指在导游交际过程中，特别是在导游讲解过程中，讲解内容的取舍，讲解角度的选择以及讲解技巧的运用要根据旅游者的各种具体情况以及各种具体旅游环境进行针对性较强的调整 2）导游语言要具有针对性，就要事先周到地考虑旅游者的各种文化背景，多方面地把握旅游者的各种文化背景，多方面地把握旅游者的各种心理以期实现与旅游者的感，情共鸣。把一篇导游词"放之四海而皆准"的做法是不可取的。因此，导游员必须灵活、机动地为旅游者提供有针对性的服务 3）见面寒暄语的运用1在自由活动时间，在饭店休息时间以及在商场购物的闲暇时间，导游与旅游者可能不约而同地出现在同一场合。此时，导游员绝不能回避旅游者或装作没看见一走了之。上前打招呼及寒暄一下是必要的。如简单问候"你好""辛苦了""休息得好吗"等，语言简单却不失礼节。如果经过几天相处，和旅游者非常熟识，开个玩笑，说点俏皮话也未尝不可2根据本模块的附4～2进行实训3劝说的语言运用艺术1在游览过程中，导游员经常感觉到旅游者情绪变化大，有时难以控制，影响到整个团队的活动和气氛。导游员需采用劝说的方式使旅游者从悲伤、忧郁，激动的情绪中摆脱出来。没有掌握合适的劝说技巧，导游和旅游者就难以融洽相处，造成误解，不利于工作的开展，所以劝说时要把握以下的原则：①态度真诚；②语气委婉；③给予尊重；④以理服人 2）答问的语言运用艺术：旅游者来自不同的国家和地区，在旅游过程中常常出于各种不同的动机而提出形形色色的问题。对于正常的求知、好奇，一般是有问必答，而且是正面回答；在购买贵重物品，征询导游意见时，导游应慎重对待，有时还要避实就虚；还有的旅游者出于误解、错觉甚至敌意而提出较为敏感的政治问题，这类问题政策性极强而又不容回避，尤其要讲究技巧

项　目	说　明
步骤与操作标准	问题 2 安慰的语言运用艺术 1）在旅途中，旅游者如果发生意外，比如摔伤、骨折，生病，失窃等，作为导游员必须以最快的速度和最大的热情伸出援助之手，并及时给予旅游者以亲朋好友般的抚慰。此刻，能够表达同情和理解的语言至关重要，导游通过这种方式，力争使旅游者内心痛苦和忧愁降到最低限度。2）安慰的技巧有很多，如体贴式、允诺式、比较式实力式交际过程中常用的主要有体贴式，允诺式两种技巧：①体贴式安慰，指主要是以情感沟通为主要目的的安慰。这种安慰不仅要晓之以理，而且要动之以情，多多于旅游者进行情感上的交融；②允诺式安慰，一般多是在旅行团议定日程或计划中的行程被安排失误等情况下使用。因为有失误的前提，领队或者导游员可以向相关部门进行交涉，如果提出一些恰当的额外要求，一般也是能够得到失误方的同意，从而与旅行团达成相关的补偿协议 3 根据本模块的附 4 ~ 5 进行实训 6 纠错的语言运用艺术 1 "智者千虑，必有一失"。导游员在带团过程中，因紧张，疲倦等因素难免说话出错，造成不必要的麻烦和尴尬。失言当然令人不愉快，关键是分析和研究失言的原因，巧妙地"亡羊补牢"，使导游员的错话造成的麻烦和尴尬降低到最小限度 2）除了以上在导游交际中常用的语言艺术外，在不伤害对方的自尊和不违反处事的原则基础上，导游员还可通过巧妙的借口，善意的谎言等对客人不合理的要求进行婉言拒绝，有时还要诚恳道歉
实训总结	每组学生认真总结本次实训，完成实训报告

附 6-1　语言的针对性实训

实训一
实训准备：学生扮演导游员角色 实训内容 场景：一国内旅游者看中了地摊上的一件"古玩"，价格不便宜，这时看到在附近旅游者便说，"王导，你帮我看看这玩意儿值不值得" 过程：扮演导游员的各位学生根据旅游者的问题进行回答 讨论分析：教师引导学生对各位学生导游员的回答进行分析点评 案例 导游员 1："这些古玩不少是民间的珍品啊" 导游员 2："买古玩一定要慎重，你自己定夺吧" 案例分析：导游使用的答问语言容易误导旅游者；导游员 2 使用的语言比较慎重，不正面回答导游员对古玩不是专家，如果建议客人购买，如果磊短颗品，旅游者肯定后悔，还会责备游员；劝其购买，有斑栅买热情，带来新的遗憾另外，如果是国外客人，更应慎重回答

附 6-2　语言运用艺术实训

实训准备：学生扮演导游员
实训内容：场景；一个旅游团刚刚下飞机，天下起了小雨，而且接团的旅游车又迟到了几分钟
过程：扮演导游员的各位学生根据上述情境使用劝说语言引导旅游者做到有序上车
讨论分析；根据各位学生导游员所使用的劝说语言进行讨论分析
案例：导游员 1："急什么？又不是辆公交车，真是的"。导游员 2：在等候旅游车时就将队伍整理好，将老弱病残安排在队伍的前面，车辆一到便大声说："女士优先，先照顾女士上车；请不要着急，注意安全"
案例分析：导游员 1：使用的劝说语言是批评和埋怨旅游者的语言，将会令旅游者反感，从而使旅游者形成对导游员的不良印象和抵触情绪；导游员 2：使用的劝说语言体现了我国尊老扶弱的传统美德，关心弱势群体，关心旅游者安全，让旅游者感到温暖。此外，在等候旅游车时就将队伍整理好，将老弱病残安排在队伍的前面，体现了导游员的职业素质和服务水平

附 6-3　安慰言运用艺术实训

一导游员带团到山海关游览，孟姜女庙中的对联让客人很感兴趣，大家要求导游员领读，导游员望着对联读到："海水潮潮潮潮潮潮潮落，浮云长长长长长长长消。"当他自感不对头时，旅游者已经笑了。这时，他不慌不忙，冷静地想了想，想出了该对联的汉字一字多音，一字多义的特点。于是煞有介事地问："我刚才这样读对不对？不对！"客人齐声回答。客人你一句我一句和导游一起把对联读了出来，还理解了对联的意思，大家会心地笑了。
点评：导游员顺水推舟、将错就错，机智灵活地纠正自己的错误，再好不过。但绝不能在客人面前不懂装懂，一错再错，弄巧成拙

实训项目三　自然景观讲解

一、实训目的

通过实训，使学生了解旅游审美对象，熟练掌握自然景观的讲解基本要领，懂得运用不同的讲解方法向游客准确传达美的信息。

二、基本知识点

（一）自然景观概念

1. 自然景观的基本概念

自然景观是指由具有一定美学、科学价值并具有旅游吸引功能和游览观赏价值

的自然旅游资源所构成的自然风光景象，也就是指大自然自身形成的自然风景，如银光闪闪的河川、千姿百态的地貌、晶莹激滟的湖泉、波涛万顷的海洋、光怪陆离的洞穴、幽雅静谧的森林、珍奇逗人的动物和温暖宜义的气候等。

2.自然景观的审美感知

山、水、气、光、动物、植物等自然要素的巧妙结合，构成了千变万化的景象和环境。人们对自然景观的观赏，主要通过人的视觉、听觉、嗅觉、味觉、触觉等途径的直接感受，进而产生联想，并通过理念的感知印象和综合分析，产生美感并获得精神上与物质上的享受。普通游客往往用"游山玩水"替代"旅游"，这也说明山、水在游客心目中的地位。

（二）自然景观讲解

1.山地景观讲解

山地是风景构成的基本要素，是造景、育景的舞台，气象、气候、植物、动物，均因不同的山地条件，而呈现出不同的自然风景的形态。

任何山地及其旅游景观的存在，必然具备某种形式，这是人们能够感知其存在的首要条件，其形态、数量、规模、特征、组合方式以及分布的空间位置等，均可能造成不同的美感。在多种情况下，人们从雄、险、秀、幽、旷、奥、奇七个方面来概括自然景观的自然美。

体态高大的山地，其绝对高度和相对高度均高，体量也大，岩石陡峭，则产生雄伟的美感。五月中的泰山是典型的以"雄"称美的山体。

山体高陡、山脊狭窄的山多因断层和垂直节理发育，则产生险峻的美感。华山五座山峰，座座如立，这种地貌决定了华山风景的总特征是险峻。

山势起伏蜿蜒，山体线条柔和，植被葱郁，则产生秀丽的美感。这种例子很多，但以峨眉山最突出，"峨眉天下秀"，秀在山脉连绵波澜起伏，秀在茂密的丛林覆盖其上，那里的云雾很多。

山环水复、林茂谷深、植被繁盛的山地，则产生幽深的美感。如张家界的风景区，夏季能带游人走进"蝉噪林愈静，鸟鸣山更幽"的境地。这种美学特征便是由其砂岩峰林峡谷奠定的。

地貌平畴无垠，或者水面坦荡，视野开阔，则产生旷远之美感。如在岳阳楼上看八百里洞庭，烟波浩渺；登黄鹤楼观长江，"孤帆远影碧空尽"；在内蒙古草原上放眼，"风吹草低见牛羊"。但我们等高远眺时，所获得的旷远美感会更加强烈，站得高、看得远，自然使人心旷神怡。

如果空间景观显得很封闭，四周崖壁环列，通道下如岩隙，曲折而出，深邃入境，则令人产生神秘莫测的美感。如中岳嵩山，自古就有"嵩山天下奥"和"奥岳嵩山"之美称。

属于独具一格的高山，则产生奇特的美感。如安撤黄山，以"奇"闻名中外，人说山之奇，泉、云、松为三个条件，黄山齐备，再加上奇特的怪石，故自古被称为"震旦第一奇山"。

有些山地，不止一个风景特征，如伏牛山脉的石人山风景区的风景特征有"雄"和"秀"。"雄"的特征是直接通过石人山本身的地貌特点体现出来的，"秀"的特征不是直接通过石人山的地貌特点，而是通过石人山茂密的植被和杜鹃花体现出来的。

山岳景观除了上述的形态美外，还有色彩美。如一年四季交替和气候变化构成的山体的色彩美，如泰山顶上的四大奇观旭日东升、晚霞夕照、黄河金带、云海玉盘的宝光等，则更是吸引游人的奇景了。山岳自然景观还有动态美，主要由流水、飞瀑和云等要素组成，还有静止的景观自身呈现动态，如"九马画山""灵猫扑鼠"等。此外，马山月景观还赋予我们听觉之美。瀑落深潭、溪流山涧、幽林鸟语、风起松涛等声音，都会在特定的环境中给人以音乐般的享受。

许多山地还具有科学研究价值，如云贵高原、桂林阳朔和肇庆地区对研究岩溶学和岩溶地貌具有典型意义，丹霞山、武夷山是研究丹霞风光的典型场所等。中国是一个历史悠久、文化灿烂的国家，许多山地有着悠久的开发历史，使许多山地积淀着丰富的历史古迹和文化艺术，更增加了旅游的魅力。

2. 水体景观讲解

由于受地形和气候等自然因素的综合影响，水以多种形式存在于自然界：水蒸气、云雾等气态，雨、露、泉、湖、江河、瀑布、海洋等液态，霜、雪、雾凇、冰雹、冰川等固态。一般情况下，这里指的水体景观是指由水体本身或以水为主与其他造景因素融合而成的具有旅游观赏价值的自然景观，主要指海洋、江河、湖泊、流泉、瀑布景观。至于云雾、冰雪等特殊形态的水体，在一定的时间、地区和条件也能造就出特殊的水体风光。七种造景功能中，形、影、声、色、光等五个方面是各种水体的共同特点，是我们掌握和讲解水体景观的基本内容。

水体类型不同，美的风格不同。海洋浩瀚无际，碧波万顷，汹涌澎湃，深邃奥妙，能给人以视野开阔、极目天涯的感觉。碧蓝无垠的海水、洁白飞溅的浪花和汹涌澎湃的怒潮，能使人精神振奋、思潮起伏。而流泉、溪涧、小湖，则给人以秀丽优美的感觉。江河大湖常介于两者之间。某些海岸虽然也具有秀丽优美的景色，但终不如泉溪小湖带给人的恬静更浓厚。

同一水体类型，由于其组合条件不同，相关的具体内容也是不同的。以湖泊为例，湖泊面积大小不同，给人的美感不同。大湖泊能给人以畅旷的美感，所以古人用

"帆影点点，烟波浩渺"来描述太湖风光，用"落霞与孤鹜齐飞，秋水共长天一色"来赞美鄱阳湖的绝妙美景。西湖自古给人以清秀的美感，所以苏轼用"欲把西湖比西子，淡妆浓抹总相宜"来赞美她。

具有奇特现象的泉水，如杭州虎跑泉、济南趵突泉、镇江中冷泉为甘甜醇厚的泉水。"地有名泉，必有佳酿"，泉水是酿酒、泡茶和饮料加工的理想水源。安徽寿县的"喊泉"，与人的声音成正比；四川广元的"含羞泉"，好似含羞的姑娘；大理的"蝴蝶泉"等都因奇趣成景。有的水体还有奇特的作用，如矿泉水，具有可饮、可医、可浴、可赏的作用，有的可主治风湿病和皮肤病；五大连池的药泉，能治肥胖症、脱发等多种疾病。矿泉和温泉疗养，已成为世界上重要的健身休假和矿泉理疗康复旅游区。

3.生物景观讲解

无论是植物还是动物都与人有着密切的关系。动植物在风景区有美化环境、装点山水、分割空间、塑造意境的功能，并在维护大自然生态平衡方面起着重要作用。

首先是形态美。由于植物种属繁多，千姿百态，风格殊异，故其观赏价值特别高。观花要讲究花姿花形；看叶有单叶、复叶、全叶、裂叶之别；论树形有挺拔雄健、婀娜多姿之分；论果形有圆形、扁形和线形之异。此外，人们还通过嫁接培育等技术，创造出各种别致诱人的观赏植物，给人以种种形态美的享受。

其次是色彩美。色彩是物体的基本属性，对人的感官最富刺激性。色彩是形式美的重要因素，也是美感的普遍形式。色彩是生机的表征，能给人激励。不同的色彩，能使人产生不同的特定心理反应。植物的茎、叶、花、果都有色彩，给人以多种色彩美，其中最基本的色彩是绿色——"生命之色"。此外，一般植物的花、叶、果实呈现出的各种颜色，以及因缺乏光合作用而呈现的黄色、白色等，构成了自然界五彩缤纷的色彩美，如香山红叶、洞庭仙桥枫叶等。

再次是嗅觉美和听觉美。植物的茎、叶、花、果，不仅可装饰自然景观，还发出沁人肺腑的芳香，给人以嗅觉美，从而调节精神与身心健康。植物的特异芳香，使人精神振奋，诱使人们亲自尝试体验，流连忘返。声音，如雨打芭蕉、林海松涛、空谷回音等各有绝响，给人以美的享受。

最后是古韵之美。古是指植物生存的时间漫长。某些古树名木不但记录了它自身存在的生长史，同时也反映了当地的自然环境特点，因而它不但具有生物科研价值，而且具有旅游观赏价值，并且是越古老，吸引力越大，保护价值越高。我国具有旅游价值和文物价值的古树名木难以数计，它们常与古寺庙、古陵墓及山岳风景区融为一体，共同构成各风景区的主要观赏对象。

三、实训内容、组织方式及步骤

实训内容：自然景观讲解

实训要求：要求学生掌握自然景观讲解的要领和内容。

实训形式：讲解练习。

实训步骤：

第一步：实训前准备。要求参加实训的同学，结合本地某一著名的山水景观，自创导游词。

第二步：由实训学生自行讲解。

第三步：实训指导教师根据讲解情况进行点评。

四、实训时间及成绩评定

（一）实训时间

选择当地著名山水景点并自行踩点利用周末时间，自创导游词、做好实训准备等工作利用课余时间，现场讲解利用课堂时间，每位同学讲解时间不超过5分钟。本实训项目总计时间两周。

（二）实训成绩评定

1. 实训成绩按优秀、良好、中等、及格、不及格5个等级评定。

2. 实训成绩评定准则

（1）是否了解当地著名自然景点的概况；

（2）导游词的撰写是否完整、生动，是否包含自然景观讲解的主要内容；

（3）讲解时能否把握自然景观讲解的要点。

 知识点链接

一、自然景观的特点

自然景观在旅游过程中主要表现为旅游者所见到的山水风景、气候天象奇观、动植物等直观景象。自然景观与人文景观相比，具有以下几个特点。

1.天然赋存性

从发生学的角度上看，一切自然景观都是大自然长期发展变化的产物，是大自然的鬼斧神工雕造而成的，具有天然赋存的特点，即天赋性，因而它是旅游的第一环境。

2.地域性

自然景观是由各种自然要素相互作用而形成的自然环境，它具有明显的地域性特征，如我国风景"北雄南秀"的特征反映了南北自然景观的总的差异。

3.科学性

自然景观各个要素之间所具有的各种复杂多样的因果关系和相互联系的特点，反映在自然景观的各个方面。因而自然景观的具体成因、特点和分布，都是有科学道理的。

4.综合美

从旅游审美的角度上看，一切自然景观都具有自然属性特征的美。在自然景观美中，单一的自然景物，由于构景因素单调，一般来说，它的美是单调的；大多数自然景观美都是由多种构景因素组成的，它们相互配合，融为一体，并与周围环境相协调，所以体现出综合美的特点。

5.吸引价值的差异性

自然景观虽是大自然本身的产物，然而"千座山脉难以尽奇，万条江河难以尽秀"，只有具备能引起人们美感属性的自然景观，只有能使观赏者获得美的那部分景观，才是自然美的代表，才具有自然景观美。另外，自然景观之所以能成为人们审美的对象，是与社会的发展水平和人们的综合素质分不开的。两个人同游一处美景，一个人能看到它的美，另一个人却看不到它的美，这是由于两个人的综合素质差异造成的。

二、自然景观的类型

1.根据开发利用情况划分

自然景观依据开发利用情况，可将其分为两种：

（1）原始自然美景观。是指以纯自然美为基本特征的景观，这类景观大都分布在我国的西部和边缘地区。原始自然美之所以原始，是因为它们深藏于崇山峻岭之中，交通不便，人烟稀少，不易发现，因此历史上人为干扰较少，才使其原始风貌保持至今。像珠穆朗玛峰奇景、东北的林海雪原、四川的稻城亚丁、西藏雅鲁藏布江大峡谷以及边缘地区的自然保护区等，都属于原始自然美景观。

（2）人文点缀自然美景观。是指主要分布在我国东部经济较发达地区的自然景观，这类景观大都经过了人类的加工。但这些加工都保持了自然美的原形，只是根据自然景物的特点，合理布局一些人文构筑物。这些人文构筑物，不仅没有破坏自然美，反而使自然美的个性更加突出。如列入《世界遗产名录》的黄山、峨眉山、泰山、武夷山、庐山、青城山等都属于人文点缀自然美景观。

2.根据构景要素及景观特征划分

根据构景要素及景观特征，可将自然景观分为以下四种。

（1）地质地貌景观。包括一些特殊的地貌类型和地质景观。其中对游客吸引力较大的是山岳景观。地质地貌景观是其他类型景观形成的基础，有较高的游览价值，深受游客的欢迎。

（2）水体景观。主要包括地球表面的各种液态及固态水体景观。液态水的景观组合包括江河、湖泊、流泉、飞瀑和海洋；固态水体景观主要指各类冰川。

（3）生物景观。包括动物和植物景观。

（4）气候和气象景观。气候往往作为区域景观的背景景观而存在，而天象景观则直接作为游客观赏的对象，同时短暂的天气对游人的出行有较大影响。

实训项目四　人文景观讲解

一、实训目的

通过实训，让学生能够区分人文景观并了解人文景观的基本概念和特点，了解人文景观的基本类型，掌握人文景观导游讲解的基本要求和方法。

二、基本知识点

（一）人文景观的概念

人文景观是指整个人类生产、生活等活动所留下的具有观赏价值的艺术成就和文化结晶，是人类对自身发展过程科学的、历史的、艺术的概括。它们是人类历史的见证，在内容、形式、结构、格调等方面都具有历史特点，同时还表现出明显的地域性和民族行。它既包括有形的实物，也包括无形的精神，因此涉及面大、范围很广、类型也很多。人文旅游资源具有明显的时代性、民族性、地方性，以及高度的思想性、艺术性、活跃性，具有强有力的生命力。

一个国家或地区独特的民族状况、历史发展、文物艺术，以及物质文明、精神文明的内容等，都可以构成人文景观。

（二）人文景观导游讲解要求

凡是由人创造的，与社会实践和文化相联系的景观，都可以视为人文景观。要讲解好人文景观可以从以下六个方面着手。

1.把握人文景观的历史背景，突出文化底蕴

人文景观具有明显的时代性和地域性，是人类在其历史发展进程中在改造、利用、适应自然的过程中所创造的，与当时的社会有密切的联系，所以不能脱离当时的历史背景孤立地去欣赏它们。讲解时要交代好景观所处时代的历史背景，这样有助于游客认识其出现的缘由，探寻景观的文化底蕴。

2.解读景观特征，紧扣"人与环境"主题

讲解人文景观离不开对实物具体特征的把握，主要包括布局（结构）、功能（作

用、用途）、造型（形状）、质地、文饰、色彩以及与之有关的匾额楹联等方面的解读。不同类型景观解读的侧重点也会有差异。

出土文物类主要从文物功能、造型、质地、文饰和色彩等方面去把握；书院、楼阁类古建筑主要从建筑布局、匾额楹联碑刻、陈列实物等方面组织导游讲解；城墙类古建筑（长城、苗疆边墙等）主要介绍其御敌的功能、特殊结构和建筑材料等；名人故居类侧重于故居的整体结构、室内陈列实物、照片等。

现今保留下来的人文景观，往往都是人类所创造的精品，是人与自然和谐发展的结晶。人文景观的讲解，正是探寻这些景观所承载的人类文化，作为人文形态的人文景观表现了人类各种文化内容，成为文化的凝聚、积累和表征。正是靠着人文景观，才使相当一部分各时代各地区的文化得以保留和显现。透过它，我们可以探寻那个时代的思想和情感。

3.突出文化内涵，强化知识性基础

人文景观与自然景观相比，最大的特点之一就是文化内涵的延伸性。自然景观往往可以直观赏析，但人文景观却不能。每一类的人文景观都包含有博大精深的文化内涵，要相对完整地了解一个人文景观，必须要有一定的文化底蕴。因此，导游人员自己一定要具备丰富的文化基础知识，在实际导游过程中必须把景观所包含的而游客不可能直观看到的内容通过不同的导游技巧和方法传递给游客。

4.编织故事情节，注重讲解的通俗性

人文景观的文化内涵博大精深，而游客的目的并不是做学术的探索，因此导游员在讲解人文景观的时候，必须要合理组织自己的语言，可以在尊重科学和历史的前提下，适当编织故事情节，以求产生艺术感染力，避免平淡、枯燥无味、就事论事的讲解，将内容通俗化，以此满足游客的需要。

5.突出人文景观的思想特征

导游人员的讲解，其中很重要的一条就是教育功能。因此，在讲解中要能客观地介绍历史，并恰当地结合现实，做到借题发挥，有的放矢，把人文景观的学术价值、思想价值充分地展现在游客面前，使游客的思想得到升华，进而发挥人文景观的延续教育性。

6.把握人文景观的审美特征

人文景观具有特殊的协调美、统一美、艺术美和创造美。对于人文景观的欣赏必定离不开它所处的环境，因此，为游客讲解人文景观时，要结合其所处的周围环境，全面地把文化景观中所包容的内容介绍给游客，引导游客领略人文景观之美。

7.灵活运用导游讲解方法

优秀的导游员能够针对讲解内容，灵活地运用各种导游讲解方法。或解惑释疑，

创造悬念，引人入胜；或善于编织故事情节，虚实结合，启发想象，情景交融；或采用问答方式，注重双向交流与沟通，尽可能调动游客参与到讲解当中来，让不同游客的合理需求得到满足。

讲解人文景观时经常运用的讲解方法主要有分段讲解法、突出重点法、虚实结合法、问答法、制造悬念法、类比法、知识渗透法、引用法等。

（三）人文景观讲解方法

1.古建筑讲解

我国有几千年的文明史。在这几千年的历史进程中，中国建筑形成了有别于希腊、印度和西方的独特的建筑体系和建筑结构。中国古建筑以木结构建筑为主体。人们常常用"雕梁画栋""翘角飞檐"来描述中国古建筑。雕塑在中国古建筑中运用十分广泛，如石雕、木雕、砖雕等。门楼、照壁往往是砖雕最精彩的地方，河南开封的山陕甘

会馆就保存有大量精美的砖雕。山西的乔家大院、渠家大院也有不少。石雕常用于台基、石栏杆及大门外的石狮子之类，而木雕则常用于门隔扇、屏风、天花、藻井及家具陈设等。木雕的使用是极普遍的，至于塑件，在建筑上运用也很普遍。最常见的是屋顶前后两坡交界处的正脊，它往往使用预制的雕花瓦，正脊的两端有形似龙形的正吻。在垂脊处吻兽较多，有垂脊兽、屋梁走兽、仙人走兽等。

总之，中国古建筑是一项综合艺术，它既包含建筑技艺，诸如力学、采光等方面，也包含绘画、雕塑、环境等各个艺术门类。这就要求导游员具有相应的、较全面的艺术修养。木结构建筑便于在梁上实施油漆和彩画，既有防腐的实用功能，又有装饰艺术效果。像颐和园内长达700余米的长廊，那一幅幅彩绘的历史故事和民间传说，给游人平添了多少艺术享受。如山西芮城永乐宫内960平方米的画与河南嵩山少林寺壁画，都是不可多得的国宝。

2.民族民俗风情讲解

民族民俗风情是导游讲解中最有趣、最生动的部分，也是最让客人感兴趣的内容，可多讲，并应讲出特色。

3.历史文化讲解

对历史文化的讲解要求尊重历史事实，力求准确、全面，且能突出重点。

 案例分析 6-1

安化茶马古道历史文化导游词

"茶马"一词，一是源于唐朝开始的茶马交易机制。古代中原政权为了加强军事

力量，以茶叶等商品与边疆游牧民族换取战马，并设有专门的管理机构"茶马司"，"掌榷茶之利，以佐邦用；凡市马于四夷，率以茶易之"。二是山区茶农以茶叶换取生活物资，由于山道崎岖，交通不便，多用马匹作为驮运工具，因此，茶和马联系在一起。由此引申出了"茶马之路"，即留存至今所谓的"茶马古道"。茶能清解脂肪，祛除油腻，补充人体必需的维生素和微量元素。而对于地处边陲的游牧民族，以牛羊肉为主，"不得茶，则困以病"，喝茶成了他们赖以生存的习惯，而因常年迁徙的生活特性，游牧民族的喝茶种类以紧压茶为主，主要是因为紧压茶方便携带，易于储存且耐冲泡。安化黑茶的品质特征正符合西北少数民族的饮茶需求，因此，从明代被朝廷定为官茶开始，安化黑茶逐步取代其他茶类，成为西北少数民族饮用的主要茶类，经陕西、甘肃等地茶商销往内蒙古、青海、宁夏、新疆等少数民族地区，后来政局动荡，交通阻塞才逐步衰落。安化地处山区，山多地少，有"山崖水畔，不种自生"的宜茶环境，自古"活家口者，唯茶一项"，随着黑茶产销的兴盛，商家为了收购和运输茶叶的便利，在安化县境内集资修建茶马专道，这些道路翻山越岭，以青石板铺就，沿途建风雨廊桥、茶亭、拴马柱等供歇息之用，绵延数百里。借助资水横贯全境的地利之便，茶商在安化山区内收购茶叶后，沿茶马专道驮运至江边集镇，再通过水运销往外地。据专家考证，古代安化黑茶的运销线路是经资江运往洞庭湖，再转运湖北沙市，经襄樊、老河口至泾阳、晋阳、祁县，然后销往西北边陲。因此，也就形成了安化茶马古道与其他地区茶马古道截然不同的"船舱马背式"的独有特色。直至今日，安化县内仍留存了大量的茶马古道遗迹，有的仅剩小段路基，有的绵延数里，其中，保存较为完整的有黄花林场腰子界一段、江南至洞市黄花溪一段、陈王次庄至山口一段、洞市老街一段、永锡桥一段等。茶马古道风景区内，保留了最为完整的一段茶马古道，由山下连环村至高城村绵延几公里的青石板路，由于未进行旅游开发前仍未通公路，这里依然靠马匹作为主要的交通运输工具，当地人一直对茶马古道多有维护，才完好地保留了下来。每逢山下市集圩日，山里人用马匹驮着木材、山货、茶叶等去山下的市集换取生活物资，成群结队，蔚为壮观，也正因如此，安化县内保留了南方最后一支马帮，也算是安化茶马文化历史的一桩幸事吧。在川岩景区内，现今仍保留了安泰廊桥、永济茶亭旧址、川岩茶叶禁碑等茶马古道遗存，仿佛在遥忆着那一片历史的风景。

三、实训内容、组织方式及步骤

实训内容：人文景观讲解

实训要求：要求学生掌握人文景观讲解的要领和内容。

实训形式：案例分析。

实训步骤：

第一步：实训前准备。要求参加实训的同学，观看导游讲解音像资料，熟悉实训所涉及的基础知识。

第二步：以5～6人的小组为单位，对资料进行剖析，各组员充分发表自己的观点。

 案例分析6-2

云南昆明石林民族风情导游词

逢节日庆典，或宾客到来，热情奔放的彝族儿女要献上大三弦舞。届时，刚健豪迈的舞步震动着大地，厚重朴实的大三弦声拨动着人们的心弦，舞者清脆有力的吆喝声响遍行云。那热闹的场面使舞者和观众都热血沸腾，给人欢乐，催人向上。

说到民族风情，各位可能要问到我们撒尼人的婚俗了。撒尼青年男女自由恋爱订下终身大事后，小伙子征得父母同意，即请一个媒人携一瓶酒前往姑娘家说亲。若姑娘的父母接下酒，说明同意这门婚事。三天后媒人第二次说亲，与女方商定婚礼事宜。婚礼分为"喝小酒""喝中酒""喝大酒"。"喝小酒"时，男方请媒人送一手（小罐）酒和一串腊肉给女家，由女家操办酒席。女方的长辈提出下步操办婚礼的具体意见，媒人把女方意见传给男方，两天后再把男方的意见回告女家，如期筹办"喝中酒"。"喝中酒"一般订在属牛、羊的日子。到时候，男方请五六人带着比"喝小酒"时多数倍的酒、肉、饭菜到女方设席，女方请十多桌客人喝酒。喝过"中酒"就算结婚了，家境贫寒的人家就此结束婚礼。但经济条件好一点的人家，一般还要"喝大酒"。"喝大酒"在女方家举行，仪式隆重，场面热闹。届时，以新郎为首的迎亲队来到女家，女家故意闭门不纳，要男方迎亲者与女方的唱歌能手对歌。双方敞开歌喉，你问我答，竭尽才思，直到女方满意为止才罢休。第二日，女方置酒菜招待迎亲者。姑娘们十分调皮，要有意捉弄迎亲者。或者拾些石头放在迎亲者的箩筐里，逼他们挑出门外；或者抹黑迎亲者的脸，让他们难堪。迎亲者也不示弱，反手抹黑姑娘的脸。此时众人大笑，洋溢着欢乐的气氛。如果我们到撒尼人家里做客，那还得注意撒尼人的禁忌：撒尼人忌妇女在起房盖屋时跨过搭架的木料；忌踩锅灶，以免伤害灶神，把嘴扯歪；忌儿媳妇在公公面前梳头；忌在人前放屁；忌在神山和"密枝林"砍树、割草；忌死在寨外者抬入寨内；忌在立春日种农作物，以免打伤庄稼；忌称彝家为"保保"，认为这是对彝家人的侮辱；忌g饭舀中间翻甑底，而不顺甑子的四周围舀；忌在妇女生孩子时外人入室；忌在门坎上坐，以免挡住财神进家的路；忌说"卖"自养的牲畜。

第三步：对小组成员的各种观点进行记录。

表6-1　案例分析讨论记录稿

专业班级			组　别		
记录人			时　间		
小组成员					
讨论记录	根据材料内容，说说导游的讲解包含了哪些内容，运用了哪些方法？ 根据小组讨论，说说人文景观讲解中应该注意什么？				成　绩
	组员1				
	组员2				
	组员3				
	组员4				
	组员5				
	组员6				

第四步：各小组选出一名代表发言，对小组讨论结果进行总结。第五步：实训指导教师对各小组成员的讨论情况进行总结。

四、实训时间及成绩评定

（一）实训时间

资料分析、讨论时间以15分钟为宜，各小组代表发言时间控制在3分钟以内。

（二）实训成绩评定

1.实训成绩按优秀、良好、中等、及格、不及格5个等级评定。

2.实训成绩评定准则：

（1）是否理解人文景观讲解要求；

（2）是否掌握人文景观讲解的方法及技巧。

 知识点链接

一、人文景观的特点

1.历史的遗存性

人文景观是人类活动所留下的痕迹和实物，它的产生是历史发展进程中必然与偶然相结合的产物，是在特定的历史时期和特定的自然、人文环境下产生的。中国著名的长城的修筑历史就是最好的证明。人文景观都具有时代的烙印。

2.地域性

文化的产生受自然环境的影响较大。每一种人文景观都不可避免地打上地域的痕迹。因此同一时期的人文景观，在不同的地区又呈现出不同的特点。

3.继承性与流变性

人文景观的发展是随文化的发展、变迁而发展的。文化是一种历史现象。每一个社会都有与它相适应的文化，并随其生产的发展而发展。文化的发展有它历史的连续性，而物质生产的连续性是文化历史连续的基础。

同时，文化的发展又是一个变化的过程。随着社会的发展，各种文化也在相互融合、交叉，因此从文化发展中产生的人文景观同样也在不断变化。

4.垄断性

人文景观是在特定的地理环境和特定的历史时期形成的。就其自身文化和观赏价值看，由于地域不同、民族不同、传统文化不同，使各国、各地区的人文景观具有自身的独特性，也即具有垄断性。如中国的长城、兵马俑、故宫，埃及的金字塔等。

二、人文景观的类型

分 类	具体内容
历史古迹景观	古人类文化遗址、古代工程景观、古代建筑景观、宗教文化景观、古典园林景观、陵墓景观、纪念地景观
现代人文景观	产业旅游地景观、现代建筑与工程景观、主题公园景观、文化康娱景观
文学艺术景观	山水文学作品景观、雕塑绘画景观、民间传说景观
民俗风情景观	特色聚落景观、节庆旅游活动、风味佳肴
购物旅游景观	土特产品、购物街区

实训项目五　动游览、住宿餐饮、购物营销导游讲解

一、实训目的

通过本项目的实训，要求学生掌握流动游览、住宿餐饮和购物营销导游讲解的内容和技巧。

二、基本知识点

（一）流动游览导游讲解

1.抵离沿途讲解

（1）致欢迎辞

欢迎辞是旅游者抵达后的首次讲解服务。行车过程中，地陪应向旅游者致欢迎词并介绍本地概况。

（2）首站讲解

首站讲解中，导游的讲解要求简明扼要，内容包括本地市容市貌，本地旅游行程的安排，本地旅游的住宿、餐饮及安全卫生方面的注意事项等。

（3）途中讲解

途中讲解主要指前往景点途中的讲解，此时导游应伺机向游客介绍本地的风土人情、自然景观，同时回答游客提出的问题。

2.长、短程沿途讲解

（1）长程沿途讲解

长程沿途，导游应向游客介绍沿途的风土人情、自然景观，回答游客提出的问题，加深游客对旅游目的地的了解。同时，由于路途较长，可做一些参与性的唱歌、讲故事、猜谜语、抢答问题、做游戏等娱乐活动，还要注意长途中让游客劳逸结合，适当休息。

（2）短程沿途讲解

抵达景点前，导游应向导游介绍景点的简要情况，尤其是景点的历史价值和特色。抵达景点时，导游应告知景点停留的时间，参观游览介绍后集合的时间、地点，同时导游还应向游客讲明游览过程中的有关注意事项。

（3）返程沿途讲解

返程途中，导游可向游客就游览后的景点，尤其是景点的历史价值和特色再做一些回顾和简单的总结，同时回答游客提出的问题，必要时可与游客做些探讨和交流。

（4）景区游览讲解

景区游览中，导游应保证在计划的时间与费用内，使游客充分地观光、游览，做到讲解与引导游览相结合，适当集中与分散相结合，劳逸适度，并应特别关照老弱病残的游客。导游还应注意游客的安全，自始至终都应与游客在一起活动，随时提醒安全事项。

（5）市容观光讲解

在市内景点的游览中，市容讲解是重点，历史文化、民俗风情、城市变迁、名人典故、风物传说、地方特产、商品信息、娱乐购物、社会状况等都是游客感兴趣的，可适当多作介绍。

（6）送站讲解

行程即将结束，作为游客，内心是比较激动的，存在着归心似箭或想到下一站旅游的心情，此时导游和游客也都比较忙碌。但此时导游要做到忙而不乱，更不能出现任何差错和问题，这是很重要的。

送走游客前，导游应提醒游客妥善保管好证件和随身携带的物品，听取游客对整个游程的建议，希望他们再次光临，应向游客表示感谢，并致欢送词。

（二）住宿餐饮导游讲解

1.住宿导游讲解

抵达宾馆后，一切对于游客来说都是陌生的，因此导游讲解至关重要，讲得好，会带给游客温馨的感觉，否则将会带给游客心灰意冷的感觉。此时导游讲解内容包括宾馆设施、服务、注意事项，宣布当天或第二天的行程安排、集合时间、叫早时间、早餐时间及地点等，并告诉游客领队或地陪的房间及联系方式。此时讲解要求热情有耐心。

游客离开宾馆前，导游需要提醒游客结清与宾馆的账目，提醒游客整理并保管好自己的证件与随身携带的物品。

下面以昆明住宿讲解为例加以说明

大家看，正前方高大、华丽的玻璃建筑，便是我们今天的下榻之所——新世纪大酒店。该酒店坐落在昆明市中心点上，地理位置优越，酒店是四星级，各种设施齐全，交通方便，特别是上街逛商店，看昆明市容，住这儿是再好不过了。酒店内有中餐厅、西餐厅、茶亭、酒吧、健身房、游泳池、歌舞厅等，大家都可以自由活动，只是到哪儿都请诸位保管好自己的贵重物品，并注意安全，晚上不要回来得太晚，以保持充足的体力，第二天才能尽情观光游览。

2.餐饮讲解

旅游与餐饮是分不开的，特别是在中国，美食往往是吸引人们旅游的重要内容，因此导游在介绍各地美食的时候，不仅要让客人得到美味的享受，而且要得到精神的享受。

（1）餐饮讲解要求绘声绘色，让人听得津津有味

导游词是非常重要的，要有煽动性、感染力。想象怎么介绍家乡的美食，把一样美食说到让人听了流口水，讲解时还要加上合适的语气和脸部表情、手势动作，才能成为一段绘声绘色、津津有味的餐饮讲解。

（2）餐饮讲解要讲出本地菜系的特点

有些导游介绍当地菜系讲不出特点来，各个都是什么鲜、嫩、爽。这样的特点几乎可以放到全中国的所有菜系中去，让客人听得索然无味，全无想品尝的欲望。其实我们大可不必背这些官样文章，而应该抓住当地菜系中几个特色菜作介绍，就可以带出全系的特点了。

（3）餐饮讲解要照顾到各地客人口味的差异

导游员在给游客讲解自己本地美食的时候，当然希望游客能够品尝并给出好的评价，但也应该明白，各地游客的口味偏好很难有极强的适应性，因此往往会出现导游讲解好吃，而游客品尝后感觉并不怎么样，这时游客就会感到失望，有时甚至会造成麻烦。因为游客会认为导游欺骗了他，导游因此而得不到足够的信任，会增加工作难度，所以导游讲解时要打些伏笔，讲一讲地方口味的差别、南北口味的差异，让游客先做好心理准备。另外，导游员在讲解当地美食时还要事先了解游客的口味喜好，在游客品尝时可边做解释，告知当地风味可能不适合所有游客的口味，如果改了口味那就不地道了，品尝也是一种收获。

（三）购物营销导游讲解

旅游购物是旅游活动中的一个重要环节，导游员购物营销得好，不但可以促销旅游产品，为旅游业作贡献，而且还可以获得游客的信赖，使导游工作取得事半功倍的效果。

1.购物前后态度保持一致

导游带领游客购物，切忌购物前后态度发生急剧变化。有的导游在购物前对游客十分热情，但购物后因游客消费情况不满意，态度便发生一百八十度大转变，着实让游客无法承受；还有些导游在景点讲解时热情不高且内容简单，但凡讲到旅游购物，就热情陡增且内容翔实，这也是导游讲解的忌讳。因此，旅游促销的基本条件就是整个带团过程的讲解都要周到细致，购物前后态度始终保持一致，才能打消游客的猜忌，取得充分的信任，最终取得良好的促销效果。

2.引导购物，舆论先行

昆明导游玉石推销得好，关键在于舆论先行引导了游客的购物。昆明导游会在昆明概况的介绍中就提及：昆明翡翠和中国的美玉堪称世界四大名贵珍品，极具收藏和投资价值。然后在景区或特产讲解中适当地增加云南玉石的讲解，导游循循善诱的讲解，让游客感到导游的真诚、有远见、有根据，因此还未到购物点，游客们已经迫不及待想去购买翡翠，或送给自己心爱的人，或留给自己收藏投资用。舆论先行、引导式的购物讲解必然会使昆明玉石促销效果甚好。

3.购物讲解中多传授购物技巧和防骗挨宰窍门

游客一般都想在旅游目的地为家人或朋友买些经济实惠又具有纪念意义的旅游

商品，但游客往往"怕假挨宰"而心存顾虑。所以，导游购物讲解中充分发挥自己本地人的优势，多讲鉴别知识、购物技巧和防骗挨宰的窍门，物品的介绍不仅要讲其优点，还要介绍其不足，以获取游客信任。

三、实训内容、组织方式及步骤

实训内容Ⅰ：流动游览讲解方法及技巧。

实训要求：要求学生根据材料，分析材料中导游的问题所在，并总结出流动游览讲解的要点。

实训形式：案例分析。

实训步骤：

第一步：实训前准备。要求参加实训的同学，查阅资料，了解流动游览的讲解要点。

第二步：以5～6人的小组为单位，对资料进行剖析，各组员充分发表自己的观点。

 案例分析6-3

在昆明石林游览中，很多游客一高兴就忘了危险，常爬到一些尖锐的石峰上照相，摔伤的事时有发生。尽管导游小陈应该向游客提前打招呼，但忙于讲解就把这个必须交代的事情忘了。果然就出事了，一个客人摔断了腿，带来了严重后果。

第三步：对小组成员的各种观点进行记录。

实训内容：购物讲解方法及技巧

实训要求：要求学生根据材料，总结出材料中所运用的购物讲解方法及技巧。

实训形式：案例分析。

实训步骤：

第一步：实训前准备。要求参加实训的同学，走访旅行社导游，了解购物讲解的要点。

第二步：以5～6人的小组为单位，对资料进行剖析，各组员充分发表自己的观点。

 案例分析6-4

云南某地有一位优秀导游员，过去在宣传促销时，总是介绍白药有什么特效以及有什么好处等，可是游客购物的兴趣和欲望就是不高，有些游客还在嘀咕："云南白药全国各地都有，我们何必舍近求远？"推销效果不好。

经过总结，她想到了新的讲解方法。一天，这位导游员接到另一个团，在向游客介绍云南白药时，她换了一种说法：提起云南白药，它可是我们云南著名的民间医生曲焕章发明的。据说曲焕章是个打猎好手，尤其擅长打老虎。但他有个习惯，打中了老虎不马上把老虎拉回家，非得第二天请人把老虎抬回家。一天，曲焕章又打中了一只老虎，但到第二天有人跟他说老虎不见了。这件事情引起了人们的议论，曲焕章也觉得很奇怪。有一次他又打中了一只老虎，这次他采取了跟踪观察的方法，后来发现那只受伤的老虎自己去找药治伤。老虎吃了那种草药，很快就止住了血。曲焕章赶紧把那种草药采回家进行研究。发现这种草药对人体的跌打损伤很有功效。后来他又根据多方搜集和筛选整理民间治伤的有效草药，最终在1914年试制成功并投入生产，取名为"曲焕章白药"。

他停顿了一会，接着又说："曲焕章白药又经过80多年的不断改进和提高，如今的云南白药比以往更有效、更神奇。在原产地购买是'原汁原味'，还能省去运输费和多处批发的加价。"她这么一说，果然产生了十分好的宣传作用，推销效果很好。

第三步：对小组成员的各种观点进行记录。

表6-2 案例分析讨论记录稿

专业班级		组　别	
记录人		时　间	
小组成员			
讨论记录	根据案例分析6～3分析事故发生的原因，导游员小陈的讲解内容应该有哪些，流动游览讲解的要点有哪些？ 根据案例分析6～4，讨论导游运用了何种讲解技巧？ 谈谈购物讲解中还能总结出哪些方法值得推广？		成　绩
	组员1		
	组员2		
	组员3		
	组员4		
	组员5		
	组员6		

第四步：各小组选出一名代表发言，对小组讨论结果进行总结。

第五步：实训指导教师对购物讲解要领及各小组成员的讨论情况进行总结。

实训内容：**餐饮讲解方法及技巧**

实训要求：要求学生根据所学的餐饮讲解，对当地美食进行讲解。

实训形式：自选当地美食进行绘声绘色的讲解。

实训步骤：

第一步：实训前准备。要求参加实训的同学，通过网络或民间搜索，选择当地一美食并了解其特点。

第二步：实训学生根据选定美食撰写讲解词，并在课堂进行讲解。

第三步：请班级同学对美食讲解进行讨论评议，总结每位讲解学生的特色及不足。第四步：实训指导教师对学生的美食讲解进行总结。

四、实训时间及成绩评定

（一）实训时间

实训内容：资料分析、讨论时间以 20 分钟为宜，各小组代表发言时间控制在 3 分钟以内。

实训内容（1）：选择当地美食、做好实训准备等工作利用课余时间；讲解实训利用课堂时间，每人讲解以不超过 3 分钟为宜。

（二）实训成绩评定

1. 实训成绩按优秀、良 iff、中等、及格、不及格 5 个等级评定。

2. 实训成绩评定准则

（1）是否掌握导游讲解的方法及技巧，是否能熟练运用；

（2）是否能够列举、总结其他的讲解方法并与同学交流分享；

（3）讲解时是否能把握餐饮讲解的要点。

导游词创作实训

【实训目的】

1.通过本模块的实训，使学生掌握导游词创作的常用方法。

2.通过本模块的实训，使学生学会欣赏优秀导游词。

3.通过本模块的实训，使学生能够做到理论与实践有机结合，更好地理解和
  巩固教学内容。

【实训方法】

1.教师示范讲解。

2.分组讨论。

3.学生示范讲解。

4.课外活动。

【课时分配】

1.导游词的创作方法（3课时）

2.优秀导游词赏析（3课时）

3.学时合计（6课时）

【关键词】

导游词创作；导游词创新；导游词赏析。

【背景知识】

随着旅游业的发展及各方面对旅游需求的升温，各地都精心编纂了大量的导游词
及导游指南等书籍。导游员要学习前人的成就，掌握创造导游词的要领，根据自己的
性格特点和知识水平，在充分分析游客需求和景区，景点特色和景物价值的基础上，
创作具有个性化的实用书面导游词，在实际工作中，要学会根据游览当时的实际情况，

发挥导游语言的优点，变书面导游词为有针对性的，对服务对象有强烈吸引力的口语导游词。

【预习思考】

1. 导游词创作的常见方法与技巧？
2. 一篇优秀的导游词应具备哪些特点？

实训项目一　导游词的创作方法

一、实训目的

导游词是导游员引导旅游者观光游览时的讲解词，是导游员同旅游者交流思想，向旅游者传播知识文化的工具，也是吸引和招徕旅游者的重要手段。导游词从形式上由书面导游词和现场口语导游词两种，通常意义上人们所说的导游词创作主要指书面导游词的创作。

书面导游词，一般根据实际的旅游景观，遵照一定的旅游线路，模拟游览活动而创作的，它是口语导游词的基础和脚本，掌握了书面导游词的基本内容，根据游览者的实际情况，再临场加以发挥，即成为口语导游词。

二、实训内容

项　目	说　明
项目名称	导游词的创作
时　间	实训课 3 课时，共 150 分钟，其中示范讲解 60 分钟，学生自我实训 90 分钟，利用课外时间加强训练
要　求	了解书面导游词的组成和写作要求 掌握导游词的创作方法
准备工作	导游词、景点图片、多媒体教学设备等、并告知实训的重要性
方　法	（1）教师示范讲解 （2）提供范例 （3）学生操作 （4）课下练习 （5）评述

项　目	说　明
步骤与操作标准	（1）实训前：准备好实训所需的物品，交代实训中的注意事项 （2）实训内容 1）了解导游词的组成 ① 引言与惯用语，每一篇导游词，或每一次导游的开始或结束，都应该有框架式的引言和结束语，如浏览前的"欢迎词"，浏览结束时的"欢送词"等，引言中常见的内容有问候、介绍及要求，结束语中通常有总结、回顾、感谢和美好祝愿 ② 整体介绍，首先对所参观游览的目的地的整体内容用精炼的语句做整体介绍，让旅游者对景物初步了解，知道如何浏览，其次是对行进路线作介绍，不能漏掉精品景点和景物，避免在浏览中发生旅游者走失等事故。对浏览时间作出安排，有助于旅游者合理调配体力，保持游兴 ③ 重点讲解，每一个浏览目的地的景观要素组合较为复杂，但都存在主次之分，导游员在带领旅游者浏览的过程中，由于时间等客观因素，在浏览和讲解中不可能面面俱到，因此在导游词中，对景观、景物的介绍要舍得"放弃"一些非主流景观，集中精力利用有限的时间重点讲解，介绍景区中具有代表性的景区和景物，即对主要浏览内容进行详细讲述，这也是导游词最重要、最精彩的组成部分。当一个景点同时具有多个重点时，导游员的"重点"讲解内容应与旅游者的兴趣需要相一致，必须充分考虑旅游者的动机和文化层次 2）书面导游词的写作要求 ① 重科学、显特色 ●强调知识、突出科学性，一篇优秀的导游词必须有丰富的内容，应融入各类知识并做到旁征博引，融会贯通、引人入胜，导游词的内容必须准确无误，令人信服，特别是进行科普导游时必须严格按科学规律写作，切忌胡编乱造，更不能人造假科学 ●内容要有特色，新颖并深刻，导游词的内容不能只满足一般性的介绍，还要注重深层次的内容，如同类事物的鉴赏、有关诗词的点缀、名家的评论等，结合景区景物的分析来创作导游词，导游词的创作要不断创新，符合时代信息，导游词内容深刻，给旅游者一种新颖的思考，有助于提高导游质量，但新颖并不等于深刻，深刻要求导游词创作者深入探讨景区（点）内容的实质，把丰富的内涵挖掘出来，讲深讲透 ② 讲究口语化，书面导游词是为现场口语导游而准备的，而导游语言是一种具有丰富表达力、生动形象的口头语言，这就是说，在导游词创作中要注意多用口语词汇和浅显易懂的书面语词汇，要避免难懂的、冗长的书面词汇和音节拗口的词汇，减少刻意的主观煽情；要多用短句、减少华丽的书面文字辞藻的堆砌，以便讲起来顺口，听起来轻松，强调导游口语化，不意味着护士语言的规范化，编写导游词必须注意语言的品位 ③ 突出趣味性，为了突出导游词的趣味性，必须注意以下几方面的问题 ●编制故事情节，讲解一个景点，更不失时机地穿插趣味盎然的传说和民间故事，以激起旅游者的兴趣和好奇心理，但是，选用的传说故事必须是健康的，并与景观密切相连 ●语言生动形象，用词丰富多变，主动形象的语言能将旅游者导入意境，给他们留下深刻的印象

项　目	说　明
	●恰当地运用修辞手法，导游词中，恰当地运用比喻、比拟、夸张、象征等手法，可使静止的景观深化为生动鲜活的画面，揭示出事物的内在美，使旅游者沉浸陶醉 ●幽默风趣的韵味，幽默风趣是导游词艺术性的重要体现，可使其锦上添花，气氛轻松 ●情感亲切，导游词语言应是文明、友好和富有人情味的语言，应言之有情，让旅游者赏心悦"耳"、备感亲切温暖 ●随机应变，临场发挥，导游词创作成功与否，不仅表现其知识渊博，也反映出导游技能技巧 ④ 重点突出——景区（点）的主题要正确、明确，每个景区（点）都有其代表性的景观，每个景观又都从不同角度反映出它的特色内容，导游词必须在照顾全面的情况下突出重点，面面俱到、没有重点的导游词是不成功的。在创作导游词时，应有一根主线贯穿整个讲解，这样才能给旅游者一个鲜明的印象，并牢牢抓住旅游者的心，使他们从游览活动中获得知识和留下美好深刻的记忆，导游词的写作公式为：正确和明确的主题思想＋景区（点）深刻的内涵＋贯穿全篇统一的相关知识＋优美生动和风趣幽默的言辞 ⑤ 要有针对性，导游词不是以一代百、千篇一律的。它必须是从实际出发，因人、因地而异，要有的放矢，即根据不同的旅游者以及当时的情绪和周围的环境进行导游讲解之用，切记不顾旅游者千差万别，导游词仅一篇的现象，编写导游词一般应有假设对象，这样才有针对性 ⑥ 重视品位 ●要强调思想品位，因为弘扬爱国主义精神是导游员义不容辞的责任 ●要讲究文学品位，导游词的语言应该是规范的，文字是准确的，结构是严谨的，内容层次是符合逻辑的，这是对导游词文化创作的基本要求，在导游词中，适当地引经据典，引用一些著名的诗词、名句和名人警句，就能相应地提高导游员的文学品位 ●体现"玩"的品位，旅游活动本身是有层次的，游览一个景点也是循序渐进的，现代人"出门"以"玩"为主，讲求"玩"的时序，享受"玩"的乐趣、追求"玩"的层次与品位，因此导游员在创作导游词时注意所选素材要紧扣中心思想，写作的内容需要"渐入佳境"，层层深入，扣人心弦，在知识的选取和"传授"上，要注意寓教于乐，"玩"中传播知识与文化，作为书面导游词，在创作中要有必要的描述和抒情 （3）导游词创作实训，通过让学生看相关景点的音像资料，逐渐练习导游词创作 （4）实训结束
步骤与操作标准	
实训总结	每组学生认真总结本次实训，完成实训报告，并认真创作一份导游词

三、操作程序

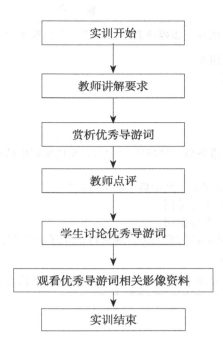

图 7-1 导游词创作实训操作程序

实训项目二 优秀导游词赏析

一、实训目的

好的旅游景点需要优秀的导游词，优秀的导游词可以更好地宣传一个旅游景点，让旅游者有身临其境的感觉，而且让实地参观的客人获得更多的知识，使游有所获。

二、实训内容

项　　目	说　　明
项目名称	优秀导游词赏析
时　　间	实训授课 3 学时，共计 150 分钟，其中示范讲解 60 分钟，学生实训欣赏 90 分钟
要　　求	（1）学会赏析优秀导游词 （2）赏析优秀导游词，并不断提高写作能力

续　表

项　目	说　明
准备工作	导游词、景点图片、多媒体教学设备等，并告知实训的重要性
方　法	（1）教师示范讲解 （2）提供范例 （3）学生操作 （4）课下练习 （5）评述
步骤与操作标准	（1）实训前：准备好实训所需的物品，交代实训中的注意事项 （2）实训内容 1）优秀导游词赏析，见章后"相关链接" 2）学生讨论优秀导游词 3）教师点评优秀导游词 4）播放与优秀导游词相关的音像资料，加深学生的印象 （3）实训结束
实训总结	每组学生认真总结本次实训，完成实训报告，并认真创作一份导游词

三、操作程序

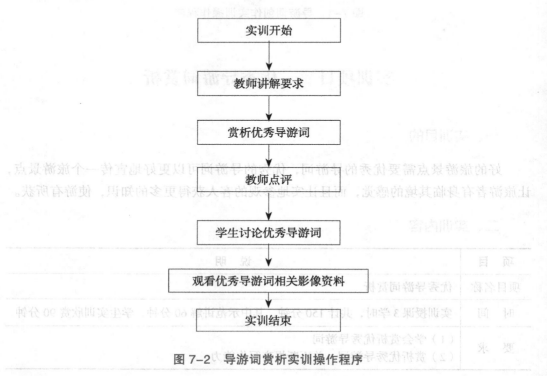

图 7-2　导游词赏析实训操作程序

南京导游词

南京概况：

各位游客：

大家好！孔子曰："有朋自远方来，不亦乐乎"，我姓王，是本团导游。能为大家做导游是我的荣幸，我和司机王师傅一定为大家服务，尽力满足大家的要求，帮助大家解决问题和困难，使大家乘兴而来，满意而归。希望通过我的介绍，让古老而又美丽的南京给大家留下一个难忘的印象。在此我祝大家旅途愉快！

现在我将南京向大家做一个简单的介绍。南京面积6598平方千米，人口近800万，气候属于北亚热带季风气候区，所以气候温和湿润，雨量充沛，四季分明。南京是三面环山，一面临水，依钟山而扼长江，山环水绕，地势险要，历来为兵家必争之地。素有"钟山龙盘，石城虎踞"之称。南京简称宁，位于江苏省西南部，处于长江下游黄金地带，地跨长江两岸。人杰地灵，物华天宝，南京市面积约6597平方千米，人口800多万，下辖11个区2个郊县，是全省政治、经济、文化的中心。气候属亚热带气候，四季分明，是一处十分理想的旅游胜地。

南京历史悠久，是我国著名的四大古都之一。素有"江南佳丽地，金陵帝王州"之誉。自公元前472年越王勾践建"越城"开始，已2400多年的建城史。历史上正式建都于南京是从东吴孙权开始的，以后东晋、宋、齐、梁、陈都先后在此建都。因此南京有"六朝古都"之称。

在改革开放的今天，南京的经济在腾飞，南京旅游业在大力发展，南京已成为我国东部地区的综合性工业基地，支柱产业有：电子业、汽车业、石化业、钢铁业、电力业。南京正在加大城市的基础建设，提高南京外商投资的硬环境。南京又是国家级园林城市、全国优秀旅游城市、全国卫生城市等。南京有旅游景点两百多处，吸引着众多国内外的游客。南京的城市特点是集："人文、绿都"为一体。因此，南京将成为经济发展更具活力、文化特色更加鲜明、人居环境更为优美、社会更加和谐的现代化国际性人文绿都。

各位游客：接下来，先向大家简要地介绍一下孙中山先生的生平。孙中山，姓孙名文，字逸仙，在日本从事革命活动时曾化名"中山樵"。他于1866年11月12日生于广东省香山县翠亨村（现已改为中山市），是中国辛亥革命的领袖。孙中山早年曾求学海外，1892年毕业于香港西医学院，曾一度行医。20世纪初年的中国，灾难深重，清政府与帝国主义列强签订了丧权辱国的《辛丑条约》，使中国完全陷入半殖民地半封建社会的苦难深渊。

目睹清政府的腐败，孙中山毅然放弃行医，投身革命，于1905年8月和一批资产阶级革命的知识分子，在日本东京组织成立了中国近代史上第一个带有资产阶级政党性质的组织"中国同盟会"，提出了"民族、民生、民权"即"三民主义"的革命纲领。从 1907 年到 1911 年 10 月前，同盟会在我国华南地区不断发动武装起义，特别是在 1911 年 4 月 27 日发动了广州起义。广州起义虽然最终遭到失败，但为同年 10 月 10 日的武昌起义取得胜利奠定了基础从此各省纷纷响应，推翻了 2000 多年的中国封建帝制，这就是中国近代史上影响深刻、意义深远的一次伟大革命——辛亥革命。

1911 年 12 月 29 日，在中央临时政府会议上，大家一致推举孙中山为临时大总统，商议成立中国临时政府并定都南京，确定 1912 年为元年。1912 年 1 月 1 日，孙中山从上海到南京就任临时大总统。但因袁世凯的扶持和革命党人的妥协，1912 年 4 月 1 日，孙中山正式辞去临时大总统职，袁世凯窃取了革命果实，并定都北京。革命虽然受到挫折，但是孙中山先生没有气馁，继续展开了护法运动、护国运动、讨袁运动。1924 年 1 月同中国共产党进行了第一次合作，并提出了"联俄、联共、扶助农工"的"新三民主义"。直到肝癌晚期，他仍忍着病痛，北上与冯玉祥商讨国事。1925 年 3 月 12 日，终因肝病恶化在北京逝世。

孙中山先生生前十分喜欢钟山（紫金山）。早在 1912 年，就任临时大总统时，就曾登山游览。同年 4 月 1 日被解除大总统之职后，来这里打猎，看到这里山水相依，气势雄伟，就有了他长眠此山的想法。在北京弥留之际，他还念念不忘这一夙愿，再三叮嘱左右。当然，孙中山葬于南京紫金山，不仅仅是个人的愿望，还有一个重要的原因，那就是南京曾是革命的策源地和临时政府所在地，孙中山先生长眠于此，表示了讨伐帝制和继续革命的决心。

为了尊重孙中山先生的遗愿，由孙夫人宋庆龄，儿子孙科等人组成的孙中山葬事筹备处，通过登报悬奖，征集陵墓设计方案。在众多的应征者中，年仅 33 岁的青年建筑师吕彦直设计的警钟形图案被一致评为首奖。他本人也被聘主持全部工程。吕彦直是山东省东平县人，1894 年生于天津。早年在清华大学建筑系毕业后，被公费派往美国康奈尔大学深造，得到美国著名设计师茂菲的指导，回国后，在上海开设"彦记建筑事务所"。为了设计南京中山陵和广州中山纪念堂，呕心沥血，不辞辛劳。在工程接近尾声时，身患肝癌，于 1929 年 3 月 18 日病逝，时年 36 岁。

最后，咱们进入了大南京，希望大家旅途开心，谢谢大家。

中 山 陵

大家好！我们面前的这美丽的地方就是中山陵了，我是海子旅行社的导游，大家可以叫我小岳或者岳导。俗话说百年修的同船渡，今天能与大家一起相处，是一种缘分，俗话说得好，"前世五百次回眸，才换来今生一次擦肩而过"，看来，前世，小岳跟各位游客回眸回的脖子都酸了（众人笑），中山陵，我们今天将一起浏览它的雄壮和以往事迹。

人们常说：不到故宫、长城就等于没去过北京；不到外滩船游浦江、登东方明珠或金茂大厦就等于没去过上海；不长到西湖、宋城就不知杭州的千年风情；那么不到中山陵你就等于白来了一趟南京。大家都是大老远出来旅游的，有的以前也许来过，有的以后可能再来，还有的可能旅游完这一趟以后就不会再来了，所以希望大家能多看一看其中的经典精华少留一些遗憾。

说起中山陵，当然要提到它的主人——伟大的中国民主革命先行者孙中山先生。孙先生本名孙文，字逸仙。因为他在日本从事革命活动时曾用过"中山樵"的化名，所以他在国内被尊称为孙中山先生。孙中山 1866 年 11 月 12 日出生于广东香山县（今中山市）翠亨村的一个农民家庭。他先后求学于檀香山、香港等地，毕业后在广州、澳门等地行医。后来他弃医从政，在日本组织中国同盟会，被推举为总理，提出了"驱除按虏，恢复中华，平均地权"的著名纲领，及三民主义学说。武昌起义爆发后，孙先生被十七省代表推举为临时大总统，并于次年元旦在南京宣誓就职。此后，经历了"袁世凯窃国""二次革命""护国运动""护法运动"等风风雨雨，1921 年他在广州就任非常大总统。在 1924 年 1 月广州召开的中国国民党第一次全国代表大会上，他将旧三民主义发展为新三民主义，提出了"联俄""联共""扶助农工"的三大政策。同年 11 月他应冯玉祥之邀抱病北上讨论国家大计，终因积劳成疾，于 1925 年 3 月 12 日在北京逝世。

现在我们来到的是中山陵的半月形广场。广场南面的八角形石台上有一尊紫铜宝鼎，高 4.25 米，腹径 1.23 米，重 5000 千克，是中山陵的纪念性建筑之一，此鼎是 1933 秋由广州中山大学校长戴季陶和全体师生捐赠，鼎的腹部铸有"智、仁、勇"三个字是中山大学的校训，鼎内还刻戴母黄氏手术《孝经》全文，所以此鼎又名孝经鼎。由广场拾级而上，迎面的便是博爱坊，位于墓道前列正中，这是一座四柱三檐的冲天式牌坊，建于 1930 年，高 12 米，宽 17.3 米，用福建花岗岩仿古代木结构牌楼形式建成，横额上覆蓝色琉璃瓦，柱脚前后夹抱鼓石，柱底为长方形石座，牌坊上雕刻莲瓣云和古代建筑彩绘等图案，因为其正中的横额上有一块石匾，上面刻着孙中山手书的"博爱"两个镏金阴文，所以被称为"博爱坊"。博爱一语出自唐韩愈《原道》中"博爱之谓仁"，据说孙中山先生生前最爱题这两个字送人，这两字也成为他一生极好的概括和写照。穿过牌坊，是一条长 480 米，宽近 40 米的墓道，墓道分左、中、右三道，中间墓道宽 12 米，两侧为 9 米宽的草坪，其间种植了雪松、桧柏等常青树木，左右两边的墓道各宽 4.6 米，在它们的东西各有草坪，其间不但种植了银杏等树木，还设有供谒陵者休息的水泥长椅，墓道的设计既符合中国传统建筑精神，又具有独特风格，严格的中轴对称给人以法度严谨的感觉，以两两对称的雪松、桧柏、银杏、红枫等树木代替古代帝王墓前常见的石人石兽，喻示着中山先生的精神如青松翠柏万古长青。

陵门、碑亭：

走过墓道，我们现在来到的是陵门前的水泥平台，这是中山陵的第二大广场，宽约 70 米，两边种植了松、柏等许多常绿树木，在广场的正北方，大家看到的便是陵门，陵门是一座南北各有 3 个拱门的单檐歇山顶覆蓝色琉璃瓦的建筑，全部用福建花岗岩建成，角梁和檐椽为紫铜，南面三门洞装有对开的镂空花格仿古式铁门，中门南面石额上有孙中山先生亲笔所书"天下为公"四个字，取自《礼记·礼运》"大道之行也，天下为公"，这是儒家学说所阐述的一种大同的社会理想，是与家天下相对立的思想，三民主义中"民权"所阐发的也正是这种思想。陵门两侧半环形的石拥壁与陵墓的围墙相连，勾勒出吕彦直设计的"自由钟"的下端轮廓。过了陵门便是碑亭，碑亭宽约 12 米，高约 17 米，为重檐歇山顶，上覆蓝色琉璃瓦，亭身由花岗岩建造，东西南各有一座拱门，北面为一立窗，碑亭中央立有花岗岩墓碑，碑高 8.1 米，宽 4 米。碑额上有阴刻的国民党党徽，这块碑重点突出了孙中山先生的葬礼为党葬。从碑亭到上面的祭堂共有八段大石阶，每段设有一平台，上三下五共八段平台，设计寓意为"三民主义，五权宪法"，这八段大石阶共有 290 级，如果从博爱坊算起共 392 级，寓意当时全中国的 39 200 万同胞，台阶又分为 10 个平台，当你从下往上看时，只见台阶不见平台，而当我们爬上顶层朝下看时，却只见平台不见台阶，暗喻：革命道路虽曲折，但到革命胜利，前方便是充满希望的坦途。在第五段平台上，有一对铜鼎，上刻"奉安大典"四个篆体大字，是当时上海市政府为纪念中山先生的葬礼而敬献的，两侧的鼎腹上有两个洞为 1937 年 12 月日军炮轰紫金山时留下的，时刻提醒我们莫忘国耻。

祭堂、墓室：

爬上台阶我们来到的是祭堂前的平台，平台前有石栏，东西两边各有一华表，高达 12.6 米，平台的正中便是祭堂。这座融中西建筑风格为一体的宫殿式建筑，长 30 米，宽 25 米，高 29 米，外墙全部采用香港花岗岩砌成，四周有堡垒式建筑物，祭堂屋顶重檐九脊，上覆蓝色琉璃瓦，檐下有石质斗拱和铜质椽子，双檐之间嵌有孙中山先生手书的"天地正气"直额，祭堂正面有三扇拱形大门，上刻花纹，每扇门有对开的镂空花格紫铜门，门楣上从东到西分别刻着"民族""民生""民权"6 个篆体大字，是国民党元老张静江的手书。进入祭堂，祭堂内部以云南产的白色大理石铺地，堂内四周还可以看到 12 根黑色石柱，直径 0.8 米，四隐八显，祭堂两侧的护壁上还刻有孙中山手书的《建国大纲》全文，祭堂内顶为斗式，正中藻井为马赛克镶嵌的国民党党徽图案，表现特殊之意。祭堂正中是孙中山先生全身坐像，一身长袍马褂，双脚紧靠，膝上摊着展开的文卷，双目凝视前方，神情专注，坐像是法籍波兰雕塑家保罗·兰窦斯基在法国巴黎用意大利白色大理石雕刻而成，坐像底座四周有六幅反映孙中山从事革命活动的画面，正面一幅为《如抱赤子》，东面两幅为《出国宣传》和《商讨革命》，西面两幅为《振聋发聩》和《讨袁护国》，背面一幅为《国会授印》，堂内主料是黑色大理石，与纯白石像一起烘托出凝重哀悼的气氛。祭堂与墓室两端相通，墓门分两道，外门为两扇对开铜门，上面饰以门钉和铺首衔环，门额上刻有"浩气长存"四个字，取自孙中山为黄花岗烈士墓的题字，第二道门是单扇铜门，门上刻有张静江篆书"孙中山先生之墓"，只有墓门关闭时，门上的字才能见到，墓室是一座半球形封闭式建筑，直径约18米，高11米，顶呈天穹状，上有马赛克镶成的国民党党徽图案，墓室中央是一大理石圆圹，直径4.3米，深1.6米，圹口用大理石栏杆围护，圹内置大理石石棺一具，棺面上仰卧着由捷克雕塑家高琪雕刻的白色大理石孙中山全身卧像，孙中山身穿中山装，双手放于胸前，安详而眠，此像与真人的比例为1：1，孙先生的遗体就安葬在石圹下5米深处的长方形墓穴里，墓穴用花岗岩垫底，四周砌隔墙，孙先生的遗体安放在一具美国制造的紫铜棺内，棺上盖有一层密封的水晶透明板，铜棺由四根金属条悬吊空中，可以说是"入土不沾土"，穴门再用钢筋水泥密封，孙先生的遗体自奉安大典之后放入墓穴，从未被打开、移动过。

如今，作为"中国旅游胜地四十佳"之一的中山陵每年接待着来自世界各地的无数炎黄子孙与国际友人。人们怀着对中山先生伟大精神的崇敬与景仰来到这里凭吊拜谒。在两岸统一成为大势所趋、人心所向的今天，面对目前海峡两岸的现状，海内外炎黄子孙都衷心期盼着祖国统一、繁荣昌盛的那一天早日到来。彼时彼刻，倘若孙中山先生泉下有知，必会含笑长眠的。

博爱坊：

中山陵牌坊亦称博爱坊，是墓道南端的入口处，谒陵凭吊者必经于此。整座牌坊，都带有浓厚的中国传统和风格。牌坊高11米，宽17.3米，三间四柱冲天式。

牌坊的顶端，盖有蓝色琉璃瓦。四根石柱的柱脚前后，夹抱鼓石，柱底是长方形的大石座。牌坊上刻有莲瓣、云朵和古代建筑彩绘式的图案。在牌坊中门的横楣上，镶有石额一方，镌刻孙中山先生的手书"博爱"二字，因此，这座牌坊被称为博爱坊。

石牌坊横楣上的"博爱"两个鎏金大字，宽博大方，空间开阔，予人畅想无穷。孙中山先生平时最喜欢将这两个字写以赠人。南京也因此而被誉为博爱之都。

墓室：

进门为圆形的浩气长存墓室，直径18米，高11米。顶部用彩色马赛克镶嵌成国民党党徽，地面用白色大理石铺砌。中央是长形墓穴，上面是孙中山汉白玉卧像，此像系捷克雕刻家高琪按遗体形象雕刻的。瞻仰者可在圆形墓室内围绕汉白玉栏杆俯视灵柩上的卧像。随着中山的免费开放，参观中山陵的客流大幅度剧增，中山陵的游客量每天都达到近3万人，双休日接近5～6万，由于灵堂墓室小门太过狭小，只有1.1米，内部空间也只有60平方米左右，为了杜绝发生事故的安全隐患，更是出于游客的安全考虑，以及对文物的保护，一般不开放墓室，但在重大节庆日将适时开放。

陵园周边：

中山陵附近，长眠着近代民主革命时期的一些风云人物，如孙中山的亲密战友和国民党政要等。1928年，国民政府决定将中山陵东侧的灵谷寺址改建国民革命军阵亡将士公墓，增建牌坊、纪念堂及纪念塔。钟山北麓，还有座庄严肃穆的航空烈士公墓，墓碑上刻着3306位为抗日而捐躯的中、美、苏等国烈士姓名。

孝经鼎位于中山陵正南面，1929年，孙中山先生灵柩奉安中山陵后，戴季陶和中山大学全体同学为表达对孙中山先生的敬仰和怀念之情，决定捐资铸造一尊铜鼎，安放在中山陵前。

1933年，在这里举行了庄严的铜鼎奠基典礼。国民政府主席林森亲临现场，戴季陶致辞。

孝经鼎为青铜铸造，造型别具一格。从构造上可以分为三个部分：下为铜鼓状的底座，通体饰有花纹，平面光滑如镜，正中刻有一个五角星；中部为铜鼎的主体，是一个狮子头，腹部为圆形，朝北一面铸有楷书书写的"智、仁、勇"三字，朝南一面铸有楷书书写的"忠孝仁爱信义和平"八字，尽管已被磨去，今仍可见痕迹，铜鼎和石台堪称珠联璧合，不可分离，不过在"文革"期间，孝经铜鼎从石台上被拆下，运送到中山陵园工程队的院子里保管，而将的孙中山铜像安放在这里。直到1985年，孙中山先生诞辰60周年前夕，孝经鼎才又重新安放在原石台上。

石阶：

从博爱坊到祭堂，共有石阶392级，8个平台，落差73米。392级石阶象征当时全中国的3亿9千200万人。而从碑亭到祭堂，共有石阶339级，象征当时国民党参众二院议员为339人，寓意每人作为一个台阶，将中山先生的精神发扬光大，其中的9寓意九州大同。迎面的这一段共有290阶，象征着三民主义五权宪法。

石阶是中山陵建筑中的重要组成部分，它把牌坊、陵门、碑亭、祭堂有机地连接在一起，形成了庄严雄伟的"警钟形"整体。中山陵的设计者和建筑者，布局独具匠心，颇有特色。由下向上仰视，只见台阶，而不见平台；但从上向下俯视，只见平台，而不见台阶。

音乐台：

音乐台在中山陵广场南面．每台面积近 230 平方米．台后建有弧形大照壁，壁高 11-3 米，宽 16.7 米．具有汇聚声音的功能．台前有弯月状莲花池，池前依坡而建扇形观众席，可容纳观众 3000 余人．

游客朋友们，请跟我继续往前走。前面那就到了祭堂了，祭堂前由两根华表，是林森先生捐赠的。外墙全是由花岗岩砌成。祭堂双檐之间，刻着天地正气四个大字，这四个大字，真是孙中山先生亲自所写。而门楣上刻着民族，民权，民生六个大字。但这六个大字，并不是孙中山先生所写，而是国民党的元老张静江心先生的手书。大家跟我从这边走绕一圈进入祭堂，因为这比较庄重，所以大家一定要自觉维持秩序，不要嬉戏打闹，要怀着敬重的心去参观。祭堂的内部是白色大理石铺地，还有 12 根黑色的柱子，四隐八显，营造出一种庄严的氛围。想必大家已经看到中央的石像了吧。这正是孙中山先生身着长袍马褂的全身坐立石像。石像的底座，可这六幅浮雕，下面我为大家简单的介绍一下。正面那一副叫作《如抱赤子》据说早年孙中山先生行医，精心救治了一名患病的儿童。东面那两幅叫作《出国宣传》《商讨革命》是孙中山早年奔走各国宣传自己的革命思想，后来建立同盟会以后商讨着革命起义的事情。西面那两幅叫作《振聋发聩》《讨袁护国》孙中山先生为了唤醒民众，讨伐袁世凯发表演说的情形。而后面那一福叫作《国会受印》辛亥革命成功以后，孙中山就任临时大总统。这讲的就是孙中山受总统印的情形。这六副图都形象地再现了孙中山先生一生中重大的事情。

藏经楼位于南京市玄武区紫金山钟山风景名胜区内，在中山陵与灵谷寺之间的茫茫林海中，现为孙中山纪念馆，专为收藏孙中山先生的物品而建。

1934 年 11 月，藏经楼由中国佛教会发起募建，1935 年 10 月竣工。

1987 年 5 月 7 日，经南京市人民政府批准，将藏经楼辟为孙中山纪念馆。

2009 年 6 月 1 日上午，中国国民党主席吴伯雄一行参观孙中山纪念馆。

藏经楼包括主楼、僧房和碑廊三大部分。面积达 3000 多平方米，在三楼屋檐正中悬有一张扁，上书"藏经楼"三字，由当代著名书法家武中奇题写。藏经楼作为孙中山纪念馆馆内藏有中山先生经典著作、奉安照片等珍贵史料，用以展示孙中山先生史迹。纪念馆一直到孙中山先生奉安 60 周年前夕才正式对外开放。

美龄宫位于南京市玄武区钟山风景名胜区内四方城以东的小红山上，正式名称为"国民政府主席官邸"，有"远东第一别墅"的美誉。美龄宫于 1932 年竣工，其原定为国民政府主席的寓所，后改作中山陵谒陵的高级官员休息室。因 20 世纪三四十年代，宋美龄经常在这里做礼拜，与蒋介石在此下榻休息，便称之为"美龄宫"，名称沿用至今。

美龄宫主体建筑是一座三层重檐山式宫殿式建筑，顶覆绿色琉璃瓦。四周林木藏盛，终年百花飘香。汽车可直抵官门，楼底层为接待室、秘书办公室等，二楼西边是会客室、起居室，东边是蒋介石、宋美龄夫妇卧室。

空中俯视，依山势修造的建筑整体设计，犹如一串镶有绿宝石挂坠的珍珠项链，两边通往美龄官主楼、长满了法国梧桐的环形路是"项链"，大门口是"项链"的连接处，深绿色的琉璃瓦犹如项链的宝石挂坠。

1984年3月，美龄官对外开放。1991年，美龄官被评为中国近代优秀建筑。2001年7月，美龄官被列为全国重点文物保护单位。2015年，美龄官荣获"第二届全国十佳文物保护工程"。

本次中山陵的讲解呢，就到此结束了，期间多谢各位游客的支持与配合，希望有幸，还能为大家服务，祝游客朋友们一路顺风，谢谢大家！

南京大屠杀遇难同胞纪念馆

各位游客朋友，大家好，我是本次的导游员，大家可以叫我小杨或者杨导，现在我们就来到位于南京江东门的侵华日军南京大屠杀遇难同胞纪念馆。1937年12月13日，日军在侵占南京后，在长达六周的时间里，进行了惨绝人寰的大屠杀，30万同胞惨遭杀戮，在人类历史上留下了黑暗的一页。为了永远铭记这血的历史教训，反对战争，维护和平，1985年南京市就在原日军集体屠杀遗址和遇难同胞丛葬地的江东门建起了这座纪念馆。该馆由两院院士、东南大学建筑研究所所长齐康教授担任总体建筑设计，后经1994—1995年,2005—2007年两次扩建，现在占地面积约7.4万平方米，建筑面积达2.5万平方米，展陈面积达9800平方米，新馆于2007年12月13日南京大屠杀30万同胞遇难70周年之际建成开放，分展览集会区、遗址悼念区、和平公园区和馆藏交流区4个功能性区域，是一座纪念性的遗址型历史博物馆，也是全国爱国主义教育基地和全国文物保护单位。2009年，西班牙《趣味》周刊评选世界十大"黑色旅游"景点，南京大屠杀纪念馆成为中国唯一入选的景点。[馆前广场]旅客朋友们你们好，我是此次的讲解员刘雨婷，大家可以叫我刘导或者小刘，我们现在的位臵就是纪念馆新馆的外面，该馆整体设计形状为"和平之舟"，这是一座拔地而起的高高的船头造型。新馆的建筑设计是由何镜堂院士主持设计。[主题雕塑:《家破人亡》]请大家随我向前，在馆前我们可以看到一组雕塑，这是著名雕塑家吴为山所作，我们今天的参观就从这里开始。东端我们看到的这座就是题为《家破人亡》的主题雕塑，像高11.3米，一个被兽兵侮辱的母亲横抱着刚被鬼子杀害的幼子，绝望地向苍天呼号，在南京大屠杀期间，不知有多少家庭在日军的铁蹄下家破人亡。[主题雕塑:《市民逃难》]继续向前，这是一组共八座铜雕，题为《市民逃难》，每个雕像都略大于真人，形象再现当年大屠杀开始后，无辜百姓逃难求生的场景。[集会区][主题雕塑:《冤魂呐喊》]进入大门,在我们正前方,迎面这座巨大的铜质主题雕塑名叫《冤魂呐喊》,高 12 米,长 19.9 米,以劈成两块的三角形为造型。请看右手的这半边,表现的是无辜百姓被屠杀的场面;另半边,山顶上一只巨手直指苍穹,那是千千万万冤魂在不屈的呐喊。整个雕塑所产生的巨大张力隐喻着正义的力量,并预示着中华民族的反抗。[集会广场]我们眼前的就是集会广场。广场上面以灰色的脊背石铺地,空旷的广场营造了一个没有生命的空间,对面是由一级级台阶组成的"和平之船"的船头。每年的 12 月 13 日,南京市民都会在这里集会,悼念遇难同胞,发出和平的誓言。[灾难之墙]集会广场北边的墙叫作灾难之墙,在黑色的花岗岩石上刻着中、英、日等 12 国文字的"遇难者 300 000"。[标志碑]灾难之墙的东侧是一座十字架形状的标志碑,上面刻着一排阿拉伯数字——"1937.12.13—1938.1",这是南京大屠杀的六周时间。该碑下面铺着一层层碎石,意味着这里是建立在"万人坑"遗址之上的。[和平大钟]大家好,我是此次的讲解员王晨,大家叫我王导或者小王都好,灾难之墙的右侧是一个寓意为"倒下的 300 000 人"的抽象雕塑钟架。它用三根黑色的三棱柱和五个褐红色的圆圈,组成了"300 000"的数字,中间的三根黑色横梁为一个倒下的"人"字。钟架上挂的是和平大钟,它是由旅日华侨捐资铸造的,钟面上刻着有关南京大屠杀的图文,钟体正面是由原中国书法家协会名誉主席启功先生书写的钟名。每年的 12 月 13 日,和平大钟都会被撞响。2[展陈区(史料陈列厅)][《人类的浩劫——南京大屠杀史实展》]沿着集会广场的这条小路,我们来到的是史料陈列厅,请大家进入大厅内参观。纪念馆展览陈列分两部分:一楼基本陈列为《人类的浩劫—侵华日军南京大屠杀史实展》,主要分《南京沦陷前的中国形势》《日军从上海攻向南京》《日军入侵南京与中国守军南京保卫战》等十一个部分,展示 1937 年 12 月至 1938 年 1 月侵华日军南京大屠杀史实,陈列面积约 4200 平方米。[《胜利 1945》专题展]二楼专题展览为《胜利 1945》,陈列面积约 1700 平方米,主要分《日军侵华暴行》《14 年的艰苦抗战》、等五个部分,展示 1874 至 1945 年间日本 70 年侵华给中华民族带来的深重灾难,1945 年 9 月 9 日南京受降典礼和对日本战犯的审判,以及华北、华南及台湾受降典礼等史料。展览共展出了 3500 多幅历史照片、3000 多件文物、100 多部影视资料、近 20 个日本老兵的证词,1.4 万名遇难者和幸存者等历史证人的个性化档案,并根据历史记录和照片搭建了 10 多处实景。丰富的文物资料、先进的表现形式,大大增强了展览的说服力和感染力。[遗址区]["古城的灾难"组合雕塑]下面我们将参观的是遗址区,我是谢艺,首先我们看到的是名为"古城的灾难"大型组合雕塑。它是由残破的"城墙"、残缺的"军刀""历史的桥梁""遇难者的头颅"和"手臂""长明火"等一个个雕塑,以及象征着遇难者累累白骨的鹅卵石组合而成的。它们表达的主题为悲与愤。请看，象征古城南京的高大城墙上弹痕累累，墙体的左上角虽然被炮火震开了裂口，但仍然刚强地屹立，不倒不塌，寓意为中国人民在侵略势力面前英勇不屈的大无畏精神。这是一把折断的"日本军刀"后半截，刀的截面好像仍残留着遇难者的血迹，刀面上刻着"300 000"的数字，寓意30多万遇难同胞。这尊象征着遇难者的头颅高2.7米，直径为2.5米，重达2吨，是用青铜浇铸而成的。它圆睁着不屈的双眼，张开着含冤的嘴巴，脸颊因被刀砍开一条深深的缺口而痉挛的抽搐着。那座用青铜铸造的手臂长7米、高2.75米、重5吨，意为被活埋的遇难者从泥土中伸出不屈的手臂，那只挣扎着的大手仍紧紧地抓住南京的土地。这两尊青铜雕塑，是由南京青年雕塑家吴显林设计，整座雕塑寓意为：站在历史的桥梁上，回眸20世纪30年代发生在古城南京的特大惨案。["历史证人的脚印"]我们脚下的这条路就是"历史证人的脚印"铜版路，长40米，宽1.6米。2002年12月13日，南京大屠杀65周年纪念，222位幸存者在铜版上留下脚印，以期留下永久的记忆，这里的两尊雕像是幸存者的代表倪翠珍与彭玉珍。[铜版墙长诗《狂雪》]在北面的黑色花岗岩石墙上有铜版墙长诗《狂雪》，是中国军旅诗人王久辛的作品，记述和谴责日军在南京大屠杀中的暴行。[张纯如铜像]请各位随我继续向前，这尊是著名旅美华人作家张纯如女士的青铜雕像，她的著作《南京大屠杀：被遗忘的二战浩劫》，首次以英文著述的形式披露了侵华日军施暴南京城的罪恶，引起西方世界对这段黑暗历史的普遍关注。[石壁墙与馆名]迎面的石壁宛如一块巨大的纪念碑，上面刻着由邓小平同志亲笔题写的馆名。石壁前有三排郁郁葱葱的松柏，是对纪念碑的点缀和衬托。

登上台阶，迎面的石壁上用中、英、日三国文字镌刻着一排黑色大字："遇难者300 000"。[墓地广场]在平台上，我们眼前是一片空旷的广场，这就是墓地广场。我是刘力接下来将由我来讲解，地上鹅卵石铺地，寸草不生，象征着白骨累累，象征着死亡；而两边翠绿的草坪和院墙外的常青树又象征着生命力和抗争精神；生与死在这里形成了强烈的对比，生与死的主题展示在一线之间。那几株枯树既代表着南京城当年有三分之一的建筑物被烧毁，又点缀了凄惨的氛围。[遇难同胞遗骨陈列室]远处的遇难同胞遗骨陈列室用青灰色花岗岩贴面，外形如同棺椁，室内陈列着从"万人坑"挖出来的部分遇难同胞的遗骨。四周围墙呈断垣残壁形状，标志着南京城当时受到严重的毁坏，到处是一片废墟。围墙上镶嵌着三组大型浮雕。它是根据历史的照片，用艺术的手法，向人们再现了南京大屠杀历史事件前后的情景。院内小道两旁，安放着17块小型碑雕，这是全市各地所立遇难同胞纪念碑的缩影和集中陈列。[鱼雷营碑前]鱼雷营位于南京长江大桥下面的金陵造船厂内，当年是一个海军小码头，1937年12月，侵华日军在鱼雷营、宝塔桥一带杀害我同胞30 000余人。遇难者暴尸数月，直至次年2月才被红十字会掩埋。[中山码头碑前]中山码头是南京人横渡长江的主要码头。在这里遇难的 10 000 多名同胞，主要是日军从国际安全区内搜捕的，并沿着中山北路押送于此后，用轻重机枪射杀。他们的尸体被抛入了长江。[第一组浮雕]这组浮雕名叫"劫难"。它反映了南京城沦陷前后的情景：有母亲用孱弱的身体护卫着 4 个幼童；有被攻破的南京城门；有被绳索捆绑着押往屠杀地点的人们。[燕子矶碑前]燕子矶是南京的一处名胜，又是一处渡江的小码头。然而，在 1937 年 12 月，这里却成为侵华日军杀人的屠场。先后有 10 万人聚集在这里准备渡江，其中的 5 万多人被日军围捕并惨遭杀害，尸体大部分抛入长江。到了第二年春天，江水落下去后，江滩上尸体成堆，被全部埋在江边。电影《屠城血证》江边屠杀的几个镜头，就是在这里拍摄的。[草鞋峡碑前]草鞋峡位于下关江边，因其峡谷形似草鞋而得名。1937 年 12 月，共有 57 000 多人被日军用机枪射杀在这里，南京大屠杀中集体屠杀人数最多的地点之一。[第二组浮雕]这组大型浮雕名叫"屠杀"，它用艺术的手法再现了侵华日军烧、杀、淫、掠的暴行。画面上，有被砍头刀劈的；有被火烧的；有被枪杀；有被活埋的；有被抛尸长江的；有遭奸淫痛不欲生的妇女。[主题雕塑"母亲的呼唤"]我们面前的座立雕高 4 米，用花岗岩雕刻而成，名叫"母亲的呼唤"，是位中国 20 世纪 30 年代母亲的形象。她神情悲愤，左手向前伸着，为死难儿女而悲怆，右手攥紧拳头，表示她内心的不屈。这座长 43 米、高 3.5 米的花岗岩石墙，名叫遇难同胞名单墙，老百姓称之为"哭墙"。名单墙有遇难同胞的名单 6 000 多个，墙体上有不规则的石洞，透出绿色与光亮，寓意对生命的期盼。现在来到的是遇难同胞遗骨陈列室，这些遗骨是 1985 年纪念馆建馆时，从"万人坑"中挖掘出的部分遇难者遗骨。它们是侵华日军暴行的铁证。[第三组浮雕]这组浮雕名叫"祭奠"。他用焚香跪拜等中国传统的方式，来祭奠在南京大屠杀惨案中遇难的同胞。右上角是中国人手挽手，肩并肩，坚持抗战，最终赢得抗日战争的胜利。["万人坑"遗址]现在我们进入的是"万人坑"遗址，这是于 1998 年 4 至 1999 年 12 月，发掘的遇难者遗骨，3 遗骨分 7 层，共 208 具，足可见当时屠杀是如此的惨烈。[祭场]下面我们来到的是祭场、在黑色上的花岗岩石碑前。燃烧的长明火焰，围合祭场两边的是一块块被折断的无字纪念碑，象征着遇难者的躯体。在这里人们表达哀思与祭奠。[冥思厅]大家好，我是刘力我们现在来到的这座大厅叫冥思厅，入口处黑色巨碑上写着"让白骨得以入殓、让冤魂能够安眠、让屠刀化为警钟、让逝名刻做史鉴、让母亲不再悲叹、让战争远离和平、让和平主导未来"。在这里，朋友们可以点上一盏红烛灯，为死难者祈祷安宁。〔和平公园区〕[景观平台]走出冥思厅，来到景观平台，眼前豁然开朗，仿佛一下从黑暗中来到光明。左侧是和平公园，中间一片静静地水面，水中三个泉眼不断冒出清泉，右侧是胜利之墙，不远处耸立着高大的《和平》雕塑。眼前的水池长 160 米，由黑色花岗岩铺面，平静安宁的水面就像一面巨大的镜子，将冥思厅、胜利之墙投影在水面上，让人牢记"以史为鉴，昭示未来"的警示。[胜利之墙]右侧长达120米的"胜利之墙"。它也是著名雕塑家吴为山教授主持创作。在8米高的墙上，一个大大的"V"字象征着胜利。[和平公园、《和平》雕塑]左侧的这片绿地就是和平公园。我是目前的导游员林立虹，正前方是汉白玉制成的主题雕塑《和平》，雕像是一位手托和平鸽的母亲，怀抱自己的孩子，艺术的表达了中国人民对于战争，以及战争所强加给中国人民的苦难的痛恨以及对于和平与发展，未来美好生活的追求。像高30米，以示对在南京大屠杀中遇难的30万同胞永恒的纪念。出口处是由学术报告厅，图书馆等组成的综合功能区。各位游客朋友，我的讲解就到这里，谢谢，如果有什么不足小林一定及时改正！

雨花台风景名胜区

各位游客，你们好！欢迎各位来雨花台风景名胜区参观游览。现在我们所处的位置是在雨花台风景名胜区的北大门，在开始游览之前，请大家听我说一个传说故事。

故事发生在南朝时期梁代天监年间，当时的佛教非常盛行，雨花台一带寺庙林立香烟缭绕。相传一位叫云光法师的高僧，就在这里一处峰高林深，禅境幽远的地方设坛讲经说法。高僧佛学深厚，口吐莲花，滔滔不绝，闻道者，如痴如醉，集聚数日不散。这天，讲经坛上，飘过几朵彩云，突然天光一闪，顷刻间，七彩花儿，如雨坠下，遍布山岗。却道是那云光说法竟使天神动了真情，泪眼婆娑。从此高僧讲经处便留下了雨花台之名。而落下的七色花便幻化为大家熟知的雨花石。

其实，雨花台的真正得名，还得从地质上说起。各位现在站的位置是古长江的河道，那时，滔滔江水，就在我们的脚下翻卷。后来由于地壳变动，江道北移，造成砾石沉积，地质上称为"雨花石层"。其石呈卵形，质含玛瑙，光彩晶莹，五色斑斓，纹络旖旎。由于这里地势较高，达到海拔60米，又盛产雨花石，故称雨花台，当是名副其实的。

因雨花台最高海拔60米，是我们南京城南的一处制高点，历来为兵家必争之地。1927年，蒋介石背叛革命。雨花台成为他屠杀革命志士的主要刑场。据不完全统计，从1927年到1949年间，在这里牺牲的共产党人、革命志士，应在数万人以上。中华人民共和国成立以后，为缅怀先烈，党和政府决定在此修建雨花台烈士陵园。现在，雨花台革命烈士陵园不仅是南京市进行革命传统教育和爱国教育的基地，也逐渐成为南京市著名的景点。下面让我们来进入参观雨花台吧！

北大门：

现在我们所处的位置是雨花台烈士陵园的北大门，大家请看这两根花岗岩石柱，上面雕刻着两支巨大的花圈，表达了后人对先烈的怀念。石柱高11.7米，隐喻

1917 年 11 月 7 日，俄国爆发的十月革命，列宁建立了工农苏维埃政权。毛主席曾说："十月革命一声炮响，给中国送来了马克思主义。"中国共产党才由此走上了历史的舞台。

烈士群雕像：

下面请大家随我进园参观。

广场中间第三层平台上最引人注目的是巨型烈士群雕像，这是中华人民共和国成立以来国内最大型的花岗岩雕像之一。

这里是三面环山的谷地，原址是北殉难处，是 1927 年至 1937 年革命先烈遇难的地，也是国民党反动派杀害烈士最多的地方。雕像于 1980 年清明节前落成，像高 8.5 米，底座 3.5 米，宽 14.2 米，厚 5.6 米，由 179 块花岗石拼接而成，总重量为 1374 吨。是目前我国同类题材中最大的花岗岩石刻。

这座气魄雄伟的石雕，塑造了九个革命先烈就义前忠贞不去的形象，他们横眉冷对敌人的刀枪，表现出革命者视死如归的浩然正气。塑像以上实下虚的手法，着重刻划先烈们的面部神态，细腻地表现了革命者视死如归的神态：工、农、党员怒目圆睁，宁死不屈；女共产党员平静自若，临危不惧。虽然神态各异，但是那种大义凛然、"砍头不要紧，只要主义真"的革命豪情却是一致的。群雕下部虚刻，刀法粗犷，着力表现了烈士崇高伟岸的形象和坚定不移的革命立场。这座群雕是全国各地雕刻家集体创作的成果，得到过著名艺术大师刘开渠、王朝闻等亲自指导。

其中有党的工作者、工人、战士、农民、学者、学生、报童等，栩栩如生地再现了烈士就义前的光辉形象。

雨花台烈士纪念碑：

由群雕像东、西循路南上即为雨花台主峰。主峰纪念碑就巍然耸立在这里。原来的雨花台革命烈士纪念碑立于 1950 年，正面是毛泽东亲题的"死难烈士万岁"六个金字，题字上是一颗红色五角星。背后勒有南京市政府的立碑纪言。碑下是圆形的祭台，四周围以铁链。现在我们看到的是 1987 年新建的纪念碑。碑高 42.3 米，隐含着 1949 年 4 月 23 日南京解放的日期，它由东南大学齐康教授综合全国各地 578 个草案后定稿的。

碑身正面镌刻有邓小平题写的"雨花台烈士纪念碑"镏金大字，背面是由武中奇书写的江苏省及南京市政府所立的铭文。碑额综合表现了火炬、旗帜和鼎三种形象。

大家请看碑前的这座高 5.5 米的青铜塑像，他象征着众多共产党人和爱国志士，表现了革命者的坚贞不屈和追求自由的信念。

在纪念碑广场中间有三个巨形的石雕花圈，这些花圈同时也是地下展厅的采光天窗。花环两则各有五具象征性的石棺，石棺上都雕刻着花圈，以表人们永远纪念之意。平台前端是两尊仿古纪念鼎。现在的纪念碑是可以登临的塔碑。从地下展厅的入口可以乘电梯登上碑顶观景厅，从大厅四周的窗户可眺望周围景色。

请大家随我去第一层平台

碑廊：

现在大家看到东西两侧护墙内的碑廊，在东侧墙上镌刻着马克思、恩格斯的《共产党宣言》、列宁的《马克思主义的三个来源和三个组成部分》，在西侧墙上的毛泽东的《新民主主义论》，碑刻全长 144 米，共由 180 块黑色花岗岩石碑组成，正文累计 47 043 个字，由赵朴初、萧娴、武中奇等 36 位著名书法家题写。

荷花池：

我们由此继续向南参观，首先映入眼帘的这个长方形水池就叫荷花池，池的北面是《国际歌》碑，上部刻着国际歌的五线曲谱和三段汉语歌词全文。下部分别用汉、壮、蒙古、维吾尔、藏五种民族文字镌刻着《国际歌》歌词全文。在荷花池南面，立有《国歌》碑，其模式与国际歌碑相同。

荷花池南端两侧有两座相对男女塑像，一位战士手握钢枪肃立哀悼，一位少女扶手胸前，低头默哀，他们神情严肃，目光柔和，表现了青年一代对先烈的无限追念。

雨花桥，又叫梅韵桥，横跨原山洼间的水塘。桥栏是传统的长凳形式，可供小憩。栏前数十块倾斜的装饰板，上刻圆环和梅花图案。梅花自古就因其傲骨凌霜雪而成为广大人民所喜爱，在这里更象征着革命先烈的高贵品质。现在，梅花已成为南京市的市花。

烈士纪念馆：

我们继续向南走，经过雨花桥，就来到了雨花台烈士纪念馆。

它是由著名建筑大师杨廷宝先生设计的，于 1984 年动工建造，1988 年 7 月 1 日正式对外开放，馆体呈"凹"字形，东西长 94 米，南北进深 49 米，建筑面积约 6000 平方米。正中为一重檐主堡，高 26 米。是一座具有传统民族风格的大型建筑。主体建筑有两层。上有三座锥形堡垛。墙用浅色花岗岩贴面，堡顶屋面覆以乳白色琉璃瓦。它与四周的苍松翠柏相映，宁静典雅，浩气凛然。

其正门上方有"日月同辉"标志的图案。门庭南上方刻有邓小平亲笔题写的"雨花台烈士纪念馆"镏金馆名。馆内陈列着 127 位烈士的生平事迹，其中文字资料达 100 多万字，实物逾千件。

思源广场：

纪念馆的南面是一座盆地，现辟为思源广场，意为饮水不忘思源，不忘烈士抛头颅，洒热血才换来了今天的幸福生活。1997 年在池旁新增了两组墙式雕塑，撷取八个典型片段，表现了南京地区的革命历程。东西两侧为南京青少年林地和茶园。亭为覆钟形，灰色花岗岩贴面。它是用南京市 30 多万党员交纳的特殊党费建成的。它的外形含义为学习中国革命的斗争史，学习烈士的光辉事迹，今天的胜利来之不易，要警钟长鸣，居安思危。

忠魂亭：

南部山丘之上建有忠魂亭，它是由南京市 30 多万党员缴纳的特殊党费建成的。总耗资约 300 万元，其中党费 240 万元，雨花台烈士陵园又追加了 60 万元。忠魂亭是整个陵区中轴线上的最南端，它外形为覆钟形，含义为：学习中国革命的斗争史，学习烈士的光辉事迹，常思今天的胜利之果来之不易，要警钟长鸣，居安思危，为建设强大的中华人民共和国而不懈努力。

到这里雨花台的主体建筑就介绍完毕了，雨花台景区还有方孝孺墓、江南第二泉、雨花阁、杨邦义剖心处辛亥革命雨花台之役阵亡人马冢，雨花台烈士殉难处等景点，各位可以自由参观。

灵古寺

游客朋友们，大家好。等了多久终于等到今天。我是你们的导游，我姓张，大家可以叫我小张或者张导，我在这里代表我们远足旅行社热烈的欢迎你们的到来。此次游览的目的地是南京著名景点——灵古寺。由小张带你们走入美景。来一场说走就走的旅行，去一个美得像仙境的地方。我们来说说这个林古寺。灵古寺位于南京市玄武区紫金山东南陂下。始建于天监十三年，起初是南朝的梁武王为纪念著名僧人宝志和尚而建的。在明朝时，朱元璋和他的随从徐达到这选择陵墓的时候，一起提笔写出自己的想法不谋而合，于是将这里作为了陵墓之地。朱元璋将其命名为"灵谷寺"，并封其为"天下第一禅林"。灵古寺主要由山门、灵古塔、无梁殿等一起组成。那么大家会不会有疑问就是为什么朱元璋要将这里作为自己的陵墓呢？原因有两个，小张来为你们解答。一是大家顺着我的手势往天空上看这的天色现在是蓝的，但待会大家可以留意一点它可能就变红了。一会蓝一会红的天空，漂亮极了。大家再往我们正在去灵古寺的旁边看，两处绿树成荫，有山有水，空气清新，山清水秀的地方，谁不希望在此留下来呢。二是这里南有龙首之湖，燕雀湖，北有紫金三峰。东有龙山，西有龙山，玄鸟朱雀，青龙白虎。此处不作为陵墓之地，谁处作为呢？简单的介绍完灵谷寺，我们不知不觉中便走到了我们的灵古寺等的大门。

山门是灵古寺的大门，大家可以看到它是由三道拱形的门一道组成，紫色琉璃瓦红色墙门，简称红山门。你看见的大门建于 20 世纪 30 年代，灵谷禅寺是现代书法家钱松岳亲笔写下的，两旁的石狮是北平军赠送，看完门口跟随我的脚步踏入我们的灵古寺，踏在青石上，我们可以看见青石的尽头有一座牌坊。来到牌坊的正面我们可以看见"大仁大义"，背面可以看见"救国救民"。这蟹是国名党元老张静江写下的八个大字。说到这里我的讲解就结束了，有什么不足之处希望各位多多谅解，相聚总是开心，离别总是忧伤的。在这里小张祝大家清末，吃得放心，赏得舒心。之后会有相应的导游为大家讲解不同的景区。再见了，游客朋友们。

各位游客大家好，我是大家南京之行——灵谷寺无梁殿的讲解员，大家可以叫我小何或何导。无梁殿是明代灵谷寺仅存的一座建筑，因殿内供奉无量寿佛而得名。由于这座殿是砖石拱券结构，不用梁木，所以俗称"无梁殿"。无梁殿建于明朝洪武十四年（138年），大殿的东西长53.8米，殿前露台宽敞，大家请看，面向我们的是5间，往里走进深3间。正中一间券洞最大，宽11.4米，高14米。殿顶是重檐九脊琉璃瓦，屋脊上的3个琉璃瓦塔是喇嘛塔。整座建筑找不到梁柱，全部用砖砌造而成。采用了中国古代石拱桥的建造方法，由基层用砖先砌5个洞，合缝后叠成一个大型的拱形殿顶。这种建筑结构改变了中国古建筑梁柱结合框架式的建筑传统。内部虽为券洞结构，外部却仍以仿木结构的形式出现，檐下有出挑的斗拱，正面还设有门窗，是一座采用多样券法，错综连接后构成的建筑。

灵谷寺无梁殿前有一汉白玉赑屃，上驮一碑，这块碑是谭延闿的墓碑，上面原有蒋介石题书的"中国国民党中央执行委员前国民政府主席行政院长谭公延闿之墓"字样。墓碑之下有龟跌座，四周围有石栏，是谭延闿墓的起点。后来原碑文磨平，由中山陵园管理处第一任处长高艺林摹乾隆笔意题书"灵谷深松"。说道谭延闿，小何就给大家介绍一下：延谭闿幼名宝璐，字组庵，号无畏，湖南茶陵人，民国初年政治人物，曾任湖南都督，国民政府主席、第一任行政院院长。亦长于诗法、书法、枪法，绰号"谭三法"，当年与陈三立、谭嗣同并称"湖湘三公子"。这其中还有一个有趣的故事：孙中山有意撮合赴美留学归来的宋美龄和谭延闿，宋家也很满意这门亲事。谭延闿进退两难，既怕辜负了孙中山的好意，得罪了宋家，又想到自己曾发誓不再续弦。如果娶了宋美龄为妻，怎么对得起自己死去的夫人？谭延闿先生啊就想了一个办法推脱这门亲事，大家可以猜猜是什么办法。一天，他备了一份厚礼来到宋家，一进门就给宋老太太叩了三个响头，拜她作干娘，宋老太太有了这么一个干儿子不知有多高兴呀，宋美龄自然就成了他的干妹妹，宋家早已忘了婚姻之事，宋美龄深受感动，更加敬佩谭延闿，这也就打破了尴尬两难的局面。后来，谭延闿还在蒋介石和宋美龄之间牵线搭桥，促成了一段佳话。我的讲解到这里就结束了，感谢大家的到来，如果我在讲解中有什么不恰当的地方，希望大家提出宝贵意见，以便我及时改正。

宝公塔曾俗称玩珠塔，是名僧宝志和尚的墓碑，宝志就是我们所知道的济公和尚。宝志和尚七岁出家，死于梁大监十三年。宝公塔原为七级，砖木结构。原建与紫金山钟龙阜，梁武帝为之安葬在紫金山，后因明太祖要在钟龙阜修建明孝陵，所以将宝公塔移至现址，具其位置在革命纪念馆之后。

在塔前有一块黑色石碑名为三绝碑，是由唐代吴道子为宝至画像，李白做了像赞，颜真卿书写，所以名为三绝碑，诗字画珠联璧合，美不胜收。很不幸的是，三绝碑现在已经不传，现存的是清乾隆的仿品。

就是现在的宝志塔的形成也是一波三折，在建造烈士公墓的时候，这一古迹就是非常棘手的，后来1934年革命纪念馆建成之后，经过一系列的研究决定拆除宝公塔，1935年5月将宝公塔迁至纪念馆西侧，新的宝公塔在1937年动工但因为战争的爆发而停滞，在1941由日伪南京市政府慕资建成。因为战乱宝志和尚的遗物已经丢失，在1981年重修的宝公塔，仅仅是一个象征了。

大家好，欢迎来到灵谷寺内著名景点灵谷塔。我是今天的景区导游员，大家可以叫我小张。下面向大家介绍这座高塔。灵谷塔——原名阵亡将士纪念塔，是阵亡将士公墓的主要建筑之一。塔的设计者是美国著名建筑师茂非和中国建筑师董大酉。该塔高约60米，九层八面，全部用钢筋水泥建筑。每层以绿色琉璃瓦披檐，塔外绕有走廊，围以石栏杆的平台。塔之中部用螺旋式，扶梯有260多级围转而上，每层每面有门通至塔外绕之平座，绕台可鸟瞰钟山景物。在进去的时候，一定要注意安全，因为是螺旋式，所以会很晕。塔外正门横帽上的"灵谷塔"三个字是中华人民共和国成立后陵园管理处第一任处长高艺林所书。塔底层外壁石刻"精忠报国"为蒋中正题书。侧门分别是"成功""成仁"，后门为"有志竟成"。希望大家最后都能成功。谢谢大家的游览参观。

各位游客大家好，我是今天的专职导游人员，大家可以叫我小董或者董导。下面呢就由我为大家介绍灵谷寺的松风阁，大家如果有什么问题可以尽管提出来，我会尽力为大家解答。

松风阁是一座依山而建的仿走马楼式建筑，面阔9间，屋顶为重檐式，铺以蓝色琉璃瓦。这座建筑是"国民革命军阵亡将士"的纪念馆。纪念馆于1931年起建造，由美国建筑师茂非按中国传统的民族建筑形式设计，造价21.5万元。1933年完工后正式定名"革命纪念馆"。这幢二层楼建筑，东西长41.7米，南北宽19.7米，为钢筋水泥仿木结构。外有回廊，楼下为9间，中为穿堂，上面是走马楼式的楼屋。上下遍设架柜，供陈列阵亡将士遗物或举办展览。

以上就是我对松风阁的讲解，谢谢大家对我的积极配合与支持，如果我有什么不好的地方，大家可以提出来，我会及时改正的。真诚希望有机会还能为您服务，谢谢大家，祝大家旅行愉快！

各位游客，大家好！首先做一下自我介绍，我是一名来自远足旅行社的专职导游，我叫吕琛，大家可以叫我小吕或吕导！接下来将由我带领大家参观游览玄奘纪念堂！

玄奘纪念堂位于大雄宝殿东跨院的正厅，里面陈放着六面七级飞檐桃角檀香宝塔一座，塔内安放着玄奘法师的部分顶骨，这就是传说中的舍利子了。玄奘，通称三藏法师，乳名江流，唐朝高僧，他毕生致力于宣扬佛教文化，是唯识宗的创始人之一，与鸠摩罗什、真谛并称为中国佛教三大翻译家，是一个很伟大的人物！于是，在一些故事中，他就被神化了，传说他是十世金蝉子转世。前几年比较火的《西游记之大圣归来》里，有个萌萌的小孩叫江流儿，他的原型就是玄奘法师！而大家看《西游记》都知道，孙悟空的师傅——唐僧，就叫唐三藏。这一人物形象也是以玄奘为原型的，最后他成佛修仙去了。但是，在现实生活中，据文献记载，玄奘法师圆寂于西安葬于兴教寺塔，黄巢起义时遭盗而捐残。后来，宋朝天禧寺和尚法政，在陕西终南山紫阁寺得玄奘法师顶骨，迁葬于南京中华门外的大报恩寺，建一座砖塔，埋藏顶骨，名为"三藏塔"。但是在清末遭兵燹而毁。

1973 年，南京灵谷寺修复开放，将存放于文管会的顶骨迎回，后建玄奘院、造金丝楠木纯金构建玄奘大师顶骨舍利塔进行供奉。

2016 年 1 月 8 日，灵谷寺玄奘院地宫举行落成仪式，镇寺之宝——玄奘的顶骨从玄奘院大殿移驾地宫内保存。

那么，游客们，灵谷寺的讲解到这里就全部结束了。十分感谢大家的配合，如果有什么意见和建议，大家都可以向我们远足旅行社提，我们一定及时改正。之后的风景依旧美如画卷，预祝大家快乐！谢谢！

总 统 府

各位游客，大家好！欢迎大家来到古都南京来旅游，我是你们的导游员，我姓高，大家可以叫我小高或是高导。今天我们即将要参观的景点便是总统府。

下面，简单的为大家介绍一下总统府的概况。

总统府位于南京市长江路 292 号，为国家 AAAA 级景区，被称为中国近代史遗址博物馆，是全国重点文物保护单位。南京总统府建筑群占地面积约为 5 万余平方米，既有中国古代传统的江南园林，也有近代西风东渐时期的建筑遗存，至今已有 600 多年的历史。

提到总统府这三个字，大家心中或许会有一个疑问，这位总统是谁呢？

其实，南京总统府历史悠久，几经变迁，入主那里的人很多。在不同的时代，那里的"总统"也不同。明朝时，那里是朱元璋的次子朱高煦的王府，现在总统府的西花园还称"煦园"；清朝时，那里曾是江宁织造署、江南总督署、两江总督署，很多名人都曾在那里待过，如林则徐、曾国藩、李鸿章、刘坤一、沈葆桢、左宗棠、张之洞、端方等均任过两江总督；太平天国时，那里是洪秀全的天王府；中华人民共和国成立后，那里在很长一段时间内是江苏省政协办公地，后来才对外开放，成了中国近代史博物馆。

我对总统府概况的讲解就到这里，预祝大家的南京之旅能够玩的开心，玩得愉快！

游客朋友们，我们到二堂了，二堂又称中堂，清代晚期建筑，原为太平天国的内官建筑。两江总督署时期为二堂。后来这里为举行礼仪活动的场所，如外国使节向中国政府首脑递交国书，举行各种仪式等。举行会谈前也在这里先进行礼节性晤面。后曾多次改建，内部保持了中式风格，北墙门外却是西式门廊。

各位游客：

大家好！欢迎来到总统府观光游览，首先做一下自我介绍，我是"XX"旅行社的一名景区讲解员，我姓汲，大家可以叫我小汲或汲导。接下来将由我来为大家进行讲解，非常有幸能够为您服务，希望通过我的讲解，能够让你对总统府有一个全面的了解。如果你在游览期间有什么问题，请尽管提出来，我会尽全力为您解答。

各位游客，现在在我们眼前的这座建筑，便是总统府的大门，太平天国时期称为"真神荣光门"，又称"皇天门"或"凤门"。1864 年清兵攻破天京后将此门拆毁，重建两江总督署大门。国民政府成立后，在 1929 年新建了这座钢筋混凝土结构的西方古典门廊式建筑。门楼正中原是谭延闿书写的"国民政府"巨匾，1948 年 5 月，改挂木包金"总统府"三个大字。南京总统府门楼是拥有 83 年历史的民国标志性建筑，大门朝南立面的外部采用了八根罗马爱奥尼柱式构图，大门开三拱门，拱门门洞外圆内方，门为双扇镂空铸花铁大门，门楼顶部为阶梯形的女儿墙，正中有一个旗杆。门外有一对石狮，是当年清两江总督署辕门的旧物。门楼为两层半建筑，一层为传达室，卫士室，二层为参军处宿舍和升旗官预备室，顶部为升旗平台。

进入大门，前面见到的就是二门，又称为大堂，这里曾是太平天国时期的真神金龙殿，是洪秀全大朝的地方。1964 年，太平天国运动失败后，这里被翻改为清两江总督署的大堂。1912 年孙中山先生打算在这里就任临时大总统，后转到暖阁举行。国民政府时期这里是举行重大礼仪活动的场所。现在内梁上悬挂着"天下为公"的四字匾额，出自《礼仪·礼运》中的"大道之行也，天下为公"这是孙中山先生的手书。厅堂墙壁上挂着有代表总统府历史的六福油画，分别是天国风云，敕治两江，共和肇始，国府西迁，国共和谈和煦园曙光。

各位游客，我的讲解到这里就结束了，接下来将由下个景区讲解员继续为大家讲解，希望大家在接下来的旅途中玩的开心！谢谢！

现在我们来到的就是"两江总督史料展"馆。两江是指当时的江南省和江西省。江南省管辖今天的江苏，安徽以及上海市。后来按照地理位置的划分，把安徽称为上江，江苏称为下江，再加上江西胡称为三江。在当时所设的八个总督署中，两江是唯一掌管三省的政治地位仅次于直隶总督。经济上两江地区是国库赋税的重中之重。

我们现在来到的是复制的两江总督大堂，大堂是衙门最重要的办公处。大堂的正上方悬挂着乾隆皇帝赐予尹继善的"惠恰两江匾"。赞扬他为官一任，造福一方。使得两江地区百姓受益。公案后的这个巨型雕漆屏风是"一品朝阳"屏风。图案上的朝阳代表皇帝，旁边的仙鹤代表总督。表示了总督对皇帝的赤胆忠心。屏风的上方悬挂着乾隆皇帝题写的"秉越三江"匾。

现在我们来到的是近代名督史料展。里面分四部分内容，鸦片战争，洋务运动，仿制西学以及辛亥革命。介绍了至 1842 年以来历史上 12 位有影响的总督，如曾国藩、李鸿章、左宗棠、张之洞等人。再往这边走呢是模拟的总督花厅，花厅是供总督们休息、读书、会客的地方。上方这个"清风是式"是乾隆皇帝提给康熙年间的两江总督于成龙的，赞扬他为官清廉，两袖清风，是天下做官人的楷模。

现在我们来到的是天朝官殿历史文物陈列馆。先给大家介绍一下洪秀全，洪秀全原名龚仁坤，广东花县人，道光年间多次考取科举而不中，又因为吸取了早期基督教义中的平等思想，创立拜上帝会发动金田起义，建国号太平天国，自称天王。

我们先去西院的天王官殿模型室参观，我们可以看到一组天王官殿沙盘模型。再往里走，咱们现在看到的是天王的机密室，在机密室的后上方悬挂着"人间天国"匾。咱们再往前走这里有天王的宝座了，这里是洪秀全召见群臣，颁布诏书议政自己去举行重大庆典活动的场所。宝座呈弧形，在它上方藻井内有团龙口衔轩辕镜，殿中还陈列雕龙屏风，还有在玻璃罩里的天王龙袍，绣工精美，金光闪耀，殿中大柱子上有精美的盘龙雕刻，显得气势恢宏。宝座正上方为"太平一统"匾。这是太平天国的政治纲领，"所谓天下一家，共享太平"等就是这个意思。在北边是天王的书房了，书房上方有"博学之明"匾，东北侧为天王的寝宫。咱们向这边走呢是看到的是一时间顺序介绍了太平军三年的征战史，现在你看到的是东院，北边为天王内官，南边展示的是从 1851 年到 1853 年太平天国的起义和征战历史陈列馆，为后人研究太平天国的历史提供了重要佐证。

接着我们到了子超楼，子超楼位于总统府中轴线北端，是在国民政府主席林森任上所建，林森字子超，且任国民政府主席时间最长，所以人们习惯称之为"子超楼"。子超楼是中国新民族建筑，又称现代建筑，是典型的民国公共行政建筑。由南京鲁创营造厂承建，耗资 106 952 元（银元），设计者虞炳烈。

子超楼主体五层，局部六层。第一层，先为国民政府文官处，后成为总统府文书局的办公室。第二层是总统、副总统办公室。朝南的这间是蒋介石的办公室，朝北的这间是副总统李宗仁的办公室。第三层是国民政府会议室。楼前两棵雪松，是国民政府主席林森手植，树苗从印度进口，价格昂贵，以寸计金。右侧的那颗已于 2011 年枯死。

子超楼 1934 年开工兴建，至 1935 年年底完工，1936 年年初正式启用。1937 年 12 月日军侵占南京，此楼被日军中岛部队和十六师团占用。1938 年 3 月成为伪维新政府行政院办公楼。1940 年 3 月汪伪政府成立后，为伪立法院等办公机构办公场所。抗战胜利后国民政府由重庆"还都"南京，此楼先后作为国民政府和总统府的办公楼。内设林森的主席办公室、蒋介石的总统办公室、李宗仁的副总统办公室、秘书长办公室，以及国务会议厅等。

现在请大家随我去东花园参观。这边是行政院了。

行政院建于 1928 年，坐南朝北。北楼二楼迎面有谭延凯所书的"行政院"三个大金字。

行政院为五院之首，是民国最高行政机关。它分为南楼北楼，北楼一层现为五院制的形成及沿革的史料陈列。详细介绍了五院成立的缘由、五院概况、行政院历史沿革和行政院的构成。

南楼为行政院办公楼。一楼为接待室、秘书室、院会议室和休息室。二楼为院长办公室和各主要长官的办公室、小会议室。出了行政院我们往前走眼前便看到了 2006 年重新竖起的"太平天国起义百年纪念碑"，这是为纪念太平天国农民起义 100 周年所立的纪念碑。对面就是陶林二公祠了。为清代名臣两江总督陶澍和林则徐的祠堂。

陶林二公祠是左宗棠

奏请光绪帝同意才建立的。为什么左宗棠要为他二人建立这个祠堂的？相传啊，左宗棠是林则徐的女婿，当然这个只是传说，左宗棠的真实身份是林则徐的接班人，而陶澍则是左宗棠的贵人。所以左宗棠为了报答他们的知遇之恩，便修建了这个祠堂。见证了他们三人之间的友谊，也赞颂了他们三人禁销鸦片和维护祖国统一的千古佳话。

各位游客，我的介绍到这里就结束了如果我有什么不足请大家指出我一定会改正，欢迎大家下次光临，祝大家一路顺风谢谢！

夫 子 庙

我是在路上旅行社的一名导游，我姓李，大家可以叫我小李或者李导。接下来的夫子庙之旅，将由我和大家一起度过。在前往夫子庙的过程中，我会简单介绍一下夫子庙。

夫子庙地处城南秦淮河畔，地理位置优越，交通十分方便，是南京人引以为自豪的历史遗迹和旅游景点，是新兴的文化、商业、游览中心和庙市合一的繁华之地。夫子庙，又叫孔庙、文庙，是祭祀我国著名的大教育家、思想家孔子的地方。孔子在古代被人们尊称为孔夫子，故其庙宇俗称"夫子庙"。由于儒学的正统地位，它的创始人孔子备受封建社会历朝历代的统治者和士子们的尊崇，祀奉他的孔庙遍布全国各地，有的地方还不止一个。夫子庙作为封建士子崇拜的场所，大多与教育设施（如学官、贡院等）布置在一起，即所谓的庙附于学，一般是在学官的前面或一侧。历史上，南京城区的夫子庙曾有三处，一处在今市政府大院内，另一处在朝天官。现在我们要参观、游览的，是第三处，也是最有名气的一处。它是宋景佑元年（1034年）从朝天官迁来的，初为建康府学，元为集庆路学，明初为国学，后为应天府学，清迁出府学，改为江宁、上元两县学。咸丰年间毁于兵火，同治年间（1869年）重建，抗战中为日军焚毁。现存夫子庙为20世纪80年代初重建。它采用前庙后学，孔庙在前，学官在后，后来设立的贡院被布置在学官的左侧。因此，南京夫子庙比较完整的格局包括三部分，即孔庙、学官、贡院。以大成殿为中心的南北中轴线及两侧的主要建筑和以明远楼为中心的江南贡院陈列馆成为夫子庙地区最主要的旅游观光点。除了以上所述主要景点外，还有吴敬梓故居、古桃叶渡、萃苑、百年老店一条街、文德桥、王谢故居、乌衣巷、媚香楼等景点。夫子庙还有很多好吃的东西。大家在游览过程中要仔细，不然就会错过！还有几分钟就要到了，大家准备下，进入景点后，会有专门的景点导游员为大家讲解，提前预祝大家玩得愉快！

各位游客大家好，我是大家今天这个的景区景点导游，我姓任，大家可以叫我小任或者任导，秦淮河，是一条曾对古城南京的政治、经济、文化发展起过重要作用的河流。相传秦淮河是秦始皇下令开凿的一条人工运河。秦始皇东巡会稽，经过南京时，为方便船只行驶，曾下令开凿方山，使淮水与长江沟通，因而这段河道得名"秦淮河"。但据地质考察证明，秦淮河是一条历史悠久的天然河流，当时这条古老的河流确是曾从方山经过，但由于地理变迁，河流改道，逐渐形成了现在的河道。历史上的秦淮河，河道宽绰。自五代吴王杨行密在长干桥一带筑石头城以后，河道开始变窄，并被分隔成内、外"秦淮"。内秦淮河由东水关入城，经夫子庙，再由水西门南的西水关出城与外秦淮河汇合。河流全长10千米，这就是古往今来令无数文人墨客为之赞美倾倒、寻迹访踪的"十里秦淮"了。大家知道唐朝的大诗人有谁写过十里秦淮吗，是的，李白、刘禹锡、杜牧等都曾为她写下诗篇，孔尚任的《桃花扇》和吴敬样的《儒林外史》中，也都对"十里秦淮"有过生动的描写。

古老的秦淮河与流经南京城北的长江相比，显得十分渺小，但是它与南京城的诞生、发展，以及南京地区的政治、经济、文化发展有着极其密切的关系。早在五六千年前的新石器时代，这里已有人类繁衍生息。迄今为止，沿河两岸发现的原始村落遗迹多达五六十处。六朝和明初封建朝廷一直把它作为都城的一道天然屏障和皇宫所需的天然通道。东吴孙权定都建业（南京）后，曾在秦淮河两岸作"栅塘"，既可御敌，又可防洪。从六朝时起，夫子庙一带的秦淮河两岸已是居民密集、市井相连的繁华之地，秦淮河充当了南京地区对外贸易的主要航道，河中舟船穿梭，一派繁荣。据说，旧时的秦淮河两岸歌楼酒肆林立，河房水阁争奇斗艳，游艇画舫灯火通明，富豪贵族在这里过着寻欢作乐、纸醉金迷的生活，劳动人民，特别是广大妇女却是以泪洗面，饱尝了人间的辛酸。那时南京的妓女大多集中在秦淮河两岸。清代戏剧家孔尚任在《桃花扇》中描写的不畏权贵的名妓李香君，她就居住在秦淮河南岸的文德桥畔。

各位游客大家好，我是大家今天的景区景点导游，我姓殷大家可以叫我小殷或者殷导，大家如果有什么问题可以尽管问我，我一定尽力为大家解答，希望我们能够合作愉快，有一个愉快的旅行过程。

我们现在看到的就是夫子庙的棂星门，棂星门由三座单间石牌坊组成，石坊之间墙上嵌有牡丹图案的浮雕，中间石坊横楣刻有"棂星门"三个篆字，造型朴实无华。

进入棂星门，东西两侧各有持敬门，中间为大成门，又称戟门。在封建时代，每逢朔、望朝圣和春秋祭典，府县官员、教谕、训导学教官由大成门进，士子走持敬门，不能违反规矩。说到这里，大家知道朔望分别指的是什么时候吗？就是古代农历的初一和十五。下阶为丹墀，东西并立三碑，东为元至顺二年封至圣夫人碑，西为四亚圣碑，再西为清康熙修学官碑记。丹墀左右为两庑，外有走廊通正殿。两庑供奉孔门的七十二贤人牌位。

正中是"大成殿"，外有露台，是春秋祭奠时舞乐之地，三面环以石栏，四角设有紫铜燎炉，燃桐油火炬，祭祀多在午夜子时，会显得特别亮。殿内正中供奉"大成至圣先师孔之位"，左右配享四亚圣，分别是颜回、曾参、孟轲、孔汲。殿的东边还有小门通学官。

明清时代的大成门为五间，两侧为耳房，供执事人等休息之用，中间为三门，门内陈列戟，东设鼓，西置磬，每逢朔望朝圣和春秋祭典，府县官员由大成门进，士子执事人等分走旁门。后来，此门与大殿都毁于日军兵火。在1986年新建的大成门面宽三间，门内正中有汉白玉屏风，上面镌刻着"重修夫子庙记"，树立四块古碑，其中齐永明二年的"孔子问礼图碑"是由南京市人民政府院内迁至此处的一块重要的碑铭。

来到这里，我们除了游玩之外当然还有消费了，但是小殷要提醒大家一点，这里除了物价比较高之外，每个产品在不同的店里价格也都是不一样的，不是有个词语叫货比三家，大家在买东西的时候可以多看几家店，对比一下哪家的更实惠，再买也不迟，还有大家一定要注意可以适当地跟店主讲价，但是一定要心平气和不要起冲突，和气生财。

现在我的讲解就告一段落了，后边的旅途还会有导游来为大家讲解，如果我在前边的讲解中有什么不足之处，还请大家见谅，也希望能给我提出宝贵意见，我一定会尽力改正，最后再祝大家吃的顺心，清末，期待我们的下次合作。

各位游客大家好，我是大家今天的景区景点导游，我姓张，大家可以叫我小张或者张导，大成殿是南京夫子庙的主殿，高16.22米，阔28.1米，深21.7米。殿内正中悬挂一幅全国最大的孔子画像，高6.50米、宽3.15米。殿内陈设仿制2500年前的编钟、编磬等十五种古代祭孔乐器，定期进行古曲、雅乐演奏，演出反映明人祭孔礼仪的大型明代祭孔乐舞，使观众听到春秋时代的钟鼓之乐、琴瑟之声，展现二千多年前另古乐风貌。

大殿四周是孔子业绩图壁画，形神并具。庙院被两庑碑廊环抱，墙上镶有三十块由赵朴初、林散之、沈鹏、武中奇等著名书法家撰写的墨宝真迹碑刻。碑廊里陈列着被誉为"中华一绝"的雨花石展览。大成殿内也经常筹办其他历史文物和艺术品展，宣传中华民族的悠久文化。

夫子庙大成殿自1986年重新开馆以来年参观游客达60多万人次，先后接待了许多党和国家领导人以及外国贵宾、国际友人，成为闻名遐迩的游览胜地。我们的旅程马上要结束了，王导也要跟大家说再见了。临别之际没什么送大家的，就送大家四个字吧。首先第一个字是缘，缘分的缘，俗话说"百年休的同船度，千年修的共枕眠"那么和大家7天的共处，算算也有千年的缘分了！祝大家在后边的游览中玩的开心。

各位游客朋友们你们好我是你们的导游，你们可以叫我小王或者王导，下面由我来为大家讲解学宫。

学宫位于大成殿后街北，原有"东南第一学"门坊，包括明德堂、尊经阁、青云楼、崇圣祠等古建筑。明德堂是学宫的主体建筑，科举时代秀才每月逢朔望都到这里听训导宣讲。中国的学宫都称"明伦堂"，而夫子庙的学宫独称"明德堂"，据说是宋代文天祥题写的"明德堂"匾额之故。1986年明德堂维修时又修复了两旁的"志道""据德""依仁""游艺"四斋。

大家好，今天的讲解到此为止，祝大家生活幸福学业有成，如果有什么讲的不好的地方还请大家指出来，我好改正。

游客朋友们，现在就到了贡院，它始建于宋乾道四年（1168年）。是当时建康府、县学考试的场所，范围甚小。明太祖朱元璋建都金陵，集乡试、会试于此，考生众多，不敷应用。明成祖永乐年间在此重新兴建，贡院始具规模。虽永乐十九年（1421年）成祖迁都北京，但此地仍为江南乡试所在地，清承明制，一如其旧，道光年间曾重新修建。咸丰年间文庙、学宫俱遭兵火，贡院却独能幸存。同治时又重扩建，范围更大，整个贡院成正方形，内有号舍（俗称考棚）20 644间，一人一间，每次考试可容纳2万多人。当时贡院正门在今永和园及秦淮剧场之间。整个贡院四周围以高墙，墙外为街道，街道另一边为店铺民居。自光绪三十一年（1905年）废科举后，贡院即闲置无用。后来决定拆除贡院，开辟市场，只保留了明远楼、飞虹桥和明远楼东西少数号舍及明、清碑刻 22 方。明远楼始建于明永乐年间，清道光年间重建。四面皆窗。登临四顾，整个贡院一目了然。它是考试期间考官和执事官员警戒、发号施令的地方。明远楼内已辟为科举制度陈列馆——江南贡院历史陈列馆，展出了 100 多幅反映中国科举制度的珍贵文献资料、图片，并按原样复建了 40 间号舍。原安放在贡院内的 22 方明清碑刻，现集中陈列于明远楼东西两侧，它是研究明清贡院建制沿革和科举情况的实物资料。里面有各种各样的学子雕塑，大家也可以体验一下金榜题名的感觉。

现在夫子庙的游览已经结束了，非常感谢大家对我工作的支持，如果有什么做的不好的，希望大家提出宝贵意见，我一定会加以改正，真心希望可以再次为您服务。祝大家一路顺风。

玄武湖景区

各位游客，现在我们来到玄武湖景区。玄武湖湖岸呈菱形，周长大约 10 公里，占地面积 437 多公顷，水面约 368 公顷。历史上因为他位于钟山的北面，所以曾被称作"后湖"。自东晋以来一直是帝王大臣们的游乐的地方，它还有桑泊湖、秣陵湖、昆明湖等多个多称呼 。它也是当时王朝训练水军的地方，所以也称"习武湖"。东吴迁都建康后，在后湖南侧建有宫苑，并引其水注入宫苑内，因湖在台城之北，所以称为"北湖"。传说孙吴末年，丹阳县官宣赛的母亲，80 高龄在后湖游水，突然化鼋而去，千年不死，所以人们又称后湖为"练湖"。相传南朝宋文帝元嘉二十五年（公元 448 年）五月，湖中出现黑龙，故称玄武湖。北宋时王安石实施新法，废湖为田。明代朱元璋高筑墙，玄武湖疏浚恢复，成为天然护城河。公元 1909 年清朝南京政府将此地辟为公园，当时称"元武湖公园"，辟环洲－樱洲－梁洲－翠洲－菱洲五洲，故又称"五洲公园"。

现在我们来到了玄武门，这座城门为什么叫玄武门呢？首先介绍玄武二字的来历。玄武在我国古代文化中为主观四个方位中北方的灵兽，形状为龟蛇合体，五行中主水，又称灵武、元武、真武、北极等，所以历代宫城北门多以玄武命名。但这个玄武门不在宫城也不位于北，明京城并无此门，而是在清末举办南洋劝业会，在湖内辟建公园，为方便客商游人入园，才开辟此城门，名丰润门。后在 1931 年改称玄武门，倒是因湖名而得名。

我们现在走的大道叫翠虹堤，湖边花柳夹道，仿佛彩虹飞跨，翠带铺陈。走完这段堤，即到了环洲。环洲是较早形成的湖中之岛，最具浓郁的清代金陵四十八景之一"后湖烟柳"的景观特色，故名环洲烟柳。大家从两侧看过去，右边堤岸上，柳、樟高大成行，绿荫压水，卧花迎风，一派西湖风光，左边是翠虹堤的延伸，桐、柳参天，枝叶婆娑，不亚苏堤春晓。

　　游客朋友们大家看，我们正面是一组富有中国园林特色的大假山和奇峰妙右。假山以湖石堆就，高达6.7米，山形如云卷飞走，似鹰博狮吼，是假山叠石中的佳作。假山前的二块孤峰巨石"童子拜观音"，童子高4.2米，宽0.8米，形态虔诚恭敬，观音石高超6米，宽不过0.9米，顶如披巾，身形玉立，恰似大慈大悲的观音菩萨俯察世情，布施救苦救难之善，可谓神意天成。这块奇石和江南名石——苏州留园冠云峰、上海豫园玉玲珑、杭州竹素绉云峰同为中国园林山石中的极品，都具有"皱、瘦、透、漏"的山石审美特点，均为"花石纲"遗物。沿堤北行，有一小土山。山不在高，有仙则灵。这座小土山就是东晋大文学家、大阴阳风水家郭璞的衣冠冢，叫郭仙墩。其人学博才高，文采雄健，著有《山海经注》《尔雅注》《葬经》等，他不畏权势，反对分裂，当大将军王敦谋反，命他卜卦成败，他直言"无成"一生正气，从容就义，评判后被追封太守，在此立碑纪念。

　　从这里走过幽静的林间小道，看到前方有一九级六面的玲珑宝塔，塔侧是西阔三间单檐歇山顶的华丽殿堂，叫莲花精舍，俗称喇嘛庙。大家会奇怪，在东南沿海汉传佛教之地怎么会有藏传佛教的寺庙呢？这里有它的来历故事，它是为纪念西康的最高宗教领袖诺那呼图克图而建。呼图克图是喇嘛教大活佛的称号，他一贯反对西藏地方分裂主义势力，抵制割裂祖国的"中印藏会议（西姆拉会议）"，阻止溥仪去做日本的傀儡，他依附清朝和中央政府，有不少头衔。但他出于地方势力的立场，既与国民党川军发生武装冲突，又拦阻工农红军通过西康北上长征，被红军击溃外逃，被藏人抓获送至红军营中，绝食谢医而死，红军以教仪礼葬。1936年西康驻京办事处向国民党请求建庙纪念，选址在环洲东北端，由元老、司法院长居正撰写碑文。中华人民共和国成立后改为俱乐部礼堂，1993年由公园和他在台信徒共同修复旧观开放。

　　过了喇嘛庙，通过一道精致小拱桥即进入樱洲，听到樱洲这两个字，大家会认为樱代表的是什么呢？是樱花吗？其实不是的。樱洲上曾大量栽植樱桃而得名，所以樱代表的是樱桃。樱洲原有樱桃品种优良，色泽红艳，风味甘美，清代曹雪芹祖父曹寅在康熙南巡时贡奉皇上，深得康熙喜爱，并说"先进皇太后，朕再用"。现在代之而起的是如云似雪的樱花。樱花日本作为国花，富士山樱花盛开，举国放假赏樱。这里先后种植十余品种，千余株，已蔚然成景。在樱洲上还种植了几十种花木，这些花木中有不少是来自美、法、意、荷兰、墨西哥、塞浦路斯、日本等国友好城市的使者手植，成了南京对外友好交往的象征。因此而命名为"樱洲花海"。

　　跨过小桥，峰回路转，我们现在来到了芳桥。芳桥是进入梁洲的主要通道，是湖内历史最久、最大、最有名的一座桥，明代即有记载，几经扩建，遂成现状。前方就是湖中最大的陆地——梁洲，史载梁武帝长子昭明太子萧统在这里筑国读书，编纂《昭明文选》。可惜这位风流文采的太子于湖中落水，惊疾不治而终。定名梁洲，就是源于这个历史典故。梁洲是开发建设最早的一个洲，也是历来全园活动的中心场所。遮天蔽日林荫大道栽植了著名的观赏树种，如雪松、广玉兰、银杏等，绿意盎然。是欣赏美景，合影留念的好地方。

眼前来到的是玄武厅。此厅建于抗战时期，初名"涵碧轩"，一直作为招待上宾之用。1953年2月22日毛泽东主席在陈毅、谭震林陪同下在此接见江苏省、南京市党政负责人；朱德、邓小平等也在此会见过各级负责干部。"后改名"友谊厅"，专门接待外宾，现作茶社。这一座并不显眼的西式小型建筑却有它辉煌的历史。

牡丹园南侧就是公园中最古老的名胜建筑湖神庙。明初朱元璋造黄册库，一姓茅老人建议库房东西布局以防日晒，朱皇帝欣然采纳，命他做湖工，死后葬此筑祠。因茅、毛、猫同音，有人传说皇帝取猫镇鼠的谐音，杀毛老人造库立庙以避鼠害。清代湖民以打鱼为生，也因猫食鱼，对渔产不利，改称湖神庙。两江总督曾国藩于公元1872年重建此庙，作延引宾客吟风咏月的会所。庙前有一铜钩井，是光绪年间所掘，打井挖出一具铜钩，考为六朝遗物，故就叫铜钩井。湖神庙建筑古朴深沉，庭院雅致，常作展览之用。

前方走过湖堤，我们看到青翠浓郁，树木参天，这一小岛犹如绿水浮翠烟树如云，叫"翠洲云树"。洲内有一座大绿篱围蔽的大型露天舞台。20世纪50年代，苏联红旗歌舞团、体育表演团和其他一些国家的文艺团体曾在此演出，轰动一时。现在也有时在这里举行大型演出活动。

在绿荫丛中还有一组鲜为人知的建筑，现在挂着南京书画院的牌子。这里原来是20世纪30年代，一批留日军人发起建立的留日海陆空军同学会的会馆，还供奉吴禄贞和蔡锷灵位，称吴蔡合祠，抗战后作为励志社的招待所，接待美军官兵。中华人民共和国成立后改为"翠虹厅"，成为交际处接待贵宾的休息之地。

各位游客，通过月季园前面的菱洲大桥就是菱洲了。菱洲是玄武湖五大洲中形成较晚的一个洲，因曾盛产红菱，故称为菱洲。菱洲以前一直是孤立存在于湖中的。直到中华人民共和国成立后经过浚湖筑堤，多次修缮，才与解放门，台城，环洲相连，并与各个洲贯通。菱洲是距山最近，湖面最开阔的，钟山雄峙，九华，富贵，鸡笼诸山蜿蜒，塔影矗立，云影徘徊，用"菱洲山岚"来形容，一点也不为过。

接下来，我们要参观的是台城，唐代韦庄曾在这里题过一首诗，"无情最是台城柳，依旧烟笼十里堤"，下面让我们一起走进这是怎样的一种城池。顺城墙西行，我们即将走出玄武湖，那么大家在这里就会有个疑问，为什么我们会穿过两道相互垂直的城门呢，不像瓮城，也不像内外城呢？在这里告诉大家这不仅是事出有因，而且还是将错就错。当年朱元璋造城时，原本打算城墙从这里一直向西延伸，可是后来发现，这样建造，不仅城池面积少了三分之一而且把沿江的军事要地围在城墙之外，这样对于守城很不利，于是朱元璋改变方案，放弃了已经修筑好的数百米城墙，从此折转向北，切一部分湖面入城，在沿湖北走。弃之不用而又未拆除的城墙，引起后人的误会，因六朝古都距此不远，俗称台城。现在经过文物部门的努力修复与开放，还建造了南京城墙博物馆，向后人诉说古城的变迁。

各位游客朋友们，我们的玄武湖之游到此结束了，感谢大家对我讲解服务的支持与配合，如果我在讲解中有什么不足之处，还请大家提出，我将及时改正，真诚希望下次还能为您服务，最后谢谢大家，祝大家旅途愉快，一路顺风！

台儿庄古城导游词

亲爱的游客朋友：

大家好！欢迎您光临中华古水城、英雄台儿庄参观游览。

台儿庄历史悠久，文化灿烂。它形成于汉，发展于元，繁荣于明清。明万历年间，京杭大运河改道经过台儿庄，带动了其经济文化的发展，被乾隆皇帝誉为"天下第一庄"。但这座繁盛的千年古城却在 1938 年的台儿庄战役中被日军炮火夷为废墟，重建古城成为台儿庄几代人的梦想。

为传承运河文明，弘扬民族精神，加快繁荣发展文化旅游产业，2008 年 4 月 8 日，中共枣庄市委、市政府正式宣布重建台儿庄古城，通过还原古城历史风貌和民俗风情，将台儿庄古城打造成为集"运河文化"和"大战文化"为一城，融"齐鲁豪情"和"江南韵致"于一域，极具人文魅力的国际休闲旅游目的地。

西门：

您现在通过的是台儿庄古城的西城门，它是古时台儿庄古城对外交通的主要出入口。当年乾隆皇帝第二次下江南，便是沿着官道，从这座城门进入台儿庄古城，因此西城门被视为台儿庄城垣的标志性建筑，咸丰年间重修时被命名为"台城旧志"。

台儿庄古城城垣始建于清顺治四年（1647 年），清咸丰七年（1857 年）又进行大规模翻修，由土城墙改建为砖城墙，建有城门六座，东门叫"仰生"，意思是官府、官员仰仗众生而存在；西门叫"台城旧志"，表明她是旧城的标志；南门叫"惠迪吉"，意思是顺从天道就能吉利；小南门叫"迎祥"，意思是迎来吉祥；北门为"中正"，意为中正仁和；小北门叫"承恩湛露"，意思是承蒙上苍恩典，享受浓浓的甘露。

概况：

台儿庄古城规划总面积约 2 平方千米，按照"大战故地、运河古城、江北水乡、时尚生活"的形象定位，遵循"留古、复古、扬古、用古"的理念，重建后的台儿庄古城"院院有水景、院院有展馆、院院有主题文化"，可以说是运河文化的活化石，中国民居建筑的博物馆。

重建后的台儿庄古城古朴典雅，天人合一，集中体现了四个独特的历史文化价值，也是吸引海内外游客前来观光、休闲、度假的四个理由。

一是看世界二战遗址最多的城市要到台儿庄古城来。台儿庄古城保留了53处二战遗址，是世界上经过二战炮火洗礼后遗存最多的城市，是中国唯一一座二战纪念城市。

二是看运河文化的活化石、中国民居建筑的博物馆要到台儿庄古城来。台儿庄地处南北过渡带，素有"水旱码头"之称，人流、物流、信息流的涌动和交汇，带来了文化的融合，使台儿庄古城成为集八大建筑风格于一体、七十二庙宇汇于一城的运河标志城。八大建筑风格分别为北方大院、徽派建筑、鲁南民居、水乡建筑、闽南建筑、岭南建筑、欧式建筑、宗教建筑，而七十二座庙宇包括世界主要的几大宗教——天主教、基督教、伊斯兰教、佛教及中国主要民间信仰——道教、儒教和关帝信仰的各类庙宇，如文昌阁、关帝庙、泰山娘娘庙、妈祖庙等。

三是看京杭运河"最后一段活着的古运河"要到台儿庄古城来。台儿庄保留了最后3千米的京杭运河古河道和明清时期的古驳岸、古码头，古船闸、古村落，被世界旅游组织誉为"活着的运河""京杭运河仅存的遗产村庄"。

四是看中国唯一可以摇桨逛全城的东方古水城要到台儿庄古城来。台儿庄15公里的水街水巷和威尼斯几乎相当，古城重建后将成为国内水网最密集的水城，乘船可以游遍古城的任何一处景点。

同时这里还是国台办批准的大陆首个海峡两岸交流基地，是海峡两岸经济、政治、文化交流的重要载体和平台。

五行码头：

您现在看到五角亭的位置是"五行码头"，为清代台儿庄古运河畔最繁华的码头之一。

中国古代思想家认为，世界上的一切事物，都是由金、木、水、火、土五种物质生成的，这就是我们常说的"五行"。五行之间，形成了相生、相克的动态关系，维持着世界的平衡。五行之中，水占有重要的地位，它是生命之源，世间因为有了水，世界万物才得以繁衍生息。孔老夫子有句话叫"仁者爱山，智者乐水"，老子有句名言是"上善若水"，就是因为水能屈能伸，能升能降，变化无常，容纳一切，滋养一切，成就一切。台儿庄是一座水的城市，下面就让我们走进这座中华古水城，领略水的景观，感受水文化的魅力。

步云桥：

你面前的这座桥是古运河上的景观桥，名叫"步云桥"，由三层平台构筑而成，取其"连升三级、平步青云、步步高升"之意。

这座桥最早建于明朝天启元年，即公元1621年，由当时峄县知县马希曾捐资兴建。大桥修好之后，人们对他感激不尽，可是在峄县只当了7个月知县的马希曾，却莫明其妙地离任。当地士绅恋其功绩，为他立了这块去思碑，尊称他为"峄侯、马公"，也就是咱们面前看到的这块"峄侯马公去思碑"。

康熙四十六年，康熙大帝南巡，途径台儿庄，峄县一名落魄文人李克敬在这座桥上向康熙皇帝献上《雅颂八章》的辞赋，康熙大为赞赏，李克敬因此而平步青云，于是这座桥遂改名为"步云桥"。

步云桥最主要的特色在于石雕、木雕相当精美，分别是福建泉州石雕与浙江东阳木雕。走上步云桥，桥北侧的石雕讲述的是西汉时期台儿庄人萧望之学而优则仕的故事。萧望之是萧何的六世孙，他博览群书，是汉代《鲁论语》的知名传人。因忠于职守，敢于进谏，汉宣帝拜其为御史大夫、太子太傅。

这里刻画的是道家八宝，也就是"八仙"手持之宝物，分别是汉钟离所持的扇子，吕洞宾的剑，张果老的鱼鼓，曹国舅的玉板，铁拐李的葫芦，韩湘子的箫，蓝采和的花篮，以及何仙姑的荷花。

桥南侧石雕讲述的是北宋时期台儿庄人穆桂英艺而精则仕的故事。相传穆桂英是今台儿庄区涧头集镇穆庄村人。她幼尚武艺，曾女扮男装，拜师学艺，传说有神女传授神箭飞刀之术。后来她聚众建寨于大蝎山，也就是现在台儿庄的穆寨山。景德元年（1004年），穆桂英生擒并嫁予前来攻取降龙木的杨宗保，遂名列杨家将，弃寨从征，大破南犯辽军的天门阵。因屡立战功，宋真宗封她为浑天侯。

安澜门：

现在我们看到的这座城门为"安澜"门，"安澜"有使水波平静之意。清咸丰七年加固城墙时，台儿庄古城建有城门六座，水门一座，"安澜门"就是我们通常所说的水门。这座水门，是进入古城的水上通道，有了这一通道，城内的水街水巷，与京杭大运河的主航道实现了连通，使台儿庄城内形成密集的水系水网。

参将署：

这座官式建筑是参将署，俗称大衙门。建于清康熙二十二年，为清朝正三品参将行署。参将统领骑兵600余人，负责管辖126 720米运河河道的工程防护及漕运治安。1938年年初，第3集团军副司令沈鸿烈在此设军火库，这批军火在台儿庄大战时发挥了重要作用。

清代的参将为副总兵，相当于现在的军区副司令员。一个沿运城镇，为什么会委派这样一位高官进驻呢？这儿还有一个典故。据史书记载，清顺治皇帝继位后，令江南织造赶制了一套龙袍，在运送回京的途中，在台儿庄以南的骆马湖遭到抢劫。皇帝的龙袍被抢，朝廷对这一带的河道安全异常重视，设立专门机构，委派三品参将负责防务。

一个沿运城镇委派这样一位高官进驻，反映了台儿庄古城明清时期水旱码头的重要地位。

参将署门前的照壁，上面的砖雕动物是传说中的贪婪之兽——"猰"。这只怪兽长着龙的头，麒麟的身子，狮子的尾巴，牛的脚。相传，它原是天上的一只神兽，非常贪心，不吃五谷杂粮，专吃金银财宝，连八仙的宝贝都被它霸占，它却还不满足，还妄想吞吃天上的太阳，结果还没能靠近就被太阳给烤死了，最后掉进了大海。照壁刻上这种怪兽，意在警戒驻守天下第一庄的参将，不要贪赃枉法。

照壁东侧为古城内河游船码头，如果你感兴趣，可以乘船水上游览古城，体会"人在船上走、船在画中行、一派小桥流水人家，不是江南、胜似江南"的水景观带来的独特享受。

水陆通衢牌坊

这座牌坊为台儿庄"水路通衢"牌坊，展现了台儿庄重要的地理位置和曾经的繁荣盛景。据出土的古石碑文记载"台（儿）庄当地孔道为水陆通衢也"。

台儿庄是重要的水旱码头，水路和陆路交通特别发达。水路指的是京杭大运河，而陆路指的是大衙门街，它是古代的一条官道，运河与官道的存在也直接造就了台儿庄在明清时期的繁盛。

在"水陆通衢"四个字下方，有一块木制标牌写有"海峡两岸交流基地欢迎您"，2009年12月17日，经国台办批准，全国首个海峡两岸交流基地在山东省枣庄市台儿庄成立，台儿庄为两岸的经济文化交流发挥着重要的作用。

走过水路通衢牌坊，两侧对称的建筑为拐角楼，上面的弧形卷棚体现了北方建筑的开放性。南楼为乾唐轩，为台商于春明先生投资，主要经营活瓷制品。活瓷是一种健康养生的陶瓷，以20多种微量元素为原材料，可以释放负氧离子，有利人体健康。大陆唯一乾唐轩活瓷生产基地就在山东枣庄峄城工业园区。

久和客栈战地照片

这幅战地照片，向我们展现了1938年台儿庄大战期间，中国军队进驻古城的瞬间。

这幅照片上方是一座徽派建筑，粉墙黛瓦、马头出墙构成了它的主要特点。而我们左前方向这座建筑就是以照片中的徽派建筑作为原型进行全面恢复建设的。重建后的台儿庄古城是源于历史、忠于历史的一座古城，我们搜集到380多张战地照片，很多建筑就是根据照片资料恢复重建的。

照片中的"久和客栈"是由徽商胡文广在1691年建造而成。

胡文广原先是一位书生，乘船去北京参加科举考试。途经台儿庄，看到了这里的商机，于是放弃科考，留在这里经商。他的经商理念是"和为贵"，没过几年，就成为台儿庄的富商；他把堂号取名"久和"，希望后人永远恪守和为贵的理念，诚信经营。古城内有许多店铺、民居皆为这一风格，见证着徽商在台儿庄的创业历程。

广源桥：

这座桥为广源桥，又称"玉带桥"，始建于清康熙二十五年，寓有"财源广进、兴旺发达"之意，站在桥上，江北水乡的风貌得到了淋漓尽致的展现。入夜之时，西面的"双桥映月"码头是观赏古城美景的绝佳地点。

如果说白天的台儿庄是一幅青砖青瓦的黑白照片，那么入夜的台儿庄则是色彩斑斓的彩色照片，游客最好是能够住下来、静下来、慢下来；细品古城，夜游台儿庄，您将会感受到别有一番的韵致。

扶风堂：

运河漕运的发展，给台儿庄带来了得天独厚的繁荣机遇，各路商贾在此落户安家，繁衍生息，成就了燕、尤、赵、万四大家。扶风堂就是台儿庄四大家之一——万家的宅第，俗称万家大院，为晋派建筑格局。

万家于清朝康熙年间由山西迁至台儿庄，因漕运而发迹，鼎盛时期有店铺商号20余家，官银40万两。这些建筑以四合院为基本结构，采用青砖青瓦的梁柱式砖木结构，楼高院深，墙厚基宽，设计精巧，雕刻考究。有四合院、过庭院、偏正套院等60多间房屋，其豪华程度为台儿庄之最。整座建筑充分展现了我国古代"天时、地利、人和"的哲学与建筑思想。

万家门前这条河就是古运河，明万历三十二年通航,400多年未曾断流。1959年，国家对京杭运河进行改造，将原运河取直，这段运河保留在旧城内，成为景观河。这段古河道也被世界旅游组织誉为"活着的运河"，而古河道沿岸的古驳岸、古码头也是全国重点文物保护单位。

河边的这座码头为万家的私人码头——四十万码头，建于清乾隆28年。古城内现有此类码头13座。

晋派大院外围屋顶多为"半面翘"，这种独特的结构可以防寒保暖，同时下雨时雨水基本上流入自家院内，避免雨水打到路人，后演绎为"肥水不流外人田"。但台儿庄的晋派建筑在半面翘外多出三分之一翘，主要原因是台儿庄雨水较多，体现了天时的哲学思想。

扶风堂正门上方的木雕非常讲究，上层是诗、棋、书、画，下层是人物，为老人与儿童欢愉的场景，展现了万家的祥和美满与富贵幸福。

万家有了钱，就建了这个台儿庄最豪华的万家大院。

大家可以看出这个院子的木雕做得特别厚重，特别奢侈，体现了一种暴富的心态，我们在恢复重建时尊重这一历史。

万家大院现为特色五星主题客栈，同时可以接待餐饮和小型会议。东厢房为接待大堂。

院落中间是一个元宝，这个元宝上圆下方，代表天圆地方，是对天的祈福，希望万家永久富贵、永世传承。

门厅两侧的木雕雕有松鼠和成串的葡萄，寓意是"送子""多子多福"；门前的垂带石是南瓜造型，寓意子嗣延绵，男丁兴旺。

过厅廊道：

过厅廊道中的图画向我们展示了万氏兴旺图，也就是万家的发家史。万家的先人，是一位郎中，医术非常高，而且悟性好，治病基本上是手到病除。有一位漕运提督得了怪病，求诊了很多郎中没有看好，于是找到万郎中。万郎中经过悉心治疗，将他的病治愈。怪病治好之后，这位漕官非常高兴，给万郎中送来四个金元宝，以示感谢。万郎中婉言谢绝，但要求搭载官船做几趟生意，漕官满口答应，这位行医出身的山西人，把兰陵美酒、峄县石榴、山亭干果运到南方，又从南方换来茶叶、丝绸。因为搭载官船，不用报税，也不用花运费，几年下来，就赚了四十万。

二进院：

进入第二进院落，正前方向是一棵有400多年历史的银杏树，又名公孙树，为"爷爷种树、子孙受益"的一个说法。院中原有两棵银杏树，一棵毁于1938年的战火，留下的这一棵保存至今。

我们看到古银杏树的基面比古城平均地基高出了一米多，这个高出的部分就是台儿庄的"台"。台儿庄地势低洼，降水丰富，历史上就是洪水走廊。老百姓筑台而居，这种独特的居住方式使得这个地方被称为"台"庄，台儿庄海拔逐年抬高。台儿庄历史上经历了九次大规模筑台，1958年台儿庄最后一次发洪水，老百姓把"台"筑到银杏树基面的高度，而古城恢复建设时，平均基面下挖到1938年台儿庄大战时期，即银杏树基面是1958年的"台"，而我们脚下踩的是1938年的"台"。

这个院落也是整个古城的缩影，"院院有水景、院院有展馆、院院有主题文化"的院落特色得到很好的展现。这个院落的文化为"公孙文化"，南面门上这块砖雕书有"祚胤永锡"，"锡"通"赐"，意为赐给；"祚"为福分；"胤"即后代，"祚胤永锡"即永远的赐给后代福分，引申为忠孝富贵永远相传，而这块砖雕正对面北面门上书有"孝悌节让"，"孝"为孝敬父母，"悌"为敬爱兄长，引申为晚辈对长辈要尽孝道，同时周围的砖雕是"二十四孝"故事，弘扬了中华民族"百善孝为先"的传统美德。

砖雕下面的木雕为"松竹梅"岁寒三友，反映了主人高雅的生活品味。

穿过第二进院子，我们到亲水平台来看一下。大院主人为了充分利用后河水景观和"地利"优势，后墙设了开间较大的窗户和便于赏景的亲水平台，增加了大院的灵性和通透性，体现了服从"地利"的建筑哲学。

西跨院：

走进西跨院，墙上的砖雕是《西厢记》图案。讲述张生与崔莺莺这对有情人冲破礼教终成眷属的故事。

《西厢记》是元代的爱情戏，在私人住宅里是忌讳《西厢记》图案的，万家在西跨院雕刻这样的内容，那是另有原因的。

走过西厢记的砖雕来到万老爷的书房，名曰"友兰堂"。院内首先看到的为太湖石围筑的池塘，上书"吾水有龙"，旁边石山刻有"吾山有仙"，这个庭院营造了"山不在高，有仙则名，水不在深，有龙则灵"的山水画意境。

池塘旁边有一尊"金蟾吐水"的石雕，三腿的蛤蟆被称为"蟾"，传说它口吐金钱，是旺财之物。相传，古代有刘海修道，用计收服金蟾以成仙，金蟾受伤断其一脚，所以日后只余三脚。自此，金蟾臣服于刘海门下，为了将功赎罪，便使出绝活，口吐金丝，帮助刘海救助穷人。这也应了咱们常说的一句话"刘海戏金蟾，步步钓金钱"。

金蟾一般有"吐宝发财，财源广进"的美好寓意，民间有"拍拍金蟾头，财源滚滚流""摸摸金蟾头，万事不用愁"的说法。

友兰堂后方有一码头，有一说法是万老爷为了私会情人巧嫂子而设计的。这位巧嫂子是一个来自苏州的单身女子，在万老爷初来台儿庄行医时，她给了这位郎中无微不至的照顾。后来，万郎中成为富豪，建起了深宅大院，从故乡接来家眷。万夫人紧紧盯着万老爷，不让他再与巧嫂子来往。万老爷为此扩建了这个苏州风格的跨院，并在房屋后面建了一座私人码头，夜深人静的时候，接巧嫂子过来与他见面。所以，万老爷私会情人，不是因为钱多而越轨，而是"苟富贵无相忘"，也可以看成是情与义的体现。这种庭院后面的私人码头，被邻居效仿，成为台儿庄的一景。

西南院：

西南院是原来万家的厨房和佣人居住的地方，现在的规划功能为公共餐厅。宴会厅门上的木雕也是中华传统文化的展现，上半部分木雕是倒着的蝙蝠和花瓶的图案，意为"福到"和"平安"，下半部分为"磬"和"鱼"的图案，寓意为"吉庆有余"。

广济桥：

广济桥，俗称"丁字桥"，原为木桥，清咸丰七年由万家出资修建为石桥，桥石为皇宫专用的苏州木渎金山石。人们为了感念万家周济大众的慈善之情，称其为"广济桥"。

关于这座桥还有一个美丽的传说。

乾隆二十二年，乾隆皇帝第二次下江南，游览了整个台儿庄城。

当乾隆皇帝一步步走上这座拱桥时，在万家对面开茶馆的苏州女子说："步步高。"

乾隆皇帝走到桥上，问：“这‘步步高’是什么意思？”

女子说：“万岁爷洪福齐天，国运步步高扬，我们这些黎民百姓跟您享福。”

乾隆皇帝狡黠地一笑，问：“再往前走又有什么说法啊”？

女子脱口而出：“万岁爷，后头更比前头高啊！”

乾隆皇帝说：“你真是一张巧嘴。”

后来，城里人把这位苏州女子称为“巧嫂子”。这位巧嫂子也就是万老爷的情人。

台庄驿及驿前广场

台庄驿站，是京杭大运河上一处重要的水驿。

驿站是古代飞报军情、接送客人、运输军需的中转机构。历代王朝都十分重视邮驿，称之为“国之命脉”。驿站的功能就相当于现代的“机关招待所”，主要是供过往使臣投宿，凡持有“驿关”证件的官员，可免费享受驿站提供的住宿、膳食的服务。台庄驿为水驿，是伴随着漕运发展而设立的。

驿站整座建筑为苏州园林风格，院内小桥流水，清幽典雅。现为驿站文化主题酒楼，内部展区向游人展示中华民族三千年邮驿文明史及台儿庄水驿发展历程。

台庄驿前广场西侧壁画为“天下第一福”。 原福字为康熙御笔，石碑珍藏在恭王府秘云洞内。周总理将其命名为“中华第一福”，又称“天下第一福”。这个“福”的书写不同于民间常用的饱满方正，其字形窄而狭长，为瘦，谐音就是长寿的“寿”，民间称“长瘦福”，也就是长寿之福。这个福除了可理解为寿外，还可分解成“才”“子”“多”“田”四个字，有“多子多才多田多福多寿”的美好寓意。

广场东侧是一尊二维半的雕塑，由一幅战地照片转化设计而成。原战地照片展示的是一位敢死队员即将奔赴战场的场景。他是一名广西籍的士兵，牺牲之前，战地记者为我们留下了他稚嫩的容颜，当时，他只有 18 岁。

1938 年 4 月 3 日，当西门防线被突破后，守城之第 2 集团军 30 军 31 师池峰城部官兵便自告奋勇组织了 57 人敢死队，分路插入日军侧背，以迅雷不及掩耳之势冲入敌阵，与日军展开了激烈的白刃战，最终仅 13 人幸存。与此同时，200 余人先锋队会同所有守城剩余官兵同时出击，前后夹击日军，又夺回了沦陷的阵地。

1938 年春天中日军队在台儿庄激战，台儿庄“一战成名”。诗人桑恒昌说“也许，台儿庄没有看到全世界，但是，全世界都看到了台儿庄。”

这幅照片的拍摄者是罗伯特·卡帕。他 1913 年生于布达佩斯，是 20 世纪最著名的战地摄影记者之一。1938 年受命来台儿庄报道战况，为我们留下了几十幅珍贵的历史照片。

三恪堂：

三恪堂是清末民初台儿庄富商陈家的府第，俗称陈家大院。

台儿庄古城院院有主题文化，院院有展馆，这个院落就建有运河税史馆。陈家先祖从安徽泾县迁来，主人陈扶清官至六品，清末时出任税务官，所以门槛很高。

走进第一进院子，展现了"惠风和畅"文化，西侧是"惠风堂"，是多功能会议室，正前方向为"望和楼"，东侧为精巧别致的"畅园"。望和楼一楼为宴会厅，二楼为客房。

古书中"恪"与"客"通用，即是好客之意。陈家取堂号为"三恪"，反映了陈家与人为善，是一个好客的家族，这个院落体现的就是好客文化。

古城重建一律使用实料古法，质量精良，房屋砖墙所用青砖经过打磨，砖缝不超过5毫米。三恪堂两进院子，正房与配房和谐得体，一如房子的主人。

皮影戏：

路北廊亭内是鲁南皮影戏的表演地点。皮影戏又叫影子戏，驴皮戏。中国近代流行的有山西皮影、唐山皮影、河南皮影和山东皮影等。山东皮影仅有济南历下的鲁北皮影和枣庄的鲁南皮影两处。

鲁南皮影唱腔上粗犷自由，将山东吕剧、柳琴、民间小调等地方戏曲精华融为一体，正所谓"九腔十八调"；它的表演者在幕后操纵剪影、演唱，或配以音乐。在过去电影、电视等等媒体尚未发达的年代，皮影戏曾是十分受欢迎的民间娱乐活动之一。鲁南皮影以它丰富活泼的综艺形式和浓郁的地方色彩，为人们所喜闻乐见。

翠屏学馆：

这座庙堂式建筑名为翠屏学馆，它是古城的一所私塾学校。因其隔着古运河与翠屏山遥遥相对，故取名"翠屏学馆"。

翠屏学馆是文庙的建制，由棂星门、大成门、大成殿和两侧的庑房组成。

大成门前这幅楹联"跬步休轻，可酬胸内摩云志；寸阴莫误，请听门前流水声"是一幅劝学的楹联。意思是：学子循序渐进的脚步，是实现凌云壮志的基础；在学习的道路上，不要耽误一寸光阴，因为时间像流水一样，匆匆逝去，永不回头。后一句也让我们想起孔老夫子"逝者如斯夫，不舍昼夜"的教诲。

接下来我们到翠屏学馆内部参观一下。

东侧庑房：

东侧庑房主要为私塾文化及古本图书展区。首先我们看到的是私塾先生的文房用具，戒尺是原来私塾里较为常用的体罚工具，也是私塾文化的特色展现。

从汉朝董仲舒"罢黜百家、独尊儒术"开始，私塾得到了长远的发展。上方悬挂的照片展现的是清末私塾上学的场景。下面为多种多样的盛书的器具，如书箱、行李箱、书篓、书褡裢等。

墙上的这幅试卷是中国历史上最后一位状元——刘春霖的殿试策。

其实当时刘春霖中状元，实属偶然，还有一段趣事。1904年7月，清廷照例又举行了一次殿试，主考大臣经过认真挑选，把入选的试卷按名次排列，呈请慈禧太后"钦定"。

慈禧首先翻开主考官列为头名的试卷，字迹文词都很不错，内心非常欢喜。但看到落款时，慈禧太后非常不高兴。夺魁的举子是广东人朱汝珍，一见"珍"字便想起了珍妃，因为珍妃支持光绪皇帝改良，又加上朱汝珍是广东人，慈禧十分不悦。于是将朱汝珍的试卷扔到一旁。

当慈禧翻开第二份试卷时，心头又高兴起来。因为第二份试卷是直隶肃宁人刘春霖所作，"春霖"二字含春风化雨、甘霖普降之意，这一年又逢大旱，急盼一场春雨。加之直隶在今天的河北，靠近京城，"肃宁"又象征肃静安宁的太平景象，是"吉祥"之兆。于是，慈禧大喜，发榜时刘春霖由原来的第二名而成了头名状元。

走过文房四宝——笔墨纸砚展区，前面是名人与私塾展示区域，主要介绍了匡衡、贺敬之等人的私塾生活。翠屏学馆培养了众多文化名人，现代著名诗人和剧作家贺敬之就曾在此就读。

"留住童年"区域展现了鲁南地区儿时很有代表性的的游戏。

前面小的展厅展示的是1912—1976年的毕业证、毕业照和奖状，他们都是时代印记的反映。

大成殿：

走出东侧庑房，中间正殿叫大成殿，里面供奉的是至圣先师孔老夫子。唐朝初年，唐太宗下令全国各州县建立文庙，封孔子为文宣王，宋徽宗尊孔子为大成至圣，所以叫大成殿。孔子塑像上方悬挂"万世师表"匾额，两侧庭柱书写"气备四时，与天地日月鬼神合其德；教垂万世，继尧舜禹汤文武作之师"。

孔子是我国古代伟大的政治家、思想家、教育家，儒家学派的创始人。如果您想要表达对孔子的崇敬之情，在夫子塑像前上香致敬的时候，请按照古代礼节，鞠躬作揖，作揖时要左手抱右手，以示尊敬。

走进大成殿，有一个"金榜题名，连中三元"的参与性游戏。如果感兴趣，您可以讨三个象征吉祥如意的彩球，通过中间的方孔来击打后面的锣，如果连续三次都能击中，则称为"连中三元"，就可以金榜题名了，而且也会向您颁发圣旨。"连中三元"分别中的是"会元""解元"和"状元"。从公元622年科举考试开始，至1904年最后一次科考，近1300年的时间里，共选拔文状元654名，武状元185名，但只有17个人做到连中三元。所以有兴趣的朋友不妨参与一下，圆一次状元梦。

西侧庑房：

走出大成殿，西侧庑房是私塾文化展示区，古人读书上课的情景就是这个样子。

私塾产生于春秋时期，为传承中华传统文化，培养人才做出了不可磨灭的贡献。关于贺敬之和翠屏学馆有一个非常有意思的小故事。

有一年夏天，天气很热，贺敬之和几个小学童到运河去洗澡，这时私塾老师在河边散步，顺手把贺敬之的衣服扔在了树枝上，并随口吟出了上联："百年老树当衣架"，贺敬之微微一笑，当即对出下联："千里运河做澡盆"。老师觉得这个孩子很有气魄，将来必成大器，贺敬之后来走上革命道路，创作了《白毛女》《南泥湾》等众多脍炙人口的艺术作品。

相传，这所私塾里，出过一个神童。有一年，乾隆皇帝途经台儿庄，听到唢呐声声，经过询问，知道有一家人在办喜事。

乾隆皇帝决定凑一下热闹，于是派人送来三枚铜钱和一联喜帖。喜联只有上联，写的是："三枚铜钱贺喜，嫌少莫收，收者爱财。"主家看了这个上联，不知如何是好。不收三枚铜钱，意味着嫌万岁爷给的钱少，那是欺君之罪，收了三枚铜钱，又落了个"爱财"的恶名。就在许多饱学之士为此发愁的时候，在私塾里读书的一个孩子跑了过来，挥笔写出下联："一间茅屋待客，嫌贫莫来，来者好吃。"乾隆皇帝看了此联，冒着"好吃"的恶名赶来，询问是谁对出如此智慧的下联。主家叫出那个只有十岁的孩子。乾隆皇帝大喜，当即封他为七品官。

这个孩子，在皇帝面前为族人争了面子，于是大家抬着他满城游行庆贺。因为这件事，外乡人把这个城镇说成是"抬儿庄"，后来演变为台儿庄。这是台儿庄名字由来的一种说法。

日升昌记：

这座鲁南建筑风格的院落为日升昌记，由山西人吴玉章在清光绪年间设立，是平遥日升昌票号在台儿庄设立的唯一分号。

进入大门东侧的位置为日升昌票号的柜房。柜房是票号对外营业的首要场所，是客户办理存款、取款、汇兑等业务的场所。柜房对面是一尊大肚弥勒。这尊坐像是用6万多枚铜钱和9千多根银线穿制而成，堪称吉尼斯世界之最。商家多认为大肚弥勒具有欢喜、招财的意味，而视同财神供奉。

大家可以看一下票号主人在院子里栽种的两棵树也是非常讲究的。左面是榆树，右面是槐树。左榆右槐，必定发财。

走廊下面展示的是连战题词的照片。2010年5月4日，连战偕同夫人连方瑀女士莅临台儿庄古城在此休息并题词，所题词为"古贤明教富北辛，厚土奇峰泽鲁南"，表达了台儿庄深厚的历史文化底蕴和优越的地理位置。

日升昌现在规划功能为特色酒吧，它将现代经营业态与票号文化完美融合，让游客在消费的同时感受票号文化的内涵。

文汇酒楼：

这座京派建筑名为文汇酒楼，原名"聚奎楼"，经营沿运地方名吃，因乾隆第五次下江南时在此用膳而名声大振。台儿庄大战胜利后，更名为文汇酒楼。

台儿庄大战期间，《文汇报》每天都用头版头条报道战况，极大的鼓舞了国人士气。整座酒楼以大战文化作为主题，以运河鱼文化宴作为餐饮特色，宴会厅内部集中了报道大战的全部《文汇报》，让游客在品尝运河美味的同时体会大战的惨烈和今日和平生活的来之不易。

文汇酒楼前面这尊铜像取名为"娃别动"，我们常说的一句歇后语"剃头挑子一头热"在此也有所展示。所谓"剃头的挑子一头热"，是因为当时剃头的挑子用扁担挑着。挑子两端，一头是方凳，是凉的一头。另一头是个火炉，上面放置一个大沿的黄铜盆，水总保持着一定热度，是热的一头。现在多用于比喻一件事情，只有一方愿意，一厢情愿，另一方不同意。例如恋爱中，一方热恋，另一方冷淡，就是"剃头挑子一头热"的说法了。

谢裕大茶行：

文汇酒楼对面我们看到"天下第一庄"的"天下第一壶"，壶水从壶嘴的位置划出 7 米的弧线可以直接喷到对面的茶杯当中，是非常壮观的景象。

茶壶后面的这座苏式木雕茶楼最早建于 1732 年，由浙江茶商沈绮建造，名为苏杭茶楼。沈绮有茶园百亩，到这里销售茶叶，兼开茶馆。1875 年，徽州茶商谢正安收购了苏杭茶楼，改名谢裕大茶行。谢裕大茶行，曾位居徽州六大茶庄之首。"谢裕大"是其商号，百余年的风云变幻中，它记载了一代徽商的传奇历程，更见证了黄山毛峰的名誉全国。

谢裕大茶行现为特色茶楼，每天都会有一些曲艺表演，如运河大鼓、山东快书、葫芦丝等。

运河大鼓至今已有 400 多年的历史。明末清初，运河两岸渔鼓艺人在渔鼓演唱的基础上，经过加工、润色、提高，演变成为现在的运河大鼓。运河大鼓的伴奏乐器是一面大鼓，一副钢板，左手持钢板，右手敲鼓。运河大鼓的唱词形式多为"三、四、三"10 字句为基本句式，上下句字数相等，唱起来赶板夺词，叙述、评论掺插其间。运河大鼓在台儿庄地区流传甚广，现为山东省的非物质文化遗产。

山东快书是起源于山东、流行于山东、华北、东北等地的传统曲艺形式。其初专说武松故事，曾名"武老二"。演唱者一人手持竹板或铜板两块，以快节奏击板叙唱，又名竹板快书。流传至今已有一百多年历史。当初，山东大鼓盛极一时，山东大鼓里有个牌子，近似半说半唱的韵诵体，叫做"窜钢腔"，据说，山东快书就是在它的基础上发展起来的。

台城旧志景区与运河街市景区交界处

现在我们所走的这段街道两侧集中了台儿庄的很多美食和土特产品。羊肉汤、辣子鸡、张家狗肉、冯家驴肉和张氏脆皮鸡为古城五大名吃，咸鸭蛋、煎饼、长红枣是古城三宝，来此旅游不可错过。

至尊桥：

这座桥称为至尊桥。为什么叫做至尊桥呢？因为站在这座桥上，能够看到周围的九座桥，而桥下的这条河，连通着五条水巷。因其含有"九五之尊"的天机因而取名为"至尊桥"。

至尊桥是一个天造地设的观景台。站在桥上，能够领略到"九桥尽收双目中，五河汇入一水间"的美景胜境。

千里走单骑酒吧：

至尊桥东侧水街为酒吧街区。而眼前这处酒吧为丽江"千里走单骑"在古城设立的经营场所。它是以战争文化为主题的酒吧。炸药包、手榴弹、机关枪都是这座酒吧的装饰道具。1938年台儿庄大战期间的名人题词也贯穿其间，整座酒吧的大战文化特色非常鲜明，是提升精气神的好地方。

船形街：

这条街是船形街。船形街四周环水，形似扬帆起航的巨船，寓有"大河行舟，一帆风顺"之意。

据史书记载，运河开通之后，每年经过台儿庄的船只，有万艘之多。正是因为如此多的船只从台儿庄经过，才使得台儿庄成为"天下第一庄"。

这条船形街，为非物质文化遗产展销街区，如东阳木雕、潍坊风筝、泸州油纸伞、山东面塑等全国的非物质文化遗产在此集中展现。

船形街两侧建筑门上的木雕全是船的造型，一共有468艘，是台儿庄人对过往船只的祝福。

后乐亭：

船型街中心位置的戏台为"后乐亭"，取自范仲淹"先天下之忧而忧、后天下之乐而乐"的名句，戏台上演出的戏曲是柳琴戏。柳琴戏俗称拉魂腔，因主弦月琴形若柳叶，故称柳琴戏。起源于鲁南地区，流传于台儿庄运河两岸的鲁南苏北一带，有一百多年的历史，以独树一帜的拖腔，夺人魂魄。

鲁南枣庄至今流传着一段名为"四大香"的顺口溜："绿豆米饭，羊肉汤，旱烟锅子、拉魂腔。"还有"拉魂腔一来，跑掉了绣鞋；拉魂腔一走，睡倒了十九"等民谣。这些民谣道出了几百年前，在社会文化原始落后、娱乐活动极其贫乏的历史时期，枣庄人民对家乡戏曲"拉魂腔"的喜爱迷恋程度。来台儿庄古城游览，听两声拉魂腔，可以说别有一番情趣，现为国家非物质文化遗产。

后乐亭顶部的五彩雕塑为灰塑。这处灰塑是恢复陈家祠堂的陈老先生历时一年的时间制作而成。陈师傅已有88岁高龄，这处灰塑也是他的封山之作。灰塑是广东传统建筑特有的室外装饰艺术，现今的使用与制作并不多见。它以石灰为主要材料，拌上稻草或草纸，经反复锤炼，制成草根灰、纸根灰，并以瓦筒、铜线为支撑物，在施工现场塑造，待干后再涂上矿物颜料而成。后乐亭上方的灰塑具有较高的收藏和观赏价值。

天后宫：

各位游客，我们面前的这座大型闽派宗教建筑，是天后圣母宫，简称天后宫。它兴修于雍正年间，祭祀海神林默。1938年，天后宫毁于台儿庄大战战火。今天重建的天后宫，是目前我国建筑工艺最精美的的一座。总建筑面积1508平方米，为二进庭院格局。由正殿、左右厢房、钟鼓楼等建筑构成。这座建筑，脊饰镂空灰塑二龙戏珠，线条舒展流畅，木雕精美，彩绘点染，雕梁画栋，金碧辉煌。

这是天后宫的庙前广场。当年乾隆皇帝第四次江南的时候，在天后宫庙前广场登岸，接受地方官员朝拜，并御笔亲题"天下第一庄"五个大字，成为台儿庄永恒的名片。现在每天都有大型水陆实景演出《乾隆巡游台儿庄》在此上演。

大门两侧是钟鼓楼，它是我国古代用于报时的建筑。早晨撞钟，晚上敲鼓，用来提示每天做法事的时间。

古代航运技术较差，海员、船夫会时刻面临沉船的危险。人们恐惧大海的凶险，把得以生存、平安渡海寄托于海神的保佑。天后宫供奉的天后圣母原是福建民间信仰的海神。后来，天后信仰跟着闽商的脚步传到全国各地。雍正十一年，天后列入祀典后，台儿庄便兴修了天后宫。

接下来我们将进入正殿。正殿中供奉的便是天后圣母。据《历代封典录》记载，天后姓林氏，福建莆田县人，降生于宋太祖建隆元年三月二十三日。因她出生时不哭不闹，因此取名为"默"。林默幼时便神通广大，能乘席过海。13岁学习佛法，具有千里眼、顺风耳等特异功能，曾多次救助遇难船只，被众人称道。雍熙四年九月九日，林默舍身救人，感动天地。莆田人便把她奉做神灵，立祠祭拜。

面前这尊圣像便是天后。林默20余岁飞升于天，化为海神，莆田人在航海中遇到风险时，就祈祷林默的保佑，逐渐成为一种精神寄托。林默信仰起初只是在民间广为流传，宋、元、明三代对她四次加封，雍正二年正式加封为天后圣母。民间尊称她为"圣母娘娘"，福建、台湾等南方省份也称她为"妈祖"。天后出行的仪仗有神轿、开道令牌、十八般武器等。

台儿庄的天后信仰并非只在船民和闽商中流行。烧香膜拜的人中，更多的是乞求子嗣的妇女。当时，在民间流传最广、影响很深的一种习俗，就是为求子嗣去天后宫内"拴娃娃"。此外，渴望发财的商贾，祈灵武运的军阀官兵，乞求消灾除病的妇孺，求福求顺的妓女等等都跪在天后圣母诸神面前虔心祈祷，烧香许愿，这光怪陆离的现象从多个角度反映了当时的社会面貌。

天后两侧的侍神为千里眼和顺风耳。千里眼名叫离娄，据说他能在百步之外见"秋毫之末"；顺风耳名叫师旷，是春秋时期著名的音乐家，他虽双目失明，却有异于常人的辨音能力。千里眼与顺风耳因败于天后之手而成为她的侍神。

天后东侧是主司年运的六十星宿太岁。道教以六十位星宿神，轮流值年。本人出生年称为"本命元辰"，礼本命星宿神称为"求顺星，拜太岁"，祈求本命年平安顺利、身体健康。

西侧为福德正神，俗称土地神。这两尊神像，一个是土地公公，一个是注生娘娘。过去祭祀土地神，以求年岁丰登，地方平安，注生娘娘是掌管人间生育的神灵。台儿庄的老百姓也将他们作为财神祭拜。

两侧的厢房分别为福建会馆、梳妆楼和金香部。

清代，闽商开始来到台儿庄经商。闽商是我国最具开拓精神的商帮，本以海上贸易为主。清代实行海禁政策后，转入内地。乾隆年间，泉州客商黄汝文在台儿庄顺河街开设闽丰号，面向运河经营茶食。咸丰三年，闽丰号带头集资重修天后宫后，峄县知县便准许将天后宫兼做福建会馆。

梳妆楼，是天后每天梳妆打扮的阁楼。

藏经楼，为寺庙典藏经书、经卷的地方。

金香部是售卖信众祈求平安拜神用的香、金帛、蜡烛、供品、经书、护身符等物品的地方。

内陆供奉天后的庙宇不多，台儿庄有天后宫存在，是闽商在运河流域经商、传播妈祖信仰的见证，也折射出了当年台儿庄舟船云集、经济繁荣的盛况。

在中国台湾，天后是最普遍信仰的神明。无论城市或者乡村，港口或者山区，都可以看到妈祖庙。天后庙宇作为各宗乡和社会组织信仰的场所，使世界华人、台湾同胞更加团结，更具凝聚力。

台儿庄作为首家海峡两岸交流基地，为了更好地促进两岸文化交流，同时也为两岸人民祈福求平安，特在原址恢复重建了这座天后宫。借此机会，我们也为广大游客祈福，祝你们旅途愉快，一路平安。

月河街：

月河街，因位于台儿庄月河北岸而得名，它是台儿庄最繁荣的古街之一，从明朝末年到民国初期，一直是古城的文化商贸中心。1938年的台儿庄大战，这里是战斗最激烈、双方伤亡最为惨重的区域。战后，历经了几百年的古朴建筑，十有八九被战火摧毁，人们在废墟上重新修复的商铺和民居，为我们保留了珍贵的二战遗迹，同时也展示了台儿庄商业的兴盛和商户的富足。

月河街南侧遗存下来的建筑，均傍河而建，前有临街店铺，后有运河码头，建筑风格"顺天然、亲人和"，既体现了北方建筑的壮观沉实，又体现了南方建筑的灵巧秀美。

运河奏疏展馆（闸官署）

现在我们来到的地方是台庄闸官署旧址。这座闸官署，是闸务官员办公的地方，为一层官式建筑。由门厅、西厢房、北大厅、东廊道组成，建筑面积 200 平方米，始建于万历三十四年（1606 年），后经多次修缮和重建，目前设置为台儿庄运河奏疏展馆，以陈展运河奏疏的形式，向您讲述台儿庄运河的故事。

当年的台庄闸就位于门前的古运河上，它是北上进京漕船由江苏驶往山东时通过的第一道船闸，因此被称为"山东第一闸"。运河改道台儿庄之初，国家规定南来的漕船必须走泇河经台儿庄入京，返程时依然走黄河运道，因此通过台庄闸的船只都是自下游而来，河弯水急，落差又大，非常危险。所以，为保佑船只安全过闸，闸官署门前的牌坊上便题有"升平"二字，这跟今天过境道路上"一路平安"的问候语非常相似。

下面请各位游客到运河奏疏展馆继续参观。

闸官俗称"闸夫头"，最早出现于元代。作为运河基层管理组织中的一类，闸官要与林林总总的过闸人员和运河上的帮会组织打交道。旧时，台儿庄运河一带主要是受安清帮的控制。晚清时代，政治日益腐朽。安清帮就与闸官署的官吏相勾结，欺凌盘剥不加入帮会的船民。但船民加入帮会后，一旦过闸时出现麻烦，帮会也会一手打典妥当。

这里摆放的是闸官使用过的骑乘用具，有马鞍、马镫等。骑乘用具对面为"重修台庄闸"残碑。

三公像：

我们面前的这尊塑像叫做三公像，从左向右依次是舒应龙、刘东星和李化龙。曹时聘《泇河善后事宜疏》最早将他们作为开辟泇河的三大功臣并提，后人因此称三人为"泇河三公"。三公对台儿庄运河的开辟功不可没，为纪念他们，古城重建时，我们便在闸官署中塑造了"三公像"。

东廊道墙壁上镌刻的是明代河道总理曹时聘的《泇河善后事宜疏》，它上奏于万历三十四年，此时泇河 260 里河道已经全线通航。这本奏疏的议题是泇河的管理，具体说就是请求在台儿庄设置邮驿、兵巡、河官、公署等管理机构。万历皇帝接过奏折后欣然应允，当即由扬州道下设台庄巡检司，领伽运河河务，兼管地方治安，继之设县丞署、守备署。台儿庄也得益于这本奏疏，成为运河重镇、老峄县的经济中心和次政治中心，一跃崛起为"天下第一庄"。

西厢房：

现在我们已经进入西厢房。台儿庄运河史称伽运河，系明万历年间为避黄河运道水患而开。从隆庆三年首倡开伽之议，至万历三十三年开伽济运各项工程相继完工，前后历经30多年。

伽运河使南北漕运畅通的同时，成就了台儿庄古城。在伽运河的开挖和维护过程中，河漕大臣通过奏疏向君王进言献策，留下了珍贵的文献。本馆通过明清河漕大臣有关伽运河的奏疏，向人们讲述台儿庄运河的历史。

奏疏是中国古代社会臣僚向君王进言时使用的文书，主要有奏章、表议、题本、奏折等几种形式。

奏折是清代特有的最高上行文件，始行于康熙年间，当时只有少数高官有权上奏。雍正时人数逐渐增多，扩至四品以上官员。上奏内容为言事和对策，封、底有折，故称奏折。

朱批奏折是皇帝亲自做出批示处理的奏折，因为皇帝批示用红色颜料，所以称朱批奏折。

据统计，有关台儿庄运河的奏疏多达5000余件，其中朱批御折约500件。这些奏疏，涵盖了治水思想、河道工程、河务管理、漕粮运输、运河区域经济等不同方面。现在向大家展示的就是具有代表性的50多本奏疏。

西墙上我们看到的是运河开挖中的奏疏及开伽济运工程示意图。台儿庄运河开挖中的奏疏，主要是围绕"开伽济运"这一议题展开的讨论，这就是历史上有名的"开伽之议"。有专家评论说，明代泽被后人的最大功绩就是治理运河，而治理运河最成功的案例便是开伽。伽运河的开辟，保证了我国南北经济大动脉京杭大运河的畅通无阻，漕船借此可以安全顺利地将粮食源源不断地输往京师重地，保证了国家的安全稳定。

开伽济运工程共分三期进行。一期工程为韩庄支渠，自韩庄至彭河村，全长约23 040米，万历二十二年由总河尚书舒应龙主持开通。舒应龙虽闭口不言开伽，但却是实施开伽的第一人。

二期工程是在万历二十九年，1601年，由工部尚书兼都察院右副都御使刘东星主持，分三步进行。第一步是沿微山湖南岸开凿西柳庄支渠，自西柳庄至韩庄，全长约25 920米。第二步是疏浚彭河河道，自彭河村至黄泥湾，全长约40 320米。第三步是开凿黄泥湾支渠，自黄泥湾至董家沟河口，全长约100 800米。刘东星殚精竭虑、戮力开泇，不到一年的时间，就开通了约 190 080 米泇河运道。开通当年有十分之三的漕船通过泇河。因此还只是次航道。

三期工程是在万历三十二年，公元 1604 年，由总河侍郎李化龙主持进行。重修后的泇河全长约 149 760 米，当年有十分之八的漕船改行泇河。至此，泇河成为京杭运河的主航道。

南墙上方是一台电子奏疏，通过它可以翻阅 50 多份台儿庄运河奏疏。

奏疏馆北大厅：

现在我们来到奏疏馆北大厅。大家请看门前这幅对联，上联为"淡如菊荷何妨瘦"，下联是"清到梅花不畏寒"，匾额"清慎勤"。集中说明了闸官须具备的几项品质"淡、清、慎、勤"。

西墙上展示的是总理河道的工部右侍郎李化龙奏请进行开泇济运三期工程的《议开泇河疏》及运河维护管理过程中的奏疏。

在《议开泇河疏》中，李化龙分析了淮海地区的水文条件，指出了开泇的六项好处。一是泇河开，可使运道不借助黄河，避免了黄河枯水期对通航影响；二是避开黄河，可不再受洪水的困扰；三是可以随时见机治理运河；四是花费相对较少，功效更加明显；五是可以通过开河招募民工，为穷困无着的人提供了的生计；六是可以将通航时间从春末大大提前。

由于他是从朝廷和民众最想看到的结果，去分析、解剖泇运河开挖的利弊关系，在几十年来开挖泇河的经验和教训的基础上，系统了开泇的理论，击中了开泇的要害。因此，万历皇帝认为李化龙的奏议非常好，诏命立即集中力量开工，为漕运大计做好长远的打算。

运河维护管理过程中的奏疏现存较多，议题也更为丰富，包括河道整治、人事变更等内容。我们择要展示了五本奏疏，大家可仔细观摩一下。

历史上很多名人都留下了论述运河及漕运的奏疏，清末的曾国藩、李鸿章，以及明代官至兵部右侍郎的台儿庄人贾三近等人都多有论述。

屏风南侧是《台儿庄运河八闸图》，它详细地描绘了清代泇运河的水文形势及台儿庄运河八闸的具体位置，具有很高的史料价值。旧时在台儿庄运河河段设置有四个闸官署，每个闸官署管理两闸。台庄闸官署管理台庄、侯迁两闸，设闸官一名，闸夫三十名。

在这张图上，除泇河外，还详细、完整地标明了台儿庄境内另一条运河——伊河。伊河是乾隆二十二年新开的运河，俗称新河，与泇河并流。该河竣工后，不仅能和运河同泄微山湖之水，使运南山区洪水汇集伊河而东流，且减轻了运河的淤塞和两河沿岸土地之内涝。伊河的开凿是清代治理台儿庄运河的最重要举措。

北侧这面墙上展示的是汭河三公的事迹。在汭河开通的过程中，舒应龙建其议，刘东星继其事，李化龙毕其功，被后人称为"汭河三公"。三公为汭河的开通力排众议、披肝沥胆、殚精竭虑。尤其是刘东星在准备建巨梁桥石闸和德胜、万年、万家庄三座单闸时，因积劳成疾，以身殉职。其人其事，一直激励着一代代台儿庄人踏浪前行。可以说没有三公就没有台儿庄运河，也就没有今天的台儿庄古城。

东墙展示的是明清时期运河的走势及清代漕运总督的官服、官帽、官靴。

墙上这首诗悬挂的是乾隆皇帝途经台儿庄运河时亲笔题写的诗歌《运河行》，诗云：韩庄水气罩楼台，雨后斜阳岸不开。人在长亭深处好，风帆一一眼中来。

台儿庄的繁荣离不开运河的开通，而运河改道台儿庄，既是历史的必然，符合国家和人民的根本利益；同时又与历代治河大臣前仆后继，苦心经营直接相关，他们的功绩将永载史册。当年乾隆皇帝就曾在台儿庄赋诗云："韩庄实泄微湖水，筹涸金鱼闸见新。济运利农期两益，每因触景忆贤臣。"表达了对以"三公"为代表的治运良臣的无限敬重之情。

兰婷书寓南门：

历史上的台儿庄，有几千家商铺，十几万流动人口。应运而生的青楼，一度达到37家。在重建台儿庄古城时，本着复现运河古城原真风貌的原则，恢复了这座名为"兰婷书寓"的青楼。

书寓是古代的高级艺妓，也是高级妓院的代名词。兰婷书寓是一个名叫兰婷的老年名妓在台儿庄开设的高级妓院，专门接待达官贵人，是清朝时期的"天上人间"。

大门两旁的这幅楹联："花径不曾缘客扫，蓬门今始为君开。"是诗圣杜甫在成都草堂写下的名句，表达了诗人欢迎朋友来访的喜悦心情。把这两句诗用在这里，顿时给人另外的联想。这是汉语的张力所在，却给杜甫先生开了一个不小的玩笑。

进入正门的厅堂是青楼老鸨接待客人的门市，相当于现代酒店的前台。老鸨是青楼老板，有时候在前台招呼客人，是老鸨与客人的互动区。

这个区域布置高雅，超过一般的客栈。只是从墙壁上的装饰上，能够看出这里是一个特殊场所。

这幅中堂两边的诗联："白雪阳春传雅曲，高山流水觅知音。"说的是感情空虚的男人，在这里能够找到知音。

这幅楹联："红巾翠袖幼安揾泪，仙露明珠东坡留情。"上下联各写了一个伟大词人：上联的幼安，即辛幼安，辛弃疾；下联的东坡，即苏东坡，苏轼。楹联的意思是：辛弃疾实现不了抗金理想，到青楼里让妓女为他擦去眼泪；被贬到黄州的苏轼，在人生低潮时期，在青楼里留下了满怀深情的诗篇。

艺妓表演区：

现在我们看到的多媒体展示区域是艺妓表演才艺的地方。兰婷书寓面临大运河，属于台儿庄的黄金地段。客人多，生意好，而接待能力有限。为了不使那些慕名而来的客人扫兴，老鸨让艺妓在这里表演才艺，让客人一睹美女的芳容。

这幅中堂的诗联："一曲霓裳惊夜月，十分春色艳朝霞。"就是对兰婷书寓艺妓表演的真实描绘。

今天，我们没有招聘演员模拟古代艺妓表演，而是用全息成像技术，再现《金瓶梅》中的妓女李桂姐形象。

据考证，《金瓶梅》的作者兰陵笑笑生，即是我们台儿庄的贾三近。明代时期，他在朝廷做官多年，曾官至兵部右侍郎。后来在家隐居，写出了折射晚明社会众生相的批判现实主义小说《金瓶梅》，李桂姐即是金瓶梅中一位代表人物。我们通过全息成像技术，表现了李桂姐的才艺。

这幅楹联："流水高山会心不远，阳春白雪和曲其谁"。说的是欣赏者与表演者的心灵互动。流水高山，即《高山流水》，是先秦时期俞伯牙用古筝弹奏的曲子，一位名叫钟子期的樵夫领会了，两人结为知音。钟子期死后，俞伯牙再也不弹琴了，因为没有了知音。《阳春白雪》是战国时期楚国的名曲，艺术水平高，演奏难度大，后来成为高雅艺术的代名词。这幅楹联，上联说欣赏者与演奏者"会心不远"，意在循循善诱，下联对客人发问：谁能与这高雅艺妓相互唱和，有挑战的意味。也许，正因为这样，才能激起那些风流才子留下来，与艺妓一比高低。

三寸金莲展室：

现在我们来到的地方是三寸金莲展室，在这里，陈列了不同地域、不同形式、不同花色、不同年代的三寸金莲。

三寸金莲跟我国古代妇女裹足的习俗有关。相传，夏商时就有女子缠足。史学界认为，"三寸金莲"起源于南唐李后主时期，宋代由宫廷传到民间。元代继续发展，但没有普及。明代以后，缠足之风开始兴盛。

在这里展示了三寸金莲的制作工具和制作过程。

这里集中展示了流行山东和江苏一带的平头金莲以及流行于浙江和福建一带的翘头金莲；古代女子新婚穿的三寸喜莲、冬天穿的棉金莲以及贵族女子穿的高筒金莲；雨天穿的油莲，夏天穿的草莲以及农闲时穿的木莲；有金莲癖的男子行酒令时用的三寸金莲形状用品，三寸金莲形状的辟邪物，三寸金莲形的烟袋和三寸金莲形的油灯等一系列和三寸金莲有关的展品。

古人把裹过的脚称为"莲"，而不同大小的脚是不同等级的"莲"，大于四寸的为铁莲，四寸的为银莲，而三寸则为金莲。三寸金莲是当时人们认为妇女最美的小脚。

在今天看来，被裹成畸形的小脚，是丑陋的。可是，在长达千年的时间里，小脚却成为性感的象征。女子向男性展露三寸金莲，是一种无言的暗示，男性审视女性的小脚，属于非礼。如果没有特殊关系，男人是无缘看见女性裸露的小脚的，当然更不能动手抚摸。这个古代女子洗脚的胶塑，允许游客抚摸。

清军入关后，朝廷多次禁止女子缠足，不仅没有奏效，反而激起汉人对小脚的痴迷。以至脚的大小、形状成为评判女性高下的标准，影响个人命运。装扮小脚的绣花鞋，也成为审美对象，衍生出畸形的审美文化。太平天国禁止缠足，未能成功。维新运动领袖康有为还写了声讨缠足的檄文，可是没有得到民众响应。1912年，孙中山以临时大总统的身份发布禁止缠足的命令，内陆地区照缠不误。1949年中华人民共和国成立后，延续了一千多年的缠足陋俗，才被彻底清除。

石婆婆为华夏民族的大地之母，她包容一切，佑护所有生灵，宽恕失足的男女。在民间，有认石婆婆为干娘的习俗，相传只要认她为干娘，一切灾祸都能免除。青楼女子自认为是罪人，于是供奉她，祈求这位宽厚的神灵赦免她们的罪孽。这尊石婆婆为明代雕塑，她的三寸金莲带有当时的时代特征。

青楼文化展室：

请上二楼，参观青楼文化展室。

青楼原为青漆粉饰之楼，是华丽屋宇的代称，南北朝时期开始把妓院称作"青楼"。妓女与青楼，形成共生关系。上古时代的妓女，是巫师和娱乐之神，只有部落首领才有资格充当。奴隶制时代，妓女成为奴隶主的私有财产，应用于娱乐、演艺、祭祀、殉葬等活动，有官妓、官妓、私妓之分。中国娼妓发展经历了五种形态：一是夏商时期的巫妓形态；二是西周至东汉时期的奴妓和官妓形态，战国时代的齐国，为了给外地客商提供周到的服务，开办了国营妓院，齐相管仲，因此被尊为官妓始祖；三是魏晋南北朝时期家妓和奴妓并存形态；四是唐朝至明朝官妓形态；五是私营娼妓形态。

在思想禁锢的时代，青楼是思想宽松、言论自由的场所，有利于艺术家萌发创作灵感。青楼女子大都有着较高的艺术素养，是青楼文学的催生者、欣赏者和传播者。文人墨客在青楼中激情飞扬，诗兴大发，留下了脍炙人口的诗篇。白居易的"相逢何必曾相识"，杜牧的"十年一觉扬州梦"，柳永的"杨柳岸，晓风残月"，都是因青楼的存在而创作出来的佳作名句。台儿庄有72座庙宇，其中一座是"三变庙"，供奉的是柳三变，也就是宋代词人柳永。这是台儿庄的青楼女子在乾隆年间捐资兴建的，以此纪念这位在青楼中度过黄金年华的词人。

职业妓女是社会不平等的产物，她们没有人身自由和人格尊严，被奴役的生活催杀了他们的青春、情感和生命。敦煌曲子词中有一首《忆江南》，凄婉地表达了一个妓女的无奈心情："莫攀我，攀我太心偏。我是曲江临池柳，这人折来那人攀，恩爱一时间"。这首词的意思是：你不要缠着我跟你在一起了，我就像曲江边的一棵垂柳，这个过来折一枝，那个过来折一枝，我和她们的恩爱，不过是暂时的，事后，谁也不会再想起我。青楼女子情感缺失，生命苍白，扭曲的灵魂游离在肉体之外。她们被斥为时代的"恶之花"，理想虚幻，幸运之门很少对她们敞开，大多是红颜薄命，很少有获得富贵的。在中国历史上，红极一时的妓女，像苏小小、李师师、陈圆圆、柳如是、李香君、赛金花，命运都非常悲惨。

青楼还是文人墨客、巨商富贾、下野政客们倾吐心曲、交流思想的平台。在沿运城镇，南北文化在青楼中实现了深度交流，孕育了具有运河特色的青楼文化，丰富了运河文化内涵。

中国自宋元时期开始禁控娼妓，明清两朝也推行过禁娼措施，雍正朝废除了乐籍制度，太平天国在势力范围内严厉打击卖淫业。但是，卖淫行业始终没有绝迹。中华人民共和国成立后，政府借鉴中外历史上禁娼废娼的经验，在短期内取缔了延续几千年的娼妓制度，使世界第一人口大国彻底关闭了妓院，令国人惊叹，世界瞩目。

不是所有妓女都没有好下场，也有得到善终的。清朝末年，台儿庄的一些老鸨，大发善心，鼓励妓女从良。那些渴望正常生活的女子，在阳台上对过往行人抛绣球。有意迎娶她们的单身男子，接住绣球，送给老鸨一些赎金，把人带走，结为夫妻。我们现在模拟的青楼女子从良场景，只是往下抛绣球的都是由工作人员扮演的。

青楼女子的卧室：

这个房间是青楼女子的卧室。

台儿庄大战之前，台儿庄的繁华程度不亚于康乾盛世，因为中兴公司的煤炭要在台儿庄上船南运，许多实业家在台儿庄设立采购煤炭的办事处。为了各自利益，台儿庄形成了复杂的秘密社会，无论是富商大贾还是政界要员，来到台儿庄，都不敢轻视这些势力。

青楼女子的会客室

这里是青楼女子的会客室。客人来了之后，先在这里进行情感交流，然后再到楼上。这里的装饰布置，有西式沙发，有播放靡靡之音的留声机，红酒壁炉，营造出大上海花花世界的情调。

沐浴、熏香室：

这里是妓女的沐浴、熏香室。

古代青楼女子在接待客人之前，要沐浴熏香，向客人展示清爽的美丽。

这幅楹联："香生暖豆蔻，水出新芙蓉。"说的是老鸨养大的童妓，第一次接客之前，举行的庄重沐浴仪式。

青楼女子的来源，一是俘虏和违法官员的妻女，二是老鸨养大的童妓，三是被拐卖到妓院的成年女性。第一种和第三种，很少有心甘情愿的，不是刚烈反抗就是哭哭啼啼，很难吸引客人光顾。所以，老鸨通常是花钱买来不懂事的小女孩，养大之后让其接客。这些孩子，在特殊环境里长大，学会了必要的才艺，又没有反抗的资本，多半能够服从命运。

沁芳阁：

这幅楹联："不因俊俏难为友，正为风流始读书。"讲述的是一个劝学故事。

相传，在明朝末年，一个老鸨花钱买来一个才貌双全的少女。通过言谈举止，能够看出她是大家闺秀。问起她的身世，她宁死也不说。老鸨循循善诱，承诺她只要说出身世，就把她放走。这位少女表示，宁愿当一辈子妓女，也不愿说出自己的姓名。于是，老鸨给他取了个艺名叫"金枝"，暗示她是一个非同寻常的女子。

这在台儿庄，成为一大新闻。许多风流男人，纷纷喊出高价，要占有这朵神秘的金枝。金枝姑娘向老鸨提出一个要求：客人付钱之后，她在楼上推开窗户，探出身子，对客人出一句上联，如果客人对出下联，她就下楼，在会客室接待客人，然后根据情况决定是否让他上楼。如果对不上来，自动走人，白花钱不许反悔。

一个自认为满腹经纶的小伙子，花钱走进青楼。金枝姑娘探出身子，出了一句上联："白面书生，胸中无才空想贵"小伙子没有对出下句，羞愧而走。回到家，发奋学习。半年之后，对出了"红颜佳人，腹有诗书气自华"的下联。金枝姑娘取出缝在衣襟里的四颗缅甸猫眼石，把自己赎了出来，嫁给了这个小伙子。没几年，明朝灭亡，金枝姑娘公布了身世，原来，她是被崇祯皇帝错杀的袁崇焕的女儿。那个发奋读书的小伙子，在康熙年间考取了进士，光宗耀祖。

清朝的康乾年间，是仅次于盛唐的太平盛世。可是，这两个时代对待青楼的态度，却截然不同。唐朝有官妓，还鼓励发展民营青楼，外出做官、游学、经商的人，堂而皇之地出入青楼，没有人指责。官宦之家的公子，娶青楼女子为妻，很少受到家族阻止。而清王朝对待青楼，却是另一种态度。雍正年间，朝廷下令取消乐籍制度，对私营青楼，睁一只眼，闭一只眼。但是，有一定身份的人，却不敢公开出入青楼，更不敢纳娶妓女为妻。社会风气的不同，使得唐代和清代的妓女，命运有着天壤之别。

明代是中国历史上的纵欲时代。这有两个原因：一是明代出现资本主义萌芽，离家经商挣钱的人口增多，这些人具有纵欲的条件；二是明代社会对读书人实行精神禁锢，使得他们满腹悲苦无处诉说，青楼成为他们放松身心、消除焦虑的去处。任何业态的发展，都受消费群体的影响，买者多了，会刺激卖者扩大经营规模。明代的青楼，就是这样兴盛的。

浸月坊：

这个小院是青楼中的梅园，一些高雅的客人，来青楼过夜，并不是单纯发泄生理欲望，而是与才艺高超的艺妓吟风弄月。寂静的春夜，梅花盛开，暗香涌动，皓月当空，听美人弹奏石琴、古筝，创作灵感会油然而生。柳永的"暮景萧萧雨霁，云淡天高风细。正月华如水，金波银汉，激滟无际"的词章，估计就是在这样的环境里吟出来的。

兰婷书寓里，有梅兰竹菊四个小院和一个雨打芭蕉天井，让客人与艺妓一起享受诗意情调。

这幅楹联："寂寞寒窗空守寡，退还迷途返逍遥。"据说是一个老鸨劝说年迈妓女从良的善言。上联七个字全是宝盖头，意为他们在青楼里已呆了很多年头，下联七个字全是走之儿旁，催促她们赶快远走高飞。青楼女子只能吃青春饭，一旦人老珠黄，就没人光顾了。有实力和经营头脑的成为老鸨，当不成老鸨的，冷冷清清，受尽煎熬。这时候，从良是最好的选择。年迈妓女从良，既找到了自己的归宿，又减轻了青楼的负担。

这幅楹联："高山流水声声慢，明月清风步步娇。"是对青楼深院情调的进一步描绘。《声声慢》是词牌，《步步娇》是曲名，用在这里，一语双关，可以理解为高山流水的曲子声声慢迴，明月清风里的丽人步步娇媚。

兰婷书寓是历史的存在，是离我们并不遥远的事实。今天，我们恢复这座建筑，并不是对当年的灯红酒绿津津乐道，而是本着尊重历史的原则，展现当年曾经存在的现实。以文学视角，展示已经逝去的青楼文化，客观而有分寸地展示过往时期的特殊社会风尚，使当代人更加理性地对待这一社会现象。

郁家码头：

郁家码头建于明朝末年，至今有近400年的历史，为装卸货物的私人码头。

郁家为台儿庄清初四大富户之一。因运而兴的台儿庄，至明末清初之际，出现了郁、台、花、马四大富户。郁家借助运河漕运的发展而兴盛，主营粮食和南方杂货，兼营住宿、饮食、洗浴等20余个店铺。郁家做生意，讲究买卖公平、童叟无欺。当时的斤两换算单位是十六两为一斤，郁家族长教导站柜台的晚辈和雇员做生意时不要缺斤短两。古时候计量单位每斤13两，因为天上的北斗星由7颗组成，南勺星由6颗组成，7加6为13，为了警戒世人做生意不要缺斤短两，后来，又加上福、禄、寿三星，一共16两。做生意的时候，少给一两减福，少给二两减禄，少给三两减寿。这种说法也许具有迷信色彩，但是在客观上培养了郁家后人的敬畏意识。因为郁家的口碑好，生意越来越红火，在经营店铺的同时，又置买了大量土地，建造住宅、仓库、码头，成台儿庄四大富户之一。至今，台儿庄还流传着"郁半街，花半营"的说法。

走过郁家码头，站在木制栈桥之上，我们看到历经400年的古驳岸至今保存完好。这段古运河、古驳岸、古码头等遗存，被世界旅游组织誉为"活着的运河"，这些水工设施为国家级文物保护单位。

顺河街：

顺河街，它北起丁字街南哨门，南至小南门，全长510米，是连接运河各个码头的通道，商业、饮食业一度极为兴盛。因街顺河而建，故名顺河街。顺河街联通沿运码头6处，从北至南相继有双巷码头、王公桥码头、骆家码头、谢家码头、霍家码头和王家码头。因此，顺河街功能多为卸货功能及商业服务区，晋、徽等各路商帮纷纷设会馆于此。商贸的推动让这里昼夜人潮涌动，俨然成为台儿庄的"外滩"。

中国银行展览馆：

这座欧式建筑原为中兴公司驻台儿庄办事处，现为中国银行展览馆。

中兴公司成立于光绪二十五年，即1899年，起初招集德商股份共建，并在台儿庄设立办事处。顺河街上之所以会有这样一座豪华的欧式建筑，便与当初德商的参与有关。

总部设于枣庄的中兴公司是当时国内最大的民族企业，其煤炭远销日、美、南洋诸国。在海外贸易中，中国银行给中兴公司以巨大的资金支持。1925年后军阀混战，时局动荡不定，为中兴公司的外部经营制造了非常大的困难：津浦铁路车辆和运河船只征为军用，中兴公司生产的煤炭没有办法通过铁路和水路运送，使得销售陷于停顿状态，而1928年蒋介石更是要没收中兴公司全部财产。在生死攸关的紧急关头，中国银行坚定地站在了中兴公司一边，连同各大银行、商会、名流共同向蒋介石施压，终于使中兴公司转危为安。中兴公司总部随即南移到上海，并借助中国银行等银行财团的势力，在运输和税捐等方面挣得许多的优惠，从此走向复兴之路。

古城重建后，中国银行在此建设了中国银行展览馆。展览馆以中国银行的发展历程为主线，重点表现中国银行与台儿庄运河文化、大战文化及地方经济发展的关系。

关帝庙：

大门口：

这座大型晋派建筑是山西会馆。明末清初，漕运繁盛，山西商人纷至沓来在台儿庄落户坐贾。清雍正十三年（1735年），晋商集资修建了山西会馆，并在此祭奠山西圣贤关羽。因此，台儿庄的老百姓也把它称作关帝庙。

关帝庙占地两万多平方米，建筑面积六千多平方米，是台儿庄最大的庙宇之一。

1938年春天的台儿庄大战中，关帝庙中的部将祠是国军第2集团军第31师师长池峰城的前沿指挥部。战争中，关帝庙遭到日军进攻炮火的猛烈轰击，春秋楼等建筑都在炮火中变成了废墟，大部房屋被夷为平地，残留建筑被列入国家级文物保护单位。

现在原址恢复建设的关帝庙，由大殿、东西配殿、东西厢房、戏台、钟鼓楼、老君殿等部分组成。它布局精巧，殿堂宏伟，雕刻瑰丽，集民间建筑艺术之大成。在建筑构件上巧妙地运用木雕、石雕、砖雕、琉璃、彩绘和铸铁等工艺，融合了圆雕、高浮雕、镂雕、阴刻等不同技法，使一件件作品造型完美，形象传神，突出反映了清代中晚期那种追求精雕细琢、装饰华丽的社会风尚。

庙前广场：

每年农历五月十三，是关帝庙庙会的日子，这一天被称为"关老爷磨刀日"。如果下雨，不能打伞，要任凭关老爷的"磨刀水"浇淋，以招来好运。这一天，四方商贾，八方香客，汇聚关帝庙庙前的广场，上香祭拜，祈求财运，气氛肃穆而不失热闹。至今，台儿庄还保留这一习俗。

两侧砖雕：

大门两侧墙壁上的砖雕刻画的都是大家耳熟能详的关羽经典故事。

赤壁之战。公元208年，曹操率大军攻打吴国，吴蜀联合抗曹。因魏军不善水战，诸葛亮、周瑜决定火攻。庞统假意投奔曹操，建议魏军船只用铁索连在一起抵御风浪；周瑜假打黄盖，黄盖诈降。诸葛亮推测出东风将至。黄盖带数十条船降魏，船里装满柴草。快到魏军时，黄盖点燃柴草，火借风势向魏军烧去。魏军不熟水性，船又连在了一起，死伤无数。

华容道义释曹操。赤壁之战曹军遭遇火攻，死伤惨重。曹操大败逃跑，沿路遭遇了张飞、赵云等人的截杀，身边只剩下几百人马。经过华容道，关羽已经在这里埋伏多时。原来诸葛亮早已经料定曹操会从华容道逃跑，就让关羽带兵埋伏在这。此时曹操已经走投无路，便请求关羽看在往日的情份上放他一马。关羽是个很重情义的人，想起了往日寄居在曹操那里时曹操对他的恩义，心一软，就放了曹操。

水淹七军。关羽围困曹仁于樊城，曹操派大将于禁和庞德领七支军队去救援。屯兵在山谷中。当时正值秋雨连绵。关羽命人堵住襄江各处水口。等江水高涨时，水淹七军。曹军死伤无数，庞德被斩，于禁被俘。

桃园三结义。东汉末年，黄巾起义。朝廷发榜文四处招兵买马以平乱。刘备见了榜文长叹一声，刚好张飞听见，说"大丈夫不去为国出力，在这里长叹什么。"刘备说力不从心，所以长叹。张飞说他卖猪肉颇有积蓄，可招兵。刘备非常高兴。两人就去喝酒，刚好关羽也正要去应募，也进来喝酒。三人志同道合，非常投机，于是结拜为兄弟，共图大事。

三英战吕布。华雄被关羽斩了之后，吕布亲自出马，无人能敌。张飞冲出和他交锋50多回合不分胜负，关羽上来夹攻，30回合战不倒吕布。刘备也上来夹攻，三英战吕布，打得非常激烈。吕布虚刺刘备一戟这才败退。

千里走单骑。徐州之战刘备战败。关羽经张辽劝说，约法三章暂时投降了曹操。为曹操斩颜良诛文丑解白马之围。后得知刘备在袁绍处便想去找刘备。曹操为了挽留关羽便挂避客牌对其避而不见。关羽只能不辞而别。沿路上经过了五个关口，守将都不放行，关羽一一杀之。一共六个。最后与刘备会合。这就是著名的千里走单骑，过五关斩六将。

端门：

进入关帝庙的正门称为端门，又叫山门。面阔5间，进深3间，单檐歇山式，屋面覆绿色琉璃脊饰瓦件。五彩斗拱，青阶朱户，三门道，朱漆大门上镶嵌着金色乳钉，檐下悬"义高千古"金字匾额。

端门两侧的马骑，西边是赤兔马，高2.3米，紫红色。东边是关羽此前骑的棕红马，高2.2m，桔红色。赤兔马一直是好马的代表，可日行千里，还能夜走八百。它先是跟随吕布，后来又跟随关羽，从此和青龙偃月刀成为关羽的代表形象。

戏台：

这座建在高大台基上的门庭，台阶向内收缩，是一座可搭可拆的活动戏台。每逢庙会演戏时，便将大门关闭，架上木板，变后部为前台。大家可以遐想当年演"关公戏"的盛况，如今门庭隔扇上，仍镌刻"演古""证今"等字样。现在当地民间艺人每天在这里表演山东梆子戏《桃园结义》等，每小时一场。

老井：

关帝庙前的古井，至今有一百多年的历史了。古井在解放前还有流钱的传说。古井流钱有时一年数次，有时多年才有一次，多为制钱、铜革等，引来不少百姓的抢拾。有幸抓取一捧带回家去，摊开手一看竟不过一两个而已。这口古井旱天冒水以济灾，困时流钱以济贫，颇为神奇。

刀、印楼：

大殿前面的这两座亭子，西面的一座叫刀楼，东面的一座叫印楼。刀楼内置青龙偃月刀一口，为灵璧石材质。印楼内陈方形汉寿亭侯印盒一枚，长、宽各0.75米，高0.6米。

大殿门口：

关帝庙大殿为重搪歇山顶的建筑结构，是祭祀关帝的场所。我们站在殿台上，立刻会感受到基址高耸，月台宽敞，颇具帝王宫殿气派。在石栏环廊下，醒目地立有历根石质大柱，柱上游龙昂首奋爪飞舞在缭绕的祥云之中，雕刻技法和造型均属上乘之作。殿内木雕神龛之中，供奉着头戴冕旒冠，身着龙袍、腰系玉带的关羽帝王装塑像，神情刚毅，端庄肃穆。大殿顶部的正脊上八仙峙立，两只雄健的蹈龙鸱吻矗立于歇山之上，使人感受到殿宇的宏丽壮观。

大殿门前有一副楹联："孔夫子关夫子万世两夫子，修春秋读春秋千古一春秋"，上下联可以结合来看，"孔夫子修春秋，关夫子读春秋，万世两夫子，千古一春秋"，反映了关羽与孔子齐名的崇高地位。

圣像：

大殿里的这尊塑像就是关帝，他两边的侍从，西边的是周仓，东边的关平。关帝全称是"关圣帝君"，本为道教的护法四帅之一，其职能除了"治病除灾，驱邪辟恶，诛罚叛逆，巡察冥司"，还有"司命禄，庇护商贾，招财进宝"等。因其忠义，故被奉之为财神。如今运河沿岸群众将他作为武财神来供奉，因为商人对关羽普遍有三点认同：一是说关公生前十分善于理财，长于会计业务，曾设笔记法，发明日清簿，这种计算方法设有原、收、出、存四项，非常详明清楚，后世商人公认为会计专才，所以奉为商业神；二因商人谈生意作买卖，最重义气和信用，关公信义俱全，故尊奉之；三因传说关公逝后真神常回助战，取得胜利，商人就是希望有朝一日生意受挫，能像关公一样，来日东山再起，争取最后成功。这种信仰在清代，被各行各业所接受，对其顶礼膜拜尤盛。

清代以来，百姓受颠沛流离之苦和内忧外患之辱，更祈求于忠勇信义的关公保护。江南一些城市的百姓在惨遭清军和外国侵略军的屠杀时，曾抬出关公的神像聚集民众以抗外辱。民众在遇天灾、人祸、疾病、争执时，则向关帝求雨、求药，求他驱灾阵魔、求他正直决断。皇室求关公保国安民。地方求关公除暴安良。近代江湖上的哥老会、青红帮特别敬祀关帝，且江湖上结义弟兄，亦必于关帝前顶礼膜拜，焚表立誓，以守信义。

关公在我国台湾还有一个封号——玄灵高上帝。近代自于内忧外患，一些民众在逃往台湾时，将关公这一信仰也带到了台湾，并流传了下来。台湾道教组织于1993年5月在台北泰山乡加封关公为第十八代上帝，号为"玉皇大天尊玄灵高上帝"。"玄灵高上帝"之号标志着关公信仰在台湾道教中的升级。

配殿－崇圣祠：

大型关帝庙多设"崇圣祠"，供奉关羽家族上五代列祖列贤，但中国寺庙建筑中唯有关帝庙和文庙享有此殊荣。足见其身份与地位之高，在民间影响之大。

关羽的始祖为夏朝忠臣关龙逢。曾祖追封先昭公，祖父追封裕昌公，父亲追封成忠公，他们均为耕读传宗，纯朴善良。主像六尊，高2米，供养人两尊，高1.8米。

配殿－部将祠（池峰城指挥部）

部将祠原先供奉的是关羽的得力部将关平、周仓、马良、廖化、王甫、赵累等6人。台儿庄大战进入到最惨烈的阶段时，国军第2集团军第31师师长池锋城毅然将指挥部移驻于此，借关帝威名，激励将士，以必死的决心夺取台儿庄大战的最后胜利。

池峰城（1904—1955），河北景县人。抗日战争期间先后参加过台儿庄大战、武汉保卫战、枣宜会战等。在台儿庄大战中，池峰城率全师官兵死守台儿庄，破釜沉舟，感天动地，系保卫台儿庄的第一功臣，并由此获得青天白日勋章。

在台儿庄大战中，31师守卫台儿庄是中心战场。池峰城的指挥部最初设在台儿庄以南铁道下的两个桥墩之间。他指挥31师各团阻击、肉搏、巷战、拉锯战，苦战数日，多次击退精锐武器装备的日本军队。池师也伤亡惨重，只剩下很少的"种子"。4月3日，面对日军占领台儿庄城内三分之二街区的危及时刻，池峰城毅然倾师而出，将指挥部移驻于此，并下令炸毁运河浮桥，誓与台儿庄共存亡。他组织敢死队，夜袭日军，竟在一夜之间收复失地的3/4。当时由徐州前来督战的高级将领和新闻记者、前来慰问的爱国人士，都必到池师的指挥部。

奚仲祠：

奚仲祠祭祀的是马车的发明人奚仲。奚仲是黄帝的十二世孙，世代主管造车事务。传说轩辕黄帝最早发明车辆，少昊时以牛拉车，奚仲又改良为马车。据考，奚仲生于蕃（今滕州市区），造车于青丘山（今薛城奚公山）下。至今山下的石头上还可看到车辙遗迹。马车的发明，大大提高了生产力，推动了人类社会的进步。

鲁班祠：

这座庙宇祭祀的是工匠的祖师爷鲁班。鲁班是鲁国人，生于今滕州西郊的鲁寨村。我们至今还在使用的锯子、尺子等工具都是他的发明。建设部、中国建筑业协会联合颁发的中国建筑工程鲁班奖，是我国建筑行业工程质量方面的最高荣誉奖。

结语：

关帝虽为民间信仰，但自宋元明清以来，由于三大宗教的共同宣传，关帝信仰已超过了一切宗教，一切神灵。宋明理学的发展，使儒、佛、道在思想能够相互兼容。在教规上相互借鉴，不再排斥对方。自宋代起，各地关帝庙虽多由道士住持，佛教僧徒也往往同住庙内，儒教也由国家派遣，前往关帝庙致祭。因此，在关帝庙内系统体现了中国传统宗教文化。

关帝庙的参观就要结束了，在此我们愿关帝保佑各位游客大吉大利，财运亨通。

台儿庄大战遗址公园：

前面这片区域是台儿庄大战遗址公园，占地面积40亩，将在保证原真性的基础上，建成的兼具台儿庄大战遗址和台儿庄古城遗址双重性质的博物馆，目前还在规划建设中。公园内现存台儿庄大战战火后留下的11处民房，不少墙体弹孔密布，成为战争的历史见证。

该区域过去是商住混合区，沿街和巷口有中和堂药栈、双巷酒馆等商铺，余处多为民宅。据说台儿庄原有房屋2万余间。1938年台儿庄大战后，95%以上的建筑被摧毁。此后又经过 70 年岁月的洗礼，至今能够保留下来的民宅建筑遗存，只有区区 10 栋左右了。像这栋建筑，过去是台儿庄"陈、王、袁、骆"四小家袁家的一处房产，台儿庄大战期间被用作停尸房。正式由于这个缘故，所以战后这一带的房舍也少有修复，任其荒废，成了被历史遗忘的角落。不过这也避免了居民在此自发组织的战后重建，使之能够成为历史的活化石。

这处四合院是李敬善旧宅，坐南向北，年代约为清晚期。平面呈近似正方形，由前、后两座平排屋及院落组成。当地人认为，台儿庄古城的民宅建筑大部分都是四合院，但是现在能见到的最接近四合院的建筑组合，就是李敬善宅院了。

李敬善老先生是义丰恒商号的主人。义丰恒商号由李敬善的祖父李茂兰（字瑞芳）先生创建于 1894 年，座南朝北，为前店后宅格局。这栋房屋（北楼）便是义丰恒商号的腰楼，后楼目前已被拆除。义丰恒商号以经营糖茶糕点、丝绸、棉布为主，兼管南北水果、干制海鲜、蘑菇及红白事诸多杂货。经营范围方圆百余里，盛时有员工有 30 余人。

这面弹孔墙，是台儿庄大战激战后留下的历史见证。像这样的弹孔墙，在台儿庄很多地方都能见到。其中清真北寺西小讲堂 80 厘米乘以 80 厘米的一面砖墙上有 70 多处密密麻麻的弹痕，这块墙面已于 1988 年 10 月被中国革命历史博物馆移去陈列。

这两处纪念碑，纪念的台儿庄大战期间涌现出的两个英雄人物。他们一个是空军上尉副队长何信，一个是湖南少女刘守玟。

何信是广西桂林人。他在 1938 年 1 月任国民政府中央空军第八队上尉副队长，率队参加鲁南会战。曾数次出击，创建战功，获得嘉奖。3 月 25 日，他又率机 14 架与敌机 17 架战于枣庄上空，击落敌机 6 架。在率机队返航至马牧集上空时，复遇敌机 24 架来攻。激战中，何信胸部为敌弹击中，这时弹药也已用尽。于是他便毅然驾机全速撞向敌机，与敌人同归于尽。牺牲时年仅 25 岁。新中国成立后，中央人民政府追认何信为革命烈士。

刘守玟原是湖南长沙女子中学的一名学生。抗日战争全面爆发后，湖南长沙女子中学的学生们也和全国各地学生一样，热血沸腾，纷纷参加各种形式的抗战救国活动。刘守玟怕父母不同意，就瞒着家里加入了抗战救护队，经过一定训练后，转入台儿庄抗战前线。她多次冒着生命危险，到阵地救护伤员。在救助一位受伤的连长时，日军上来了。当其刺刀刺向连长时，刘守玟愤怒地搬起一块石头向日兵猛砸。就在这时一块炮弹片飞来，刘守玟不幸负伤。随后，她被送到徐州附近的铜山县陈塘村疗养。终因伤重，不治而亡。牺牲时，年仅 18 岁。弥留之际，刘守玟掏出一封信、两块大洋和一张照片，请求一位陈姓老乡帮她转寄回家。但因为日军突袭，刘守玟留下的家书没能及时寄出。2004 年清明，陈氏的孙子陈开灵又找到家书，并通过媒体寻找到了刘守玟的湖南亲人。2004年7月，长沙万人空巷，迎接抗日英雄刘守玟回家。时隔60多年，烈士遗骨终于迁返故土，安葬在湖南革命陵园。

这里讲述的是在台儿庄大战期间牺牲的第41军124师上校参谋长邹绍孟的事迹。他曾于滕州保卫战前夕在阵地上写了一封家书，叮嘱儿子要好好读书，立志报国。这封家书的具体内容和它背后的故事，在邮政博物馆中有详细的展示和介绍。

复兴广场、复兴楼：

这是复兴广场，规划为美食广场，前方这个汪是台儿庄古城中面积仅次于庙汪的蝎子汪。蝎子汪中心位置建有复兴楼。复兴楼位于台儿庄古城的地理中心位置，是古城最高的、地标性建筑，其重建寓意中华民族的伟大复兴，是古城走向复兴的标志，取名为"复兴楼"。

模块八 娱乐表演技能实训

 【实训目的】

1. 通过本模块的实训，使学生熟悉带团过程中常用的娱乐活动方式。

2. 通过本模块的实训，使学生掌握组织娱乐活动的技巧。

3. 通过本模块的实训，使学生能够理论与实践有机地结合，更好地理解和巩固带团方面的相关技能。

 【实训方法】

1. 教师示范讲解。

2. 学生模拟演练。

3. 教师点评。

4. 课外活动。【课时分配】

讲故事与说笑话（1学时）

旅途游戏（2学时）

歌曲与诗词表演（3学时）

学时合计（6学时）

 【关键词】

讲故事；说笑话；游戏；歌曲；诗词。

 【背景知识】

娱乐活动是导游带团中，不可缺少的一个环节。因为通过组织娱乐活动，可以带动客人的参与性，提高客人互相认识的机会，增加旅游兴致。导游带团常见的娱乐活动有讲故事、说笑话、做游戏、歌曲表演及诗词朗诵等。导游在组织团队娱乐活动时应做到心中有数，并掌握必要的技巧。如讲明活动规则，尽量让每一位团友都参与等。

【预习思考】

导游讲笑话应注意哪些技巧？

导演组织游客唱歌时，应把握哪些问题？

导游组织游客做游戏时，应注意哪些方面？

实训项目一　讲故事与说笑话

一、实训目的

各国旅游者，不论种族、肤色如何，都喜欢表面轻松、内涵丰富的笑话。好笑话能让旅游者听后感觉轻松、愉悦甚至惊奇，并能够获得某种特别的感悟。好的笑话需要有三种要素，既要使人产生某种优越感，又能消除因忧虑引起的紧张情绪、结局要出乎意料。

二、实训内容

项目	说明
项目名称	讲故事、说笑话
时　间	实训授课 1 学时，共计 50 分钟，其中示范讲解 20 分钟，学生分组演练 30 分钟
要　求	每个小组收集一个故事及旅途笑话若干 训练同学讲故事、说笑话的能力
器具准备	讲故事、说笑话所需的道具
方　法	教师示范讲解 学生分组演练
步骤与操作标准	（1）实训前：准备好实训所需的笑话，交代实训中的注意事项 （2）实训开始 1)分析所讲故事、笑话的意义。讲故事、说笑话是导游人员常用的技巧之一，也是考验导游人员口才的一种手段。旅游者在听故事、听笑话的过程中得到到精神的愉悦和放松，从而对导游人员产生好感、加深印象，也有利于配合导游的工作。导游所讲故事、笑话一定要有积极的意义

项目	说　明
步骤与操作标准	2）开始表演 ① 捉住时机。导游人员在讲故事、讲笑话时，应注意时机，有的放矢。比如导游带团参观深圳的西丽果园，就可以讲这样的笑话：话说从前，我们这儿出了个大学生，学的是农学专业，有一年暑假回到家乡，看到老乡们在移植果树，就上前指正道："各位乡亲如果这样来移植果树，要是明年能结出苹果来我觉得不可思议。"老乡们抬起头看了一眼这位大学生，说道："如果这些树能结出苹果来我们也会觉得不可思议，因为它是荔枝树"。导游讲完这个笑话时，就可以引出关于荔枝树的讲解 ② 注意声情并茂。导游讲故事、讲笑话要注意声音和表情的运用，对角色进行夸张模仿，刻画其生动有趣的形象，以引起强烈的共鸣 ③ 注意停顿，保持冷静。如果老师上课讲到一半，你本来快睡着了，突然，教室一片鸦雀无声，你是不是会抬起头来看看发生了什么事？这就是停顿的吸引力。利用停顿，可以让大家把注意力放在你身上，甚至还能够引起大家的好奇心，这样的故事、笑话才容易让人印象深刻。特别是要转换语气或是要换到下一段的时候，绝对要停顿一下，让观众跟上你的进度，同时期待你继续讲下去 3）总结讲故事、笑话的禁忌 ① 导游员讲故事、笑话尽量选择在轻松愉快的氛围下进行。有道是"出门观天色，进门看脸色"。讲笑话也要注意场合，比如旅游者心情不佳，极度悲伤或肝火正旺时，不带任何同情心的笑话，只能给人强颜欢笑和幸灾乐祸的感觉 ② 导游人员尽量不要把讲笑话当做节目来表演，而是穿插在导游词中进行讲解，从而避免笑话不好笑带来的尴尬 ③ 忌讲黄色笑话和政治笑话。导游人员是一个国家一个地区形象的代表，是文化知识的传播者，所以在讲笑话过程中要宣扬健康的文化 切勿取笑他人。人性中有一种弱点，即大都不愿意被人当作取笑的对象，尤其是有心理和④ 生理缺陷的人在这方面特别敏感。所以导游人员在讲笑话时尽量把自己作为笑话的对象 4）讲故事、笑话的技巧。导游人员要注意讲笑话的技巧，从而起到让旅游者娱乐和深刻反思的作用 （3）实训结束
实训总结	每组实训者认真总结本次实训的心得、体会，并写出实训总结

三、操作程序

图 8-1 讲故事、说笑话实训操作程序

实训项目二　旅途趣味游戏

一、实训目的

通过对接唐诗、文字接龙、歇后语、替代字快速反应、传声筒、吃全羊等可以与旅游者互动的趣味游戏的学习和训练，帮助学生掌握这些趣味游戏的基本要领，提升学生的才艺。

二、基本知识点

（一）接唐诗

唐诗是我国文学宝库中的一朵奇葩。接唐诗一方面可以活跃团队气氛，另一方面又可以借机进一步帮助大家学习唐诗。这是一举两得的有益活动。

做这个游戏要注意两点：一是导游人员自身要有一定的文学功底，不然要闹出笑话；二是这一游戏只能在一定文化水平的旅行团中进行，否则不但不能取得活跃气氛的效果，反而会引起游客的反感甚至产生不满。

开展此次游戏的方法是：导游先说上句，由游客接下句，看谁接得正确接得快。海内存知己，天涯若比邻。（唐·王勃《送杜少府之任蜀州》）

落霞与孤鹜齐飞，秋水共长天一色。（唐·王勃《滕王阁序》）

海上生明月，天涯共此时。（唐·张九龄《望月怀远》）

人世有代谢，往来成古今。（唐·孟浩然《与诸子登岘山》）

绿树村边合，青山郭外斜。（唐·孟浩然《过故人庄》）

大漠孤烟直，长河落日圆。（唐·王维《使至塞上》）

独在异乡为异客，每逢佳节倍思亲。（唐·王维《九月九日忆山东兄弟》）

劝君更进一杯酒，西出阳关无故人。（唐·王维《送元二使安西》）

白日依山尽，黄河入海流。欲穷千里目，更上一层楼。（唐·王之涣《登鹳雀楼》）莫愁前路无知己，天下谁人不识君。（唐·高适《别董大》）

忽如一夜春风来，千树万树梨花开。（唐·岑参《白雪歌送武判官归京》）

马上相逢无纸笔，凭君传语报平安。（唐·岑参《逢人京使》）

近乡情更怯，不敢问来人。（唐·李频《渡汉江》）

两岸猿声啼不住，轻舟已过万重山。（唐·李白《早发白帝城》）

举头望明月，低头思故乡。（唐·李白《静夜思》）

清水出芙蓉，天然去雕饰。（唐·李白《论诗》）

天生我材必有用，千金散尽还复来。（唐·李白《将进酒》）

安能摧眉折腰事权贵，使我不得开心颜。（唐·李白《梦游天姥吟留别》）

孤帆远影碧空尽，惟见长江天际流。（唐·李白《送孟浩然之广陵》）

长风破浪会有时，直挂云帆济沧海。（唐·李白《行路难》）

朱门酒肉臭，路有冻死骨。（唐·杜甫《自京赴奉先县咏怀五百字》）

酒债寻常行处有，人生七十古来稀。（唐＊杜甫《曲江》）

无边落木萧萧下，不尽长江滚滚来。（唐·杜甫《登高》）

读书破万卷，下笔如有神。（唐·杜甫《奉赠韦左丞二十二韵》）

为人性僻耽佳句，语不惊人死不休。（唐·杜甫《江上值水如海势聊短述》）

露从今夜白，月是故乡明。（唐·杜甫《月夜忆弟舍》）

出师未捷身先死，长使英雄泪满襟。（唐·杜甫《蜀相》）

笔落惊风雨，诗成泣鬼神。（唐·杜甫《寄李十二白二十》）

文章千古事，得失寸心知。（唐·杜甫《偶题》）

正是江南好风景，落花时节又逢君。（唐·杜甫《江南逢李龟年》）

安得广厦千万间，大庇天下寒士俱欢颜，风雨不动安如山？呜呼！何时眼前突兀见此屋，吾庐独破受冻死亦足。（唐·杜甫《茅屋为秋风所破歌》）

二句三年得，一吟双泪流。（唐·贾岛《题诗后》）

谁言寸草心，报得三春晖。（唐·孟郊《游子吟》）

蚍蜉撼大树，可笑不自量。（唐·韩愈《调张籍》）

不塞不流，不止不行。（唐·韩愈《原道》）

业精于勤荒于嬉，行成于思毁于随。（唐·韩愈《进学解》）

李杜文章在，光焰万丈长。（唐·韩愈《调张籍》）

我有迷魂招不得，雄鸡一叫天下白。（唐·李贺《致酒行》）

君莫奏前朝曲，听曲新翻杨柳枝。（唐·刘禹锡《杨柳枝词九首》）文章合为时而著，歌诗合为事而作。（唐·白居易《与元九书》）

野火烧不尽，春风吹又生。（唐·白居易《赋得古原草送别》）

东风无力百花残。（唐夕阳无限好，只是近黄昏。（唐·李商隐《乐游原》）

天意怜幽草，人间重晚情。（唐·李商隐《晚情》）

风暖鸟声碎，日高花影重。（唐·杜荀鹤《春宫怨》）

曾经沧海难为水，除却巫山不是云。（唐·元稹《离思》）

姑苏城外寒山寺，夜半钟声到客船。（唐·张继《枫桥夜泊》）

吟安一个字，捻断数茎须。（唐·卢延让《苦吟》）

苦恨年年压金线，为他人作嫁衣裳。（唐·秦韬玉《贫女》）

（二）文字接龙

这是一项既简单又有趣味的活动，首先由导游人员说出第一个词语后，请第一位游客接着该词语的最后一个字（或该词的同音、多音、谐音词）说出第二个词语，第二位游客接着第一位游客说出的词语的最后一个字说出第三个词语，这样一直下去，最后回到导游人员先说出的第一个词语的第一个词（或该词的同音、多音、谐音词）。如：生活—活动—动作—作用—用法—法院—院士—士兵—兵营—营销—销售—售货—货物—物产—产生—生活。接不上或接错了或重复了前面游客说出的词语都判为失败。

（三）歇后语

歇后语是中国民间俗语的一种特殊形式。所谓"歇后语"，就是由两部分组成的一句话，前一部分像谜面，后一部分像谜底，通常只说前一部分，而本意在后一部分。歇后语最大的优点就是幽默，有人也叫它俏皮话，即是风趣投机的语言。

歇后语可以运用于旅行途中的小游戏当中，导游员可以说前面一部分，让游客猜后面部分，相当于猜谜，当然最好是选择那些风趣幽默、耐人寻味的歇后语让游客来猜。

蝙蝠身上擦鸡毛——你算什么鸟？

八百年前立的旗杆——老光棍！

鳖下的——王八蛋

布袋里失火——烧包！

苍蝇采蜜——装疯（蜂）

茶壶里的水——滚开！

大火烧竹林片光棍！

床单作尿布——够大方！

炊事员行军——替人背黑锅。

从河南到湖南——难上加难！

一二三四五六七——王（忘）八！

一二三五六——没事（四）

吃饱了的牛肚子一草包！

裁缝不带尺——存心不良（量）

曹丕的钱——未必（魏币）

《百家姓》去掉赵——开口就是钱！

爱克斯（X）光照人——看透你了！

拔了塞子不淌水——死心眼！

斑马的脑袋——头头是道！

报幕员上场——调戏

鼻孔喝水——够哈！

车祸——乘人之危！

城墙上的守卫——高手（守）

唱戏的腿抽筋——下不了台！

产妇进产房——要升（生）了！

擦粉进棺材——死要面子！

蚕宝宝的嘴——出口成诗（丝）！

蝉不叫蝉——知了！

唱戏的淌眼泪——可歌可泣吃核桃——非砸了不可！

厨房里的垃圾——鸡毛蒜皮广州的癞蛤蟆——难缠（蟾）！

保护视力——小心眼！

爆竹店里起火——自己庆贺自己！

抱着孩子推磨——添人不添力。

医生卖棺材——死活都要钱！

船舱里装太阳——度（渡）日布告贴在楼顶上——天知道！

肮脏他娘哭肮脏——肮脏死了！

床底下点蚊香——没下文（蚊）！

（四）替代字快速反应

活动是这样进行的：导游先向游客交代数字替代的内容，并要游客迅速记住该内容，如用拳头代表"脑袋"，用一个手指代表"鼻子"，用两个手指代表"眼睛"，用三个手指代表"耳朵",用四个手指代表"嘴巴",用五个手指代表"头发"。游戏开始,导游伸出两个手指,游客马上要是指着自己的眼睛不动。指错了得予以唱歌或演节目的"惩罚"。依次第二轮、第三轮进行下去。

（五）传声筒

由导游悄悄向第一位游客说一句比较复杂的话,然后由他将此句话悄悄传给第二位、第三位游客,一直这样传下去,传到最后一个人时讲出该句话,最后的结果肯定与原话有很大的出人,从而使大家因开心发笑而精神愉悦。

（六）吃全羊

这是一个一车人一起参加的游戏。导游组织开展这项活动前,告诉吃全羊的规定,每一人一次找羊身上任何一样可以吃得部分,但有人吃过的就不能吃,不能吃的部分不能吃。然后从第一个人开始,一个接着一个往下说,例如:我吃羊头,我吃羊腿……越往后吃,可以吃的就越少,答错人受"罚"。如果大家都答对了,则导游受"罚"。

三、实训内容、组织方式及步骤

实训内容：猜歇后语

刘姥姥进了大观园——

外甥提灯笼——

老鼠钻进铁桶里——

天要下雨,娘要出嫁——

泥菩萨过河——

盲人上街——

大炮打苍蝇——

元旦翻日历——

丈二和尚——

周瑜打黄盖——

实训要求：要求学生积极参与,努力思考,提高猜歇后语的技巧。

实训形式：歇后语。

实训步骤：

第一步：实训前准备。要求参加实训的同学,课前查阅相关书籍,初步了解本次实训所涉及的基础知识。

第二步：实训指导老师念出上句,学生举手抢答。

第三步：教师公布下句。

四、实训时间及成绩评定

（一）实训时间

歇后语每题答题时间为 45 秒。

（二）实训成绩评定

1. 实训成绩按优秀、良好、中等、及格、不及格 5 个等级评定。

2. 实训成绩评定准则

（1）是否遵守游戏规则。

（2）答题是否准确。

（3）是否能很好地对实训的内容进行总结和概括。

实训项目三　歌曲与诗词表演

实训内容

项　目	说　明
项目名称	歌曲、诗词表演
时　间	实训授课 3 学时，共计 150 分钟，其中示范讲解 50 分钟，学生分组演练 100 分钟
要　求	熟悉表演歌曲的技巧 掌握相应诗词及朗诵方法
器具准备	歌曲、诗词表演所需的道具
方　法	教师示范讲解 学生分组演练
步骤与操作标准	（1）实训前：准备好实训所需歌曲及诗词，交代实训中的注意事项 （2）实训开始 1）歌曲表演 ① 明确歌曲表演的意义。导游人员为旅游者唱歌或引导旅游者表演歌曲主要是活跃气氛，使旅途生活更为丰富 ② 教师举例。可选一首歌曲示范，并说明其意义 ③ 注意演唱歌曲的技巧。第一，导游人员可以演唱本地歌曲，加深旅游者对本地的认识，如到三亚唱"请到天涯海角来"、到内蒙古唱"天堂"、到无锡唱"太湖美"等；第二，导游可以演唱旅游者家乡的歌曲，让旅游者在异国他乡听起来既亲切又别有风味；第三，根据不同的场景选唱不同的歌曲，引起旅游者共鸣

项　目	说　明
步骤与操作标准	2）诗词朗诵 ① 明确诗词朗诵的意义。在旅途中，导游人员朗诵诗词可以增添旅途的情趣，也可以增加旅游者的知识 ② 教师举例，如《沁园春·雪》 ③ 注意朗诵诗词的技巧。第一，导游人员应该把所朗诵的诗词背的滚瓜烂熟，并要掌握这些诗词的中心思想、写作背景、修辞手法；第二，朗诵诗词时在正确把握语音、语调的基础上，要特别注意富有情感；第三，导游人员还要注意朗诵的场合和氛围，一般要结合景点、景观和讲解的内容 （3）实训结束
实训总结	每组实训者认真总结本次实训的心得、体会，并写出实训总结

实训项目四　猜谜语、脑筋急转弯

一、猜谜语

猜谜是一项文雅优美、益智怡情、轻松愉快的大众娱乐活动。中国古代称猜谜为隐语，在我国已有3000多年的历史了。在长途旅行中，猜谜语既可活跃旅游团气氛，减轻长途乘车疲劳，又可启迪智慧、增长知识。

谜语是一种采用隐喻、迂回的方式对某种事物进行描述，而猜谜者通过思考、分析、猜测、判断后才能得出正确结论、明其谜里的文化娱乐活动。

（一）地名谜

一路平安（中国城市名）（旅顺）

风平浪静（中国城市名）（宁波）

日近黄昏（中国城市名）（洛阳）

八月飘香香满园（中国城市名）（桂林）

夸夸其谈（中国城市名）（海口）

千里戈壁（中国城市名）（长沙）

大家都笑你（中国城市名）（齐齐哈尔）

珍珠港（中国城市名）（蚌埠）

带枪的人（中国城市名）（武汉）

船出长江口（中国城市名）（上海）

金银铜铁（中国城市名）（无锡）

银河渡口（中国城市名）（天津）

久雨初晴（中国城市名）（贵阳）

两个胖子（中国城市名）（合肥）

双喜临门（中国城市名）（重庆）

努力炼钢（中国城市名）（大冶）

拆信（中国城市名）（开封）

东西北三面堵塞（中国城市名）（南通）

海中绿洲（中国城市名）（青岛）

空中码头（中国城市名）（连云港）

泰山之南（中国城市名）（岳阳）

逆水行舟（中国地名）（上杭）

春笋（中国地名）（新竹）

掩耳盗铃（中国地名）（蒙自）

春水碧如蓝（中国省级行政区名）（青海）江淮

河汉（中国省级行政区名）（四川）

黄河解冻（中国省级行政区名）（江苏）东南北（中国省级行政区名）（西藏）

宝树丛丛（中国省级行政区名）（吉林）日照清流涌（山西地名）（阳泉）

终年积雪（吉林地名）（长白）

见脸不见发（内蒙古地名）（包头）

持久和平（陕西地名）（长安）

谈天的都市（山东地名）（聊城）

桃李梅（北京地名）（三棵树）

鸡蛋心（河南地名）（内黄）

分明在湖上（台湾地名）（日月潭）

请走正门（山西地名）（偏关）

基本一样（山西地名）（大同）

一江春水向东流（云南地名）（通海）

初次见面（广东地名）（新会）

水陆要塞（河北地名）（山海关）

航空信（江苏地名）（高邮）

此（青海地名）（柴达木）

结束战争（广东地名）（和平）

两条河（云南地名）（双江）

终年无浊水（山东地名）（长青）

长生不老（黑龙江地名）（延寿）

捷报传来（山西地名）（闻喜）

飞流直下三千尺（河北地名）（陡河）

东西南北无战争（东北地名）（四平）太平洋（浙江地名）（宁海）

君子之交（台湾地名）（淡水）

平安之地（江苏地名）（泰州）

停火（贵州地名）（息烽）

骆驼背（湖南地名）（双峰）

我做（江西地名）（余干）

客人（广西地名）（来宾）

垦荒（辽宁地名）（开原）

白日依山尽（辽宁地名）（沈阳）虚度年华（安徽地名）（无为）

豁然开朗（湖北地名）（大悟）

向往光明（黑龙江地名）（爱辉）全面整顿（云南地名）（大理）

突飞猛进（云南地名）（腾冲）中秋月（广东地名）（高明）

得奖（河南地名）（获嘉）

喜事在即（福建地名）（将乐）祖先种过的地（福建地名）（古田）日月星（福建地名）（三明）

（二）动物谜

耳朵长，尾巴短。只吃菜，不吃饭。（兔子）

粽子脸，梅花脚。前面喊叫，后面舞刀。（狗）

小姑娘，夜纳凉。带灯笼，闪闪亮。（萤火虫）

一支香，地里钻。弯身走，不会断。（蚯蚓）

一样物，花花绿。扑下台，跳上屋。（猫）

沟里走，沟里串。背了针，忘了线。（刺猬）

肥腿子，尖鼻子。穿裙子，背屋子。（鳖）

船板硬，船面高。四把桨，慢慢摇。（乌龟）

一把刀，顺水漂。有眼睛，没眉毛。（鱼）

一星星，一点点。走大路，钻小洞。（蚂蚁）

脚儿小，腿儿高。戴红帽，穿白袍。（丹顶鹤）

小小船，白布篷。头也红，桨也红。（鹅）

长胳膊，猴儿脸。大森林里玩得欢。摘野果，捣鹊蛋，抓住树枝荡秋千。（长臂猿）

娘子娘子，身似盒子。麒麟剪刀，八个钗子。（蟹）

进洞像龙，出洞像凤。凤生百子，百子成龙。（蚕）

尖尖长嘴，细细小腿。拖条大尾，疑神疑鬼。（狐狸）

为你打我，为我打你。打到你皮开，打得我出血。（蚊子）

无脚也无手，身穿鸡皮皱。谁若碰着它，吓得连忙走。（蛇）

背板过海，满腹文章。从无偷窃行为，为何贼名远扬？（乌贼）

日飞落树上，夜晚到庙堂。不要看我小，有心肺肝肠。（麻雀）

头戴周瑜帽，身穿张飞袍。自称孙伯符，脾气像马超。（蟋蟀）

身穿绿衣裳，肩扛两把刀。庄稼地里走，害虫吓得跑。（螳螂）

叫猫不抓鼠，像熊爱吃竹。摇摆惹人爱，是猫还是熊？（熊猫）

播种（布谷）

多兄长（八哥）

屡试屡成（百灵）

轻描柳叶（画眉）

（三）日常用品谜

红娘子，上高楼。心里疼，眼泪流。（蜡烛）

一棵麻，多枝丫。雨一淋，就开花。（雨伞）

小小狗，手里走。走一走，咬一口。（剪刀）

一只罐，两个口。只装火，不装酒。（灯笼）

左手五个，右手五个。拿去十个，还剩十个。（手套）

有硬有软，有长有宽。白天空闲，夜晚上班。（床）

生在山崖，落在人家。凉水浇背，千刀万剐。（磨刀石）

一物三口，有腿无手。谁要没它，难见亲友。（裤子）

又白又软，罩住人脸。守住关口，防止传染。（口罩）

头大尾细，全身生疥。拿起索子，跟你讲价。（秤）

平日不思，中秋想你。有方有圆，又甜又蜜。（月饼）

一只黑狗，两头开口。一头咬煤，一头咬手。（火钳）

外麻里光，住在闺房。姑娘怕戳疼，拿它来抵挡。（顶针）

口比肚子大，给啥就吃啥。它吃为了你，你吃端着它。（碗）

猛将百余人，无事不出城。出城就放火，引火自烧身。（火柴）

有头没有尾，有角又有嘴。扭动它的角，嘴里直淌水。（水龙头）一群黄鸡娘，生蛋进船舱。烤后一声响，个个大过娘。（爆米花）一只黑鞋子，黑帮黑底子。挂破鞋子口，漏出白衬子。（西瓜子）身穿红衣裳，常年把哨放。遇到紧急事，敢往火里闯。（灭火器）前面来只船，舵手在上边。来时下小雨，走后路已干。（熨斗）

一只没脚鸡，立着从不啼。吃水不吃米，客来敬个礼。（茶壶）

中间是火山，四边是大海。海里宝贝多，快快捞上来。（火锅）

楼台接楼台，层层叠起来。上面飘白雾，下面水花开。（蒸笼）

一队胡子兵，当了牙医生。早晚来巡逻，打扫真干净。（牙刷）

半个西瓜样，口朝上面搁。上头不怕水，下头不怕火。（锅）

生在鸡家湾，嫁到竹家滩。向来爱干净，常逛灰家山。（鸡毛掸子）

站着百分高，躺着十寸长。裁衣做数学，它会帮你忙。（尺）

一只八宝袋，样样都能装。能装棉和纱，能装铁和钢。（针线包）

一藤连万家，家家挂只瓜。瓜儿长不大，夜夜会开花。（电灯）

你打我不恼，背后有人挑。心中亮堂堂，指明路一条。（灯笼）

生来青又黄，好比水一样。把它倒水里，它能浮水上。（油）

一颗小红枣，一屋盛不了。只要一开门，枣儿往外跑。（油灯）

远看两个零，近看两个零。有人用了行不得，有人不用不得行。（眼镜）对着你的脸，按住你的心。请你通知主人翁，快快开门接客人。（门铃）

（四）字谜

饭	（糙）	西施	（俪）
稻	（类）	东施	（妞）
武	（斐）	书签	（颊）
刃	（召）	血盆	（唬）
冰	（涸）	早上	（日）
再	（变）	航道	（潞）
巨	（奕）	和局	（抨）
厩	（驴）	泥峰	（击）
嘴	（唧）	祝福	（诘）
岸	（滂）	烟缸	（盔）
矮	（射）	晚会	（多）
炭	（樵）	瑞士	（估）
痴	（保）	粮食	（棵）
雨	（池）	乍得人	（作）
曰	（畔）	鬼头山	（嵬）

巨	（置）	顶破天	（夫）
灰	（尘）	三丫头	（羊）
众	（侈）	不怕火	（镇）
	（版）	写下面	（与）
思	（十）	陈玉成	（瑛）
水库	（沧）	旱天雷	（田）
丰收	（移）	热处理	（煺）
丹朱	（赫）	不要走	（还）
丹江	（洙）	半导体	（付）
干涉	（步）	关帝庙	扇）
好读书	（敞）	二十四小时	（旧）
雁双飞	（从）	两点天上来	（关）
单人床	（麻）	入门无犬吠	（问）
神农架	（枢）	一人背张弓	（夷）
抽水泵	（石）	说话的技术	（团）
画中人	（佃）	第二次握手	（观）
绊脚石	（跖）	开门日正中	（间）
高尔基	（尚）	李时珍所著	（苯）
春末夏初	（旦）	一口咬破衣	（哀）
冬初秋末	（八）	非正式协定	（药）
包头界首	（匋）	有一点不准	（淮）
古文观止	（故）	宿鸟恋枝头	（术）
争先恐后	（急）	日月一齐来	（胆）
百无一是	（白）	进水行不成	（衍）
上下一体	（卡）	天际孤帆愁别离	（穗）
另有变动	（加）	十日画一水	（洵）
异口同声	（谐）	一一人史册	（更）
半耕半读	（讲）	四方一条心	（愣）
颠三倒四	（泪）	日迈长安远	（宴）
凤头虎尾	（几）	驿外断桥边	（骄）
弹丸之地	（尘）	陕西人十分好	（附）
四个晚上	（罗）	早不说晚不说	（午）
熙熙攘攘	（侈）	西安相聚之日	（晒）

连声应允　（哥）　　　一直真心相对　（非）

孩子丢了　（亥）　　　对方进了一球　（哼）

池塘亮底　（汗）　　　孤峦叠嶂层云散　（崛）

内里有人　（肉）　　　江西如今变了样　（冷）

谢绝参观　（企）　　　后村闺中听风声　（封）

床前明月光"（旷）　　送走观音使不得　（还）

对影成三人（奏）　　　一点一点得知　（短）

总是玉关情（国）　　　除夕残年又逢春　（桀）

柴门闻犬吠（润）　　　水映横山落残红　（绿）

我独不得出（圄）　　　遥指红楼是妾家　（舒）

三点河旁落（可）　　　画前画后费心思　（田）

（五）成语谜

龙（充耳不闻）

一（接二连三）

乖（乘人不备）

亚（有口难言）

主（一往无前）

呀（唇齿相依）

判（一刀两断）

者（有目共睹）

泵（水落石出）

扰（半推半就）

黯（有声有色）

田（挖空心思）

十（纵横交错）

板（残茶剩饭）

咄（脱口而出）

票（闻风而起）

骡（非驴非马）

桁（行将就木）

皇（白玉无瑕）

忘（死心塌地）

中的（矢无虚发）

会计（足智多谋）

电梯（能上能下）

并重（恰如其分）

相声（装腔作势）

伞兵（从天而降）

背脸（其貌不扬）

假眼（目不转睛）

氤氲（气吞山河）

胜境（不败之地）

武断（不容分说）

雨披（一衣带水）

极小（微乎其微）

初一（日新月异）

仙乐（不同凡响）

美梦（好景不长）

兄弟（数一数二）

齐唱（异口同声）

卧倒（五体投地）

圆寂（坐以待毙）

感冒通（有伤风化）

化妆学（谈何容易）

太阳灶（热火朝天）

显微镜（一孔之见）

爬竹竿（节节上升）

无底洞（深不可测）

望江亭（近水楼台）

脱粒机（吞吞吐吐）

农产品（土生土长）

彩调剧（声色俱厉）

黑板报（白字连篇）

飞行员（有机可乘）

跷跷板（此起彼伏）

婚丧事（悲喜交加）

打边鼓（旁敲侧击）

飞鸣镝（弦外之音）

垃圾箱（藏垢纳污）

纸老虎（外强中干）

八十八（入木三分）

笑死人（乐极生悲）

鹊巢鸦占（化为乌有）

尽收眼底（一览无遗）

逆水划船（力争上游）

石榴成熟（皮开肉绽）

举重比赛（斤斤计较）

枪弹上膛（一触即发）

多看无滋味（屡见不鲜）

兔子请老虎（寅吃卯粮）

不考虑中间（瞻前顾后）

没关水龙头（放任自流）

快刀斩乱麻（迎刃而解）

暗中下围棋（皂白不分）

给家捎个话（言而无信）

一块变九块（四分五裂）

鲁达当和尚（半路出家）

哑巴打手势（不言而喻）

娄阿鼠问卦（做贼心虚）

超级好牙刷（一毛不拔）

猫狗像什么（如狼似虎）

电锯开木头（当机立断）

空对空导弹（见机行事）

二三四五六七八九（缺衣少食）

全面开荒（不留余地）

《聊斋志异》（鬼话连篇）

零存整取（积少成多）

愚公之家（开门见山）

盲人摸象（不识大体）

清浊合流（泾渭不分）

四通八达（头头是道）

双手赞成（多此一举）

蜜饯黄连（同甘共苦）

单方告别（一面之词）

照相底片（颠倒黑白）

爱好旅游、喜出望外）

公用毛巾（面面俱到）

武大郎设宴（高朋满座）

遇事不求人（自力更生）

千里通电话（遥相呼应）

（六）词语谜

无可奈何花落去（打一常用词）（感谢）

不要和陌生人说话（打一常用词）（熟语）

烨（打一新兴词语）（中国热）

内秀（打一新兴词语）（心灵美）

勿上当（打一新兴词语）（非典）

新苗茁壮（打一新兴词语）（小康）

现代作品（打一新兴词语）（非典）

天女散花（打一新兴词语）（高消费）

华夏英姿（打一新兴词语）（中国特色）

同光阴赛跑（打一新兴词语）（与时俱进）

思想波动（打一文学名词）（意识流）

休得多言（打一文学名词）（歇后语）

垂涎三尺（打一文学名词）（顺口溜）

一表非凡（打一文学名词）（神话）

虚心话（打一文学名词）（七言）

加减乘除（打一文学名词）（构成主义）

何谓状元（打一文学名词）（第一人称）

谈笑风生（打一文学名词）（即兴诗）

一支香烟（打一文学名词）（传奇人物）

人微言轻（打一文学名词）（小小说）

平等待客（打一文学名词）（主人公）

逢人只说三句话（打一文学名词）（七言绝句）

夜半无人私语时（打一文学名词）（黑色幽默小说）

绞刑架下的报告（打一文学名词）（悬念）

龙舟（打一歌曲名）（中国船）

丹田（打一歌曲名）（红土地）

车谱（打一歌曲名）（四季歌）

玩儿房（打一歌曲名）（游戏人间）

天涯海角（打一歌曲名）（在那遥远的地方）

老式波音（打一歌曲名）（涛声依旧）

四方面军（打一歌曲名）（东西南北兵）

保持沉默（打一歌曲名）（什么也不说）

第一人称（打一歌曲名）（那就是我）

黄河大合唱（打一歌曲名）（摇篮曲）

离别正堪悲（打一歌曲名）（欢聚）

新媳妇探亲（打一歌曲名）（回娘家）

竹林诸贤堪赞颂（打一歌曲名）（七子之歌）

两对情人互相思（打一歌曲名）（好想好想）

醉翁之意不在酒（打一歌曲名）（好山好水好地方）

汕头一周游（打一歌曲名）（山不转水转）

到了长城放声唱（打一歌曲名）（好汉歌）

青梅煮酒论英雄（打一歌曲名）（只有你和我）

东南西北皆欲往（打一歌曲名）（走四方）

青龙白虎照秦镜（打一歌曲名）（二泉映月）

两耳不闻窗外事（打一歌曲名）（唯一的思念）

终日琴堂醉未醒（打一词牌名）（如梦令）

二、脑筋急转弯

脑筋急转弯打破了人们的常规思维定势，给人一种意想不到的解答，而且它们大多通俗易懂、出人意料，又诙谐机巧。导游员若运用得当可增加旅途中的乐趣。

1.目的

通过导游员和游客的互动语言游戏，达到既活跃气氛，又帮助游客消除旅途疲劳的目的。

2.基本要求

（1）导游员自己要记牢内容。

（2）不能临时看书。

3.基本训练

制造日期与有效日期是同一天的产品是什么？（报纸）

什么东西比乌鸦更讨厌？（乌鸦嘴）

一头猪说，"加油啊"，打一食品？（朱古力）

中国人最早的姓氏是什么？（善）

什么东西只能加不能减？（年龄）

人们甘心情愿买假的东西是什么？（假发）

狼、老虎和狮子谁玩游戏一定会被淘汰？（狼）

小白很像他哥哥，知道为什么吗？（真相大白）

谁天天去看病？（医生）

什么布剪不断？（瀑布）

书店买不到的书是什么书？（秘书）

什么水取之不尽用之不竭？（口水）

想想看：眼睛看不见，口却能分辨，这是什么？（味道）

一点一横长，一撇飘南洋，南洋有个人，只有一寸长。（打一字）（府）

干涉。（打一字）（步）

什么鼠最爱干净？（打一部门名）（环保署）

右手永远抓不到什么t右手）

哞哞叫的牛一下水游泳后就不叫了。（打一成语）（有勇无谋）

人在不饥渴时也需要的是什么水？（薪水）

只要叫它的名字就会把它破坏，它是什么？（沉默）

要想使梦成为现实，我们干的第一件事会是什么？（醒来）

什么人不用电呢？（缅甸人）

一头公牛加一头母牛。（猜三个字）（两头牛）

什么鸡没有翅膀？（田鸡）

三、实训内容、组织方式及步骤

实训内容Ⅰ：猜谜语

柏林（打一外国作家名）

伯牙遇知音（打一三国人名）

徐孺下榻（打一河南地名）

今天（打一国名）

早（打一唐五言诗句）

亦步亦趋（打一学科名）

清规戒律（打一京剧名）

治秃落（打一常用词）

旅行写生（打一艺术名词）

小船停在浪尖上（打一演艺明星）

枪打灯靶（打一科技名词）

黄金（打一现代画家）

玉门关（打李白诗一句）

地道（打一电影名）

实训要求：要求学生积极参与，努力思考，提高猜谜语的技巧。

实训形式：猜谜语。

实训步骤：

第一步：实训前准备。要求参加实训的同学，课前查阅相关书籍，初步了解本次实训所涉及的基础知识。

第二步：实训指导老师念出谜面，学生举手抢答。

第三步：教师公布谜底。

实训内容：脑筋急转弯世界上哪里的海不产盐？

什么官是不拿工资还得掏钱，是谁都得贴笑脸？

一个警察有一个弟弟，但弟弟却否认自己有一个哥哥，为什么？

什么东西裂开以后，用精密的机器也找不到裂纹？

世界上面积最小的岛在哪里？

为什么歹徒坐车不用花钱？

两对母女同乘火车，却只需要三张票，为什么？

实训要求：要求学生积极参与，努力思考，提高猜脑筋急转弯的技巧。

实训形式：脑筋急转弯。

实训步骤：

第一步：实训前准备。要求参加实训的同学，课前查阅相关书籍，初步了解本次实训所涉及的基础知识。

第二步：实训指导老师念出问题，学生举手抢答。

第三步：教师公布谜底。

四、实训时间及成绩评定

（一）实训时间

实训内容 I：猜谜语每题答题时间为 45 秒。

实训内容 n：猜脑筋急转弯每题答题时间为 60 秒。

（二）实训成绩评定

1. 实训成绩按优秀、良好、中等、及格、不及格 5 个等级评定。

2. 实训成绩评定准则：

（1）是否遵守游戏规则。

（2）答题是否准确。

（3）是否能很好地对实训的内容进行总结和概括。

实训项目五　朗诵、绕口令

一、实训目的

通过实训，帮助学生训练口齿灵活、语音准确、吐字流畅、字正腔圆，以助于表达。二、基本知识点

（一）朗诵

1. 朗诵概念

朗诵是把文字作品转化为有声语言的创作活动。朗诵是公共艺术，是一项创造性的活动，是人类文化现象中重要的一环，朗诵在我国已具有几千年的历史。

朗诵的体裁多种多样，诗歌、散文、寓言、古文、小说、戏剧等，都可以纳人朗诵的范畴中。

2. 旅途朗诵的目的

旅途中，导游人员选定适合自己的文字作品，恰到好处地为旅游者进行朗诵，不仅可以增添旅途的情趣，还可以增添很多有益的知识。

3. 旅途朗诵的基本要求

（1）注意朗诵的场合和气氛，把握好朗诵的时机。

（2）选择适合自己年龄、身份以音域的体裁和内容。

（3）朗诵时不要矫揉造作，应具有自然的情感。

（4）朗诵要具有行动性、形象性、音乐性等特点。

4.旅途朗诵的基本训练

（1）掌握朗诵内容的中心思想、写作背景、修饰手法和作者的概况。

【练习8-1】

孟浩然的七律《望洞庭湖赠丞相》的后四句：

欲济无舟楫，端居耻圣明。

坐观垂钓者，徒有羡鱼情。

以上四句诗表面是说诗人想过河却没有船，看到别人垂钓而自己只能羡慕，但实际上却表达了诗人出仕无方、不甘隐居的心情，希望张丞相能够推荐援引，以实现自己的抱负。为此，朗诵这首诗时，不能把它看做是一般的写景抒情作品，而应表现这首诗的真正主题。

【练习8-2】

杜甫的七律《闻官军收河南河北》末尾两句：

即从巴峡穿巫峡，便下襄阳向洛阳。

当时，长达八年的安史之乱终于结束，喜讯传来，作者心头长期的积郁一扫而光，那种高歌纵酒的畅快心情瞬间便流露出来。因此，从"巴峡穿巫峡"，从"襄阳向洛阳"的行程有一种顺流而下的感觉，朗诵时，也就应该有酣畅之感。如果仅是从诗的表面文字理解，作者只是在讲述自己的行程。因而要绵延舒缓地去朗诵，这样就失去了酣畅的感觉，也就失去了诗歌的本意。

（2）掌握朗诵时的抑扬顿挫、有缓有弛、徐疾有致的朗诵技巧，以增强诗词的表现力。

【练习8-3】

杨慎的词《临江仙》的下阕：

白发渔樵江渚上，

惯看秋月春风，

一壶浊酒喜相逢。

古今多少事，

都付笑谈中。

第一句起点低些、落点高些；第二句起点高些、落点低些，而且整个句子的高度都降低一些；第三句语速稍快，句尾稍扬；第四句要慢下来，句尾同样稍扬，并带有一种历史的沧桑感；第五句与第四句相呼应，处理以起点高，落点低的语势，语速放慢，"笑谈"二字可以稍微突出一些。这样，这阕词有高有低、有快有慢，而词中的时序更迭、世事沧桑、浊酒相逢、笑谈古今的多层含义便一一清晰地表达出来了。

【练习8-4】

李白的《望庐山瀑布》：

> 日照香炉生紫烟，
>
> 遥看瀑布挂前川。
>
> 飞流直下三千尺，
>
> 疑是银河落九天。

这是一首脍炙人口的名诗，气势豪迈，想象奇特，形象地描写了祖国的锦绣河山。为了展现庐山瀑布的生动形象，应该把最能表现庐山瀑布特点的文字突显出来。这就用到了弱化与强调的辩证关系。诗歌前两句写庐山的香炉峰，远远看到的瀑布，是为后面的进一步描写作准备与铺垫，因此可以平稳地渐进，用气发声可以稍微收些；第三句的"直下"写山势之险峻，"三千尺"写瀑布之长，因此可以强调一下，具体来说，"直"字可以加重声，而"三"字可以适当地将字音拉长些；第四句是作者大胆的想象，但只要强调一个"落"字就可以了，加强舌尖弹动的力度，使用虚实结合的声音，适当地延长声音，这样，一个"落"字就把瀑布倾泻而下的气势和如银河落地般的景象生动展现出来了。

（3）吐字要清晰，要富有情感。吐字清晰是准确表达内容的重要前提，同时也是展现有声语言艺术魅力的一个重要手段，根据内容需要，有的朗诵要铿锵有力，有的要见微知著.这就需要朗诵者在吐字的时候讲究喷弹力度。讲究喷弹力度不是要字字用力、声声震耳，而是吐字有力，弹动入耳，特别要注意"喷"和"弹"方面的发音。

喷是对唇发力的要求，即唇的开齐合撮控制得力，使用唇的音主要是声母中的双唇音和唇齿音，同时，唇形还要受韵母四呼（开口呼、齐齿呼、合口呼、撮口呼）的影响。

【练习8-5】

毛泽东的词《沁园春·雪》中的诗句：

> 北国风光，
>
> 千里冰封，
>
> 万里雪飘。

这几句描述了祖国雪中的壮美风光。其中"北""风""冰""飘"几个字都用到了唇音，为了表现风光的壮美，这几个字都需要不同程度地加强喷的力度以示强调，但在喷的同时还要注意与虚实明暗不同音色的配合，既注意词语本身的色彩，又注意声音运用的色彩，诗句在吟诵中就具有了乐感与美感。

弹是对唇发力的要求，具体来说就是舌在发舌尖音、舌面音、舌根音时注意对不同部位的控制，成阻部位的接触面越小越好，同时根据不同的内容运用与之相适应的力度。

【练习8-6】

于谦的《石灰吟》：

> 千锤万凿出深山，
> 烈火焚烧若等闲。
> 粉身碎骨浑不怕，
> 要留清白在人间。

这是一首表明人生态度的诗歌，这种刚正不阿、清白磊落的形象需要朗诵者在表达时要有一定的力度，因此，在突出清白品格时，所有力度也要有所区别，特别是最后一句，只要突出"在"字就可境界全出。发这个音时，舌尖要有力度，成阻面要小，除阻时不要拖泥带水。

（4）注意体态语的运用。体态语也是一种"语言"，是人们用来辅助有声语言进行表达的有效地手段。体态语是利用身体的姿态作为传递信息、交流思想感情的辅助工具的副语言符号。朗诵者在进行有声语言表达时辅以体态语，有利于把诗歌内容表达得更清楚，有利于把朗诵者的态度和价值趋向更有效地显露出来，也有利于情感的抒发。

【练习8-7】

李白的《将进酒》的头两句：

> 君不见黄河之水天上来，
> 奔流到海不复回。

朗诵开始时目光可以投向远处，在朗诵到"天"字时，可以侧举胳膊，展开手掌，然后随着语流的引进向相反方向的下侧挥动，眼神也应相应的跟上。这一体态语的运用可以使黄河之水由上游奔流到海的过程更加形象化，同时在体态语的配合下，河水奔流的气势也得以增强。

体态语运用时要注意：

① 适合语境。针对环境和对象来考虑用什么样的体态语以及怎样用效果更佳，尤其要注意语境变化时，应调整自己的语言，包括体态语的运用。

② 和写法统一。多种体态语的运用要协调一致，如手势、身势、脚部的运用要彼此配合。

③ 恰到好处。体态语的运用，并非多多益善，它是为了辅助有声语言的表达才使用的，这样才有可能发挥其作用；否则，过多过乱的体态语会干扰诗歌内容正常、准确的表达。

④ 自然优雅。自然优雅是美学上的一种要求。自然就是朗诵者在使用体态语时有效地辅助有声语言的表达和诗歌内容的传达，又不露雕琢设计的痕迹，让听众在自然而然中进入朗诵者规定的情境中。体态语不仅要自然，还要优雅，给人以美感，朗诵时要落落大方，避免使用生硬做作、粗俗不雅的体态语。

⑤ 走姿、站姿优美。上场走姿步态稳当，双臂自然摆动，目光直视或关注游客，既给人以安稳踏实的感觉，又不让人觉得做作。朗诵站立的体态要挺拔自信。上体要正直，特别是颈部，要后挺，两脚可并拢，可平行分开，也可前后斜向分开，但重心要尽量放在前脚掌上，这样可以为身体的挺拔提供一个支撑力，同时也便于对小腹肌肉进行控制，有利于发音的自如运用。

（二）绕口令

绕口令本来是宴会中的一种酒令游戏，又叫急口令、拗口令或吃口令，就是将声母、韵母或声调极易混同的字／反复重叠，组成拗口的句子，要求一口气快速念出，借以测验念的人反应灵敏和口齿伶俐程度。

导游员平时应该多练一些绕口令。因为"祖国山水美不美，全靠导游一张嘴"，导游讲解也是一门口头表达艺术，多练绕口令有助于提高口头语言表达的清晰和口齿伶俐的程度，是导游员自我进行修炼的一种方法。另外，在旅途中，导游员可以把念绕口令作为一种才艺向游客展示，特别是当导游员不擅长唱歌的时候，可以用说绕口令来弥补。导游员快速念完之后，游客很佩服，然后导游员就可以一句一句地教游客说，再请几位有表现欲的游客一同来表演绕口令，也是一种很好的互动游乐活动。

1. 目的

通过与游客的互动，既可以活跃气氛，又可以减轻游客的旅途疲劳。

2. 基本要求

（1）导游员自己必须熟练且做好充分准备。

（2）先简单，再逐渐加大难度。

（3）不要请有口吃病的游客参与。

3. 基本训练

（1）语言安排要巧妙有趣。

（2）内容要有一定的情趣。

【练习 8-8】

八百标兵八百标兵奔北坡炮兵并排北边跑炮兵怕把标兵碰标兵怕碰炮兵炮【练习 8-9】

汤烫塔老唐端蛋汤，

踏发登宝塔，

只因发太滑，

汤洒汤烫塔。

【练习8-10】

牛郎恋刘娘

牛郎恋刘娘，刘娘念牛郎。

牛郎年年恋刘娘。刘娘年年念牛郎。

郎恋娘来娘念郎。

念娘恋娘，念郎恋郎，念恋娘郎。

【练习8-11】

喇嘛和哑巴

打南边来了个喇嘛，手里提拉着五斤鳎（td）目。打北边来了个哑巴，腰里别着个喇叭。

南边提拉着鳎目的喇嘛要拿鳎目换北边别喇叭哑巴的喇叭。

哑巴不愿意拿喇叭换喇嘛的鳎目，喇嘛非要换别喇叭哑巴的喇叭。

喇嘛抡起鳎目抽了别喇叭哑巴一鳎目，哑巴摘下喇叭打了提拉着鳎目的喇嘛一喇叭。也不知是提拉着鳎目的喇嘛抽了别喇叭哑巴一鳎目，还是别喇叭哑巴打了提拉着鳎目的喇嘛一喇叭。

喇嘛炖鳎目，哑巴嘀嘀哒哒吹喇叭。

【练习8-12】

六十六头牛

六十六岁的陆老头，盖了六十六间楼，买了六十六篓油，养了六十六头牛，栽了六十六棵垂杨柳。

六十六篓油，堆在六十六间楼；六十六头牛，扣在六十六棵垂杨柳。

忽然一阵狂风起，吹倒了六十六间楼，翻倒了六十六篓油，折断了六十六棵垂杨柳，砸死了六十六头牛，急煞了六十六岁的陆老头。

【练习8-13】

老六放牛

柳林镇有个六号楼，刘老六住在六号楼。

有一天，来了牛老六，牵了六只猴；来了侯老六，拉了六头牛；来了仇老六，提了六篓油；来了尤老六，背了六匹绸。

牛老六、侯老六、仇老六、尤老六，住上刘老六的六号楼，半夜里，牛抵猴，猴斗牛，撞倒了仇老六的油，油坏了尤老六的绸。

牛老·六帮仇老六收起油，侯老六帮尤老六洗掉绸上油，拴好牛，看好猴，一同上楼去喝酒。

【练习8-14】

天上七颗星

天上七颗星，地上七块冰，台上七盏灯，树上七只莺，墙上七枚钉。

吭唷吭唷拔脱七枚钉。喔嘘喔嘘赶走七只莺。乒乒乓乓踏坏七块冰。一阵风来吹来七盏灯。一片乌云遮掉七颗星。

【练习8-15】

司小四和史小世

司小四和史小世，四月十四日十四时四十上集市，司小四买了四十四斤四两西红柿，史小世买了十四斤四两细蚕丝。

司小四要拿四十四斤四两西红柿换史小世十四斤四两细蚕丝。

史小世十四斤四两细蚕丝不换司小四四十四斤四两西红柿。

司小四说我四十四斤四两西红柿可以增加营养防近视，

史小世说我十四斤四两细蚕丝可以织绸织缎又抽丝。

【练习8-16】

酸枣子

山上住着三老子，山下住着三小子，山腰住着三哥三嫂子。

山下三小子，找山腰三哥三嫂子，借三斗三升酸枣子，

山腰三哥三嫂子，借给山下三小子三斗三升酸枣子。

山下三小子，又找山上三老子，借三斗三升酸枣子，

山上三老子，还没有三斗三升酸赛子，

只好到山腰找三哥三嫂子，给山下三小子借了三斗三升酸枣子。

过年山下三小子打下酸枣子，还了山腰三哥三嫂子，两个三斗三升酸枣子。

【练习8-17】

墙上一根钉

墙上一根钉，钉上挂条绳，绳下吊个瓶，瓶下放盏灯。

掉下墙上钉，脱掉钉上绳。滑落绳下瓶，打碎瓶下灯。

瓶打灯，灯打瓶，瓶说灯，灯骂绳，瓶说绳，绳说钉，叮叮当当，乒乒乓乓。

【练习8-18】

板凳与扁担板凳宽，扁担长。

扁担没有板凳宽，

板凳没有扁担长。

扁担要绑在板凳上，

板凳不让扁担绑在板凳上，

扁担偏要扁担绑在板凳上。

【练习8-19】

煤和灰东边一堆煤，

西边一堆灰。

先用车推煤，

再用车推灰。

烧煤变成灰，

煤灰来自煤。

煤堆变灰堆，

灰堆赛煤堆。

有煤就有灰，

你说对不对？

【练习8-20】

羊和狼

东边来了一只小山羊，

西边来了一只大灰狼，

一起走到小桥上，

小山羊不让大灰狼大灰狼不让小山羊小山羊叫大灰狼让小山羊，

大灰狼叫小山羊让大灰狼，

羊不让狼，

狼不让羊，

扑通一起掉到河中央。

三、实训内容、组织方式及步骤

实训内容：历史上最强的绕口令——黑灰化肥

幼儿园：化肥会挥发。

小学生：黑化肥发灰，灰化肥发黑。

中学生：黑化肥发灰会挥发；灰化肥挥发会发黑。

大学生：黑化肥挥发发灰会花飞；灰化肥挥发发黑会飞花。

硕士：黑灰化肥会挥发发灰黑讳为花飞；灰黑化肥灰挥发发黑灰为讳飞花。

博士：黑灰化肥灰会挥发发灰黑讳为黑灰花会飞；灰黑化肥会会挥发发黑灰为讳飞花化为灰。

博士后：黑化黑灰化肥灰会挥发发灰黑讳为黑灰花会回飞；灰化灰黑化肥灰会挥发发黑灰为讳飞花回化为灰。

实训要求：表演自然大方，发音标准，中途无不适当停顿，富有节奏感。

实训形式：绕口令实训步骤：

第一步：用标准的普通话、中度的语速、清晰的发音读，以便在场人员知道绕口令的内容。

第二步：用标准的普通话、较快的语速、清晰的发音读。

第三步：用标准的普通话、最快的语速、清晰的发音读。

第四步：用家乡话读，更增加现场的趣味性、娱乐性。

四、实训时间及成绩评定

（一）实训时间

绕口令时间控制在 5 分钟以内。

（二）实训成绩评定

1. 实训成绩按优秀、良好、中等、及格、不及格 5 个等级评定。

2. 实训成绩评定准则：

（1）言谈、举止、服饰、神态是否得体大方。

（2）是否健康向上。

（3）是否感染力强，引人入胜。

（4）是否熟练、连贯、无差错。

（5）是否有创造性及舞台吸引力。

（6）是否能营造活跃气氛。

模块九　旅游安全事故的处理程序

 【实训目标】

1. 了解旅游活动过程中常见的业务事故、个人事故和安全事故。
2. 熟悉旅游安全事故产生的原因和处理的程序及方法。
3. 提高导游人员的事故防范意识和处理事故的能力。

 【关键词】

案例分析；模拟演练；角色扮演。

实训项目一　业务事故的处理与预防

一、实训目的

通过实训，要求学生了解业务事故的基本类型，熟悉业务事故产生的主要原因，掌握业务事故的预防和处理。

二、基本知识点

业务事故也可以称为责任事故。导致这类事故的原因是由于旅游接待一方在运作中出现了差错。这类事故多数是由人文原因造成的。因此，如果导游接待人员和其他相关部门的工作人员加强工作责任心，这种事故是可以预防和控制的。在旅游接待过程中，因工作差错造成的常见事故有误机（车、船）事故，漏接、错接及空接事故，行李遗失及行李破损事故等。

（一）误机（车、船）事故

1.误机（车、船）事故的原因

（1）非责任事故

由于游客方面原因或途中遇到交通事故、严重堵车、汽车发生故障等突发情况造成迟误。

（2）责任事故

责任事故是指由于导游人员或旅行社其他人员工作上的差错所造成的迟误。

① 导游人员安排日程不当，没有按规定提前到达机场（车站、码头）。

② 导游人员没有认真核实交通票据，交通工具班次已变更但旅行社有关人员没有及时通知导游人员等。

2.误机（车、船）事故的预防

地陪、全陪要提前做好旅游团离站交通票据的落实工作，并核对日期、班次、时间、目的地等。如果交通票据没落实，带团期间要随时与旅行社有关部门联系，了解班次有无变化。

临行前不安排旅游团到范围广、地域复杂的景点参观游览，不安排旅游团到热闹的地方购物或自由活动。尽可能安排充裕的时间去机场（车站、码头），保证旅游团按以下规定时间到达离站地点：乘国内航班，要提前2小时到达机场；乘国际航班出境或去沿海城市的航班要提前3小时到达机场；乘火车则要提前1小时到达车站。

3.误机（车、船）事故的处理

（1）导游人员应立即向旅行社领导及有关部门报告，请求协助。

（2）地陪和旅行社尽快与机场（车站、码头）联系，争取让游客乘最近班次的交通工具离开本站，或采取包机（车厢、船）或改乘其他交通工具前往下一站。

（3）稳定旅游团（者）的情绪，安排好在当地滞留期间的食宿、游览等事宜。

（4）及时通知下一站，对日程作相应的调整。

（5）向旅游团（者）赔礼道歉。

（6）写出事故报告，查清事故的原因和责任，相关责任者应承担经济损失并接受政纪处分。

（二）漏接事故

漏接是指旅游团（者）抵达一站后，无导游人员迎接的现象。导致漏接的原因是多方面的，并不都是导游人员的责任。对游客来说，无论是哪方面的原因都是不应该的，因此，游客见到导游人员后都会抱怨、发火甚至投诉，这都是正常的。这时，导游人员应设身处地为游客着想，尽快消除游客的不满情绪，做好接下来的工作，以挽回影响。

1.漏接事故发生的原因

（1）由于导游人员的主观原因造成漏接

①导游人员未按预定的时间抵达接站地点。

②导游人员工作疏忽，将接站地点搞错。

③由于某种原因，旅游团原定乘坐的交通工具出现班次或车次变更，使旅游团提前抵达，但导游人员没有认真阅读变更后的计划，仍按原计划去接团。

④新旧时刻表交替，导游人员没有查对新时刻表，仍按旧时刻表时间去接团。

（2）客观原因造成的漏接

①由于交通部门的原因，原定班次或车次变更，旅游团提前到达，但接待社有关部门没有接到上一站旅行社的通知。

②本站接待社接到上一站变更通知，但没有及时通知该团导游人员。

2.漏接事故的预防

（1）认真阅读计划

导游人员接到任务后，应了解旅游团抵达的日期、时间、接站地点（具体是哪个机场、车站、码头），并亲自核对清楚。

（2）核实交通工具到达的准确时间

旅游团抵达的当天，导游人员应与旅行社有关部门联系，弄清班次或车次是否有变更，并及时与机场（车站、码头）联系，核实抵达的确切时间。

（3）提前抵达接站地点

导游人员应与司机商定好出发时间，留出充足的行车时间，保证按规定提前半小时到达接站地点。

3.漏接事故的处理

由于主观原因造成的漏接，导游人员应实事求是地向游客说明情况，诚恳地赔礼道歉，用自己的实际行动，如提供更加热情周到的服务来取得游客的谅解。另外，还可采取弥补措施，高质量地完成计划内的全部活动内容。

由于客观原因造成的漏接，导游人员不要认为与己无关而草率行事，应该立即与旅行社有关部门联系以查明原因，并向游客进行耐心细致的解释，以防引起误解。与此同时，应尽量采取弥补措施，努力完成接待计划，使游客的损失减少到最低；必要时，请旅行社领导出面赔礼道歉，或酌情给游客一定的物质补偿。

（三）错接事故

错接是指导游人员接了不应该由他接的旅游团（者），错接属于责任事故。

1.错接事故的原因分析

（1）没有准备足够的时间，仓促出发。

（2）接团前没有准备接团必需的物品，也没有与司机做好工作分工。

（3）导游员责任心不强，接到旅游团后不认真核对。

2.错接事故的预防

（1）导游人员应提前到达接站地点迎接旅游团。

（2）接团时认真核实相关事务。导游人员要认真逐一核实游客客源地、旅游目的地、组团旅行社的名称、旅游团的代号和人数、全陪或领队姓名（无全陪或领队的团要核实游客的姓名）、下榻饭店等。

（3）警惕并严防社会其他人员非法接走旅游团。

3.错接事故的处理

（1）若错接发生在同一家旅行社接待的两个旅游团时，导游人员应立即向相关领导汇报，经领导同意后，地陪可不再交换旅游团，全陪应交换旅游团并向游客道歉。

（2）若错接的是另外一家旅行社的旅游团时，导游人员应立即向旅行社领导汇报，设法尽快交换旅游团，并向游客实事求是地说明情况并诚恳道歉。

（3）如果自己接的团队还在机场、车站、码头无人迎接，应立即报告旅行社尽快安排接站。

（四）空接事故

空接事故就是导游员按接待计划到接站地点接团，却没有接到要接的旅游团的现象。空接事故一般不是责任事故。

1.造成空接的原因

（1）旅游团提前到达，却没有与接待社联系上，径直去了将要下榻的饭店。

（2）旅游团所乘交通工具由于天气或机械故障延误了出发时间，而组团社又没有即时通知地接社。

2.事故处理的方法

（1）导游员应立即询问机场（车站、码头）有关人员，旅游团所乘交通工具是否到达或者是否有变更情况。

（2）要把情况即时汇报给旅行社，请求协助查明原因。

（3）若推迟时间不长，导游员要继续留在接站地点等候；若推迟时间较长，则要根据旅行社的安排，重新落实接团事宜。

（4）导游员要向下榻饭店询问旅游团是否已经住进饭店；如果确定旅游团没有到达饭店，导游员要在接站地点寻找至少30分钟，仍没有找到旅游团，经旅行社有关部门领导同意后返回。

3.事故的预防

（1）上一站全陪或领队应及时将旅游团临时变更情况通知下一站接待社，本站接待社也应主动与上一站接待社或组团社沟通。

（2）旅行社内勤人员要有高度责任心，在接到上一站变更通知后，立即设法通知导游员。

（3）导游员自己也应在接团前再次核实接待计划，必要时，应亲自到旅行社查阅有关值班记录和变更通知，并按接待计划预定时间提前抵达接站地点。

（五）行李遗失及行李破损事故

1.行李遗失

游客的行李丢失主要发生在公共交通运输途中和搬运过程中，因而责任一般在交通运输部门。虽然不是导游人员的责任，但行李丢失会给游客的旅途生活带来许多不便，影响游客的情绪，干扰旅游活动的顺利进行。因此，导游人员应认真对待，在工作的各个环节逐一防止行李丢失。一旦发生这种情况，导游人员应该积极帮助寻找，设法解决问题。

（1）途中丢失行李

海外游客乘飞机来华时丢失行李，其责任主要在所乘飞机的航空公司，导游人员的责任是协助失主同所乘航班的航空公司交涉，以追问行李。

导游人员应先带失主到机场失物登记处办理行李丢失和认领手续。失主须出示机票及行李牌，详细说明始发站、转运站，说清楚行李的件数及丢失行李的大小、形状、颜色、标记等特征，并一一填入失物登记表。导游人员应将失主下榻酒店的名称、房间号和联系方式告诉登记处，并记下登记处的电话和联系人，记下有关航空公司办事处的地址、电话，以便联系。

游客在当地游览期间，导游人员要不时打电话询问寻找行李的情况。如果一时找不回行李，要协助失主购置必需的生活用品。

如果离开本地前行李还没有找到，导游人员应帮助失主将接待社的名称、全程旅游线路以及各地可能下榻的饭店名称转告航空公司，以便行李找到后及时运往最合适的地点交还失主。

如果行李确系丢失，失主可按照航空公司的有关规定向其索赔。

（2）在中国境内丢失行李

游客在中国境内旅游期间丢失行李，这主要发生在行李交接和运送的各个环节中，一般是交通部门或行李员的责任。但导游人员应该认识到，不论是在哪个环节出现问题，责任在我方。所以，导游人员应高度重视，积极设法查找。

① 冷静分析，找出差错的环节

如果游客在出站前领取行李时找不到托运的行李，则有可能是上一站行李交接或行李托运过程中出现了差错，此时导游人员可采取以下措施：带失主到机场失物登记处办理行李丢失和认领手续，由失主出示机票和行李牌，填写丢失行李登记表；同时，导游人员应立即向旅行社领导汇报行李丢失情况，请其安排有关部门和人员与机场、上一站旅行社、民航等单位联系，积极寻找。

如果抵达饭店后旅客没有拿到行李，则问题可能出在饭店内或本地交接或运送行李过程中，此时，地陪应采取如下措施：和全陪、领队一起先在本团成员所在住房寻找，查看是饭店行李员送错了房间，还是本团客人误拿了行李；如找不到，应与饭店行李科迅速取得联系，请其设法查询；如饭店行李科工作人员仍找不到，应向旅行社汇报。

② 做好失主的工作

导游人员要主动关心、安慰失主，对丢失行李事故向失主表示歉意，并帮助其解决因行李丢失而带来的生活方面的困难。

③ 随时与有关方面联系

在当地游览期间，导游人员要随时与有关方面联系，询问查找进展情况。若行李找回，应及时归还失主，并向其说明情况。

④ 丢失后处理

如果确定行李已经遗失，则应由旅行社领导出面向失主说明情况并表示歉意，帮助失主根据惯例向有关部门索赔。事后应写出书面报告，报告中要写清行李丢失的经过、原因、查找过程及失主和其他团员反映的情况。

2.行李破损

由于旅游者在整个旅游过程中往往要经过好几个城市或地区，要利用不同的交通工具，有时难免会发生行李破损的事情，甚至有可能其行李在被拿到后发现已面目全非。我国民航部门对行李破损的赔偿是有规定的。托运行李全部或部分损坏、丢失，赔偿金额每千克不超过人民币50元。如果行李的价值低于50元时，按实际价值赔偿。已收超重行李费退还。旅客丢失行李的重量按实际托运行李的重量计算，无法确定重量时，每一旅客的丢失行李最多只能按该旅客享受的免费行李额赔偿。托运行李每千克价值超过人民币50元时，可以办理行李声明价值。承运人应按旅客声明价值中超过上述规定限额部分的价值的5%。收取声明价值附加费，金额以元为单位。旅客的丢失行李如已办理行李声明价值，应按声明的价值赔偿，声明价值附加费不退。声明价值最高额为人民币8000元。导游人员要带领行李被损坏的游客到机场行李查询登记处填写《行李运输事故记录》。帮助行李破损游客按《航空法》有关规定，向民航行李查询登记处索取一定的赔偿。目前我国民航管理部门采取的赔偿方式主要是现金赔偿，或者是以新的行李箱换被损坏的破行李箱。在特殊情况下，民航部门也会给旅游者开具证明，让其回国后向保险公司索赔。

对旅游团的行李利用其他交通工具进行托运而破损的情况目前尚没有明确的赔偿办法。

三、实训内容、组织方式及步骤

实训内容： 误车事故的处理

实训要求： 请学生根据材料，总结出误车事故产生的原因及处理办法。

实训形式： 案例分析。

实训步骤：

第一步：实训前准备。要求参加实训的同学，课前查阅相关书籍，初步了解本次实训所涉及的基础知识。

第二步：以 5 ~ 6 人的小组为单位，进行资料的分析与讨论，各人充分发表各人的观点。

一个 40 人的国内旅游团，计划于 4 月 15 日 15：30 分乘火车离开北京前往西安。旅游团在一家大型商场旁的餐厅用餐，午餐于 13：00 结束。游客要求去商场购物，地陪起先不同意，但禁不住游客的坚持还是同意了，不过他一再提醒大家一个小时后一定要返回原地集合。

一个小时后只有 38 个人回来，等了一会儿，地陪让已经回来的游客在旅游车上休息，自己与全陪及两名年轻游客进商场寻找，找到两人时，离火车的开车时间只有 20 来分钟了，旅游团赶到北京火车站时，火车已经离站。

第三步：对小组成员的各种观点进行记录。

第四步：各小组选出一名代表发言，对小组讨论结果进行总结。

第五步：实训指导教师对小组成员的讨论情况进行总结。

四、实训时间及成绩评定

（一）实训时间

资料分析、讨论时间以 15 分钟为宜，各小组代表发言时间控制在 3 分钟以内。

（二）实训成绩评定

1. 实训成绩按优秀、良好、中等、及格、不及格 5 个等级评定。

表 9-1 误车事故的处理"资料分析记录

专业班级		组 另	
记录人		时 间	

小组成员			
讨论记录	根据以上材料，说说案例中导游人员犯了哪些错误？ 导游人员面对这样的事故该如何处理？ 导游人员该怎么做才能避免此类事故的发生？		成　绩
	组员 1		
	组员 2		
	组员 3		
	组员 4		
	组员 5		
	组员 6		

2. 实训成绩评定准则：

（1）是否弄清误车事故产生的原因。

（2）是否掌握误车事故的处理方法。

（3）是否懂得如何避免此类事故的发生。

（4）是否为本次实训活动制订了很好的计划并付诸实施，是否能很好地对讨论的内容进行总结和概括。

实训项目二　个人事故的处理与预防

一、实训目的

通过实训，要求学生了解个人事故的基本类型，熟悉业务事故产生的主要原因，掌握业务事故的预防和处理。

二、基本知识点

个人事故属非责任事故，主要是指由于旅游者自身原因而导致证件、财物的丢失，或旅游者在游览活动过程中走失。

（一）丢失证件事故的处理与预防

旅游证件很多，如护照、签证、旅行证、《港澳居民来往内地通行证》、中国公民的身份证等。导游员对游客的旅游证件的丢失要根据不同类型的证件采取相应的处理办法。

1. 外国游客护照和签证丢失

（1）开具遗失证明

由当地接待旅行社开具证明，失主持旅行社的证明去当地公安局挂失，并由当地公安机关出具遗失证明。

（2）重新申请护照和办理签证

失主持公安机关报失证明，随身携带照片去所在国驻华使、领馆申请新护照。失主领到新护照后，再到当地公安机关出入境管理部门补办签证。

（3）团队签证的补办手续

由海外领队准备签证副本和团队成员护照并重新打印团队全体成员名单，填写有关申请表，再到公安局出入境管理处办理补办签证。

2. 华侨在中国丢失护照和签证

（1）开具遗失证明

由当地接待旅行社开具证明，失主持旅行社的证明去当地公安局挂失，并由当地公安机关出具遗失证明。

（2）重新申请护照和签证

失主持遗失证明到省、市、自治区公安局（厅）或授权的公安机关报失并申请新护照。领到新护照后去侨居国在华使、领馆办理入境签证手续。

3. 中国公民在境外丢失护照和签证

（1）开具报案证明

中国公民在境外丢失护照，应先由当地接待社开具遗失证明，然后持当地接待社的遗失证明到当地警察局报案，并由当地警察局开具具有法律效力的报案证明。

（2）重新申请护照

失主持当地警察局的报案证明、本人照片及团队人员护照资料到我国驻该国使、领馆办理新护照。

（3）重新申请签证

失主领到新护照后，携带证明和签证复印件等必备材料到旅游目的地国移民局办理签证。

4. 丢失《港澳居民来往内地通行证》

失主持接待社的证明向遗失地的市、县公安部门报失，经查实后由公安机关的出入境管理部门签发一次性有效的《中华人民共和国出境通行证》。

5.丢失《台湾同胞旅行证明》

失主到遗失地的中国旅行社或户口管理部门或侨办报失，经核实后发给一次性有效的出境通行证。

6.丢失身份证

由当地旅行社核实后开具遗失证明，失主持证明到当地公安局报失，经核实开具身份证明，机场安检人员核准放行。

7.证件去失的预防措施

为了防止游客的证件丢失，导游员要提醒海外领队帮助游客统一保管证件；导游员需用游客证件时，需由领队收取，用完后及时如数归还，千万不可代为保管。中国公民在境外旅游期间，出境领队要时刻提醒游客保管好自己的证件，最好由领队统一保管。

（二）游客财物丢失事故的处理与预防

在旅游期间游客的财物不慎丢失，导游员要以高度的责任感帮助失主寻找丢失的物品，具体的方法如下。

1.弄清情况、积极寻找

导游员在得知游客的财物丢失后，应保持清醒的头脑，帮助失主回忆最后一次见到失物的时间、地点，弄清到底是放错了地方还是真的丢失了。如果确实是丢失了，要问清失物的形状、大小、颜色、特征和价值等情况。然后，由领队、全陪会同失主到可能丢失的地方寻找。

2.安慰失主

如果一时找不到，导游员要安慰失主，同时导游员要提供热情周到的服务，以缓解失主的不快情绪；并请失主留下详细地址、电话号码，以便找到后及时归还。

3.帮助失主开具遗失证明

若在游客离开中国前还没有找到失物，且该丢失的物品又是进关时申报的或保过险的贵重物品，接待社应出具证明，失主持此证明到当地公安机关开具遗失证明，以备出海关时查验和向保险公司索赔。

（三）游客走失事故的处理与预防

1.游客在游览活动中走失

（1）了解情况，迅速寻找

一旦发现游客走失，导游员应保持冷静，迅速向其他游客了解情况，分析走失者的走失时间和可能去向。然后，地陪、全陪和领队密切配合，留下一人照看在场的游客，其余两人再请少数相关游客一起寻找。

（2）请有关部门协助寻找

若一时找不到，导游员应立即向游览地派出所或管理部门报告，提供走失游客的特征，请求他们帮助寻找。

（3）与饭店联系

导游员在寻找过程中可以通过电话与下榻饭店联系，询问饭店前台和楼层服务员走失游客是否已回饭店，如果没有回，就请他们留意，一旦走失游客返回立刻用电话通知导游员。

（4）报告旅行社

若经过寻找后，仍未找到走失游客，导游员应打电话告诉旅行社，报告相关情况，请求帮助，必要时就地报案。

（5）继续做好后面的游览工作

导游员不能因为个别游客走失就放弃整个旅游团的旅游活动，应当继续带领其他游客参观游览，并要设法调节游客的游兴，不要让走失事故过分影响大家的情绪。

（6）做好善后工作

找到走失者后，导游员首先要安慰他，然后分析走失原因，如果责任在导游员，则要诚恳地向客人道歉；如果责任是游客自己，则应委婉地提出善意的批评，但不要过多地指责，然后提醒他在后面的游程中要遵守团队纪律，以免再犯。

（7）写出书面报告

事后导游员要写出书面报告，详细叙述游客走失经过、寻找过程、走失原因、善后处理情况及游客的反应。总结教训，以防此类事故再次出现。

2.游客在自由活动中走失

（1）立即组织寻找。导游队员可以发动全陪、领队一起寻找。

（2）如果寻找不到走失的旅游者，导游人员应该及时向旅行社汇报，或者向事故发生地所在辖区公安部门或者派出所报案，提供走失者的特征，请求帮助寻找。

（3）做好善后工作。走失者回饭店，导游人员应表示高兴，问明情况，提出善意批评，但不必过多指责；可以此来提醒其他旅游者引以为戒，避免走失事故再次发生。如果在旅游团离开本地时仍未找到走失的旅游者，旅行社应该派专人负责有关寻找工作，与公安机关保持密切联络，直到情况明朗为止。

（4）写出书面报告。事后导游员要写出书面报告，详细叙述游客走失经过、寻找过程、走失原因、善后处理情况及游客的反应。总结教训，以防此类事故再次出现。

3.游客走失事故的预防

为了避免游客走失事故的发生，导游员在导游活动过程中应做好下列工作：导游员每天要向游客通报当天的游览日程，游览景区、用餐点的名称和地址，以及相关的抵达时间和逗留时间，以便走失者可以自己去餐厅或下一个景点与旅游团汇合；在游览过程中，地陪在讲解时一定要分出精力观察周围环境、留意游客的动向，全陪要尽全力与领队配合，随时注意游客的活动，及时提醒落后游客跟上队伍，避免游客走失事故发生。

三、实训内容、组织方式及步骤

实训内容：个人事故处理

实训要求：熟悉个人事故预防的方法和措施，掌握各种个人事故发生时正确合理的处理方法、程序、技巧和注意事项等，以提高学生的专业综合素质、技能及应变能力。实训形式：角色扮演。

实训步骤：

第一步：实训前准备。要求参加实训的同学，课前查阅相关书籍，初步了解本次实训所涉及的基础知识。

第二步：把全班学生按每组 10 人分为 3 ~ 4 组，每组推选出 2 ~ 3 位同学分别扮演导游员和游客，每一组分别准备证件丢失事故、财物丢失事故、游客走失事故等方面的材料。

第三步：教师根据每位参加角色扮演的学生在处理各类事故所表现出来的语言表达、面部表情、肢体语言、处理步骤和措施等方面进行点评，指出他们的优点和不足，并提出改正方法。

四、实训时间及成绩评定

（一）实训时间

角色扮演以 40 分钟为宜。

（二）实训成绩评定

1. 实训成绩按优秀、良好、中等、及格、不及格 5 个等级评定。

2. 实训成绩评定准则：

（1）是否弄清个人事故产生的原因。

（2）是否掌握个人事故的处理方法。

（3）是否懂得如何避免个人事故的发生。

（4）是否为本次实训活动制订了很好的计划并付诸实施，是否能很好地对实训的内容进行总结和概括。

实训项目三　安全事故的处理与预防

一、实训目的

通过实训，要求学生了解安全事故的基本类型，熟悉业务事故产生的主要原因，掌握业务事故的预防和处理。

二、基本知识点

国家旅游局在《旅游安全管理暂行办法实施细则》第七条中规定：凡涉及旅游者人身、财物安全的事故均为旅游安全事故。第八条中规定：旅游安全事故可以分为轻微、一般、重大和特大事故 4 个等级。

轻微事故是指一次事故造成旅游者轻伤，或经济损失在 1 万元以下者。

一般事故是指一次事故造成旅游者轻伤，或经济损失在 1 万～10 万元（含 1 万元）者。

重大事故是指一次事故造成旅游者死亡或旅游者重伤致残，或经济损失在 10 万～100 万元（含 10 万元）者。

特大事故是指一次事故造成旅游者多名死亡，或经济损失在 100 万元以上，或性质特别严重，产生重大影响者。

旅行社在接待过程中可能发生的旅游安全事故，主要包括交通安全事故、治安事故、火灾事故、食物中毒事故等。

（一）旅游安全事故处理的一般程序

依照《旅游安全管理暂行办法》的规定，旅行社在接待旅游团体过程中，发生旅游安全事故后，应按下列程序处理。

1. 组织紧急救援

在场的导游人员应冷静、沉着地协同有关部门抢救伤员并阻止事态的继续发展。

2. 保护事故现场

在旅游安全事故发生后，公安部门工作人员尚未进入事故现场前，如果因抢救工作需移动物证时，应做好标记，并尽量保护事故现场的客观、完整。

3. 立即报告

导游人员应立即向所在旅行社和有关消防、公安、交通部门报告，旅行社应当及时报告当地旅游行政管理部门，同时报告组团旅行社。当地旅游行政管理部门在接到一般、重大、特大旅游安全事故报告后，要尽快向当地人民政府报告。对重大、特大旅游安全事故，要同时向国家旅游行政管理部门报告。

4.妥善地做好旅游安全事故的善后工作

（1）确认伤亡人员。旅行社应该在组织救援的同时，迅速查明伤亡人员的团队名称、国籍、姓名、性别、年龄、护照号码及国内外保险情况，作书面记录。如果出现有境外旅游者伤亡的情况，要及时通知其所在国驻华使、领馆及伤亡者家属、海外组团社。

（2）慰问伤者及接待伤亡者家属。事故发生后，接待社、组团社及有关部门应派人前往医院慰问伤员；海外伤亡者家属抵达后，有关部门、接待社或者组团社要向其提供必要的食宿和交通条件，并前往住地表示慰问。

（3）向伤残者或伤亡者家属提供必要的证明文件。责任方及主观部门负责联系有关部门向伤残者或伤亡者家属提供以下证明文件：由县级或县级以上医院向伤残人员出具《伤残证明》；由县级或县级以上医院向伤亡者家属出具《死亡证明书》、抢救经过、《诊断书》或《病历简要》，若死者家属或其所在国驻华使、领馆提出解剖要求，则应向其出具《解剖结果证明书》；对于非正常死亡，由公安机关或司法机关的法医出具《死亡鉴定书》。需要注意的是，以上证明必须与死因相符，必须由死者的家属以书面形式提出。

（4）死者遗物的清理。对死者的遗物，应由死者同行人员及其所属国驻华使、领馆和我方人员共同清点。若无同行人员及驻华使、领馆人员在场，可请公证人员到场。清点完毕，列出清单，由清点人员逐一签字，并办理公证手续，一式数份。遗物移交时，请接受遗物者出具收据，并注明接受地点、时间、在场人员等。若死者有遗嘱，应将遗嘱拍照或复印留存，原件交死者家属或所属国驻华使、领馆。

（5）如果死者在生前已经办理了人寿保险，旅行社方面应该协助死者家属进行人寿保险索赔，帮助提供医疗费报销等有关证明。

（6）事故的调查。内容应包括：事故发生的原因，人员伤亡及财产损失情况，事故的性质和责任等内容。

（7）写出书面总结报告。内容应包括：事故经过及处理，事故原因，责任、教训、善后工作的进行，伤者、死者家属和有关人员的反应，提出防止类似事故再次发生的建议。

（8）其他善后处理工作。

5.理赔

根据《旅游安全管理暂行办法》第十一条规定："对于外国旅游者的赔偿，按照国家有关保险规定妥善处理。"

作为导游人员必须明白，在整个事故的处理过程中，必须有多方人员在场，比如死者或伤者的家属，旅游团的领队或团员，使馆的工作人员和旅行社的有关领导，导游人员不能单独行事；在有些环节上还需要公安机关、旅游主观部门、保险公司的有关人员在场；每个重要环节必须有文字记录；事故处理完毕以后，必须把全部报告、证明、文件、清单和有关材料认真保存，以备日后查验。

（二）交通事故的处理和预防

1.交通事故的处理

在旅游活动过程中，交通事故主要是汽车交通运输事故。一旦发生交通事故，只要导游人员没有受重伤，神志仍然清醒，就应立即采取措施，沉着、冷静、果敢地处理事故，并做好善后工作。具体措施有：

（1）立即组织现场人员抢救。交通事故发生后，作为导游人员，首先不能乱了方寸，应立即组织现场人员抢救受伤者，特别是重伤者。导游人员应该请求具有急救知识的人员或者自己运用所学的急救知识来帮助伤者止血、包扎、上夹板或者进行人工呼吸；同时，应立即打电话给救护中心，将伤者送往就近的医疗单位抢救。所以，导游人员应该具备基本的急救护理常识和技能。导游人员不能认为有些伤员可能没有再生的希望而放弃救助。

（2）保护现场，立即报案，事故发生后，导游人员要注意不要在混乱中破坏了现场，应指定专人保护现场，有助于现场取证人员掌握第一手证据，有助于日后责任的认定。并应尽快通知交通和公安部门，请求派人前往现场处理。还要及时通知承保的保险公司，请其派人来现场勘察情况。

（3）导游人员要提醒司机通过设立警示牌等方法，给其他过往的车辆发出信号，以避免发生碰撞。同时，导游人员还要提醒司机检查并判断旅游车是否有进一步的危险，比如起火、爆炸等。

（4）迅速汇报。在安顿好受伤旅游者后，导游人员应迅速向所在旅行社领导和有关方面报告事故发生地点、原因、经过及所采取的措施，旅游者伤亡情况，团内其他旅游者的反应等，听取领导对下一步工作的指示。

（5）做好其他旅游者的安抚工作。导游人员应及时安抚其他旅游者的情绪，若事故不是很严重，有可能的话，要组织其他旅游者继续进行参观游览活动。等事故原因查明后，要慎重地向全团旅游者说明。

（6）协助有关部门做好善后处理工作。导游人员应积极配合交通、公安等有关部门对事故进行调查；协助旅行社有关人员处理善后事宜，如事故原因调查、帮助旅游者向有关保险公司索赔等。

（7）写出书面报告。在事故处理结束后，导游人员应就事故的原因、经过、伤亡情况、旅游者的情绪和对处理的反应、事故责任及对责任者的处理等，写出详细的书面报告交旅行社领导。

2.交通事故的预防

避免在旅游过程中发生交通事故的措施主要有：

（1）合理安排日程，以免司机为赶时间而开快车。

（2）提醒司机不开"英雄车"，严禁酒后开车，防止司机开疲劳车。

（3）不在途中与司机交谈说笑。

（4）导游人员即使有驾照，也不允许帮司机开车。在危险地段，旅游者应该下车行走。

（三）治安事故的处理和预防

治安事故就是指在旅游活动期间，发生的游客遭歹徒行凶、诈骗、偷窃、抢劫或欺侮等事件。在发生治安事故时，导游员要充分履行安全员的职责，要勇于与不法分子作斗争，保护游客的人身和财物安全。

1.治安事故的处理措施

（1）保护游客的人身和财物安全

在遇到不法分子对游客进行不法行为时，导游员的首要任务是保证游客的人身安全，其次是保护游客的财物不受侵害。导游员要挺身而出，迅速把客人转移到安全地方，配合公安人员和在场群众缉拿罪犯.挽回游客的损失。如果在与犯罪分子作斗争过程中有游客受伤，导游员要及时组织抢救。

（2）报告公安部门和旅行社

事故发生后要在最短时间内报警，向公安机关说明事故发生的地点、时间、案情经过，提供作案者的体貌特征，报告受害者姓名、性别、国籍、伤势，以及损失物品的名称、特征、数量和型号。导游员事后还要经常与公安部门联系，及时了解案情的进展情况，并由领队向全体游客介绍。

导游员要及时把情况报告给旅行社领导，按照领导的指示工作，必要时旅行社领导应到现场指挥处理。

（3）安抚游客的情绪

导游员要采取必要措施稳定游客的恐慌情绪，不能让事故影响游客的游兴，要设法让游客安心参加后面阶段的旅游活动，力争按计划完成旅游接待任务。

（4）协助领导处理善后事宜

导游员要在领导的指示下准备好必要的证明文件和材料，妥善处理伤残、死亡、理赔等善后事宜。

（5）写出书面报告

导游员事后要写出书面报告，详细介绍事故的发生经过及处理过程。报告要写明受害人的姓名、性别、国籍及受害程度，要写明事故的性质、侦破情况以及受害人和其他游客的情绪。

2. 治安事故的预防措施

为了防止此类事故的发生，导游员要采取下列措施：要经常提醒游客把身上的贵重物品存入饭店的保险柜内，不要与陌生人接触，不要贸然开门，不私自交换外币；每次离开旅游车时，导游员都要不厌其烦地提醒游客不要把贵重物品和证件放在车上，要提醒司机关好车窗、锁好车门；旅游活动中导游员要始终与游客在一起，密切注意周围环境的变化，一旦发现不正常现象，就要提醒游客注意并迅速转移到安全地带；交通工具在行驶过程中，提醒司机不要随意停车，不允许搭乘无关人员。

（四）火灾事故的处理与预防

火灾事故在旅游活动中一般不多见，但一旦发生危害就非常严重，损失也会十分巨大。因此，导游员对火灾事故要有高度的警觉。

1. 火灾事故的处理

（1）立即通知游客

导游员遇到火灾时一定要镇定，要立即通知旅游团的全体成员，并配合饭店服务员，听从统一指挥，有条不紊地指挥游客疏散。导游员在自己旅游团全体成员全部离开后才能离开，不能只顾自己逃命而置游客于危险境地。

（2）引导客人自救

在被大火和浓烟包围的情况下，导游员要引导游客进行自救。如用毛巾和床单塞住门缝隙，不让浓烟进房间；要求客人沿着墙壁站立，或用毛巾捂住鼻子和嘴巴顺着墙根爬出去，或打开未燃烧的窗户向外呼叫求救。

（3）处理善后事宜

游客得救后，导游员要立即组织抢救受伤者；将重伤游客立即送到最近的医院，若有人死亡，按有关规定处理；采取措施安抚游客的情绪，为其解决生活方面的困难，设法动员游客继续进行旅游活动；协助领导处理善后工作，写出书面报告。

2. 火灾事故的预防

导游员要提醒游客不要躺在床上抽烟，不要乱扔烟蒂和火种，不要把易燃易爆物品夹在行李中。同时，导游员要熟悉饭店安全通道，将每一楼层的太平门、安全出口、安全楼梯的位置都牢记在心。

（五）食物中毒事故的处理与预防

有些游客在旅游期间被当地各式各样的小吃和水果所诱惑，在进食过程中没有注意到饮食方面的卫生，或者是部分商家不讲职业道德出售腐烂变质的食品等，导致游客食物中毒事故发生。由于食物中毒潜伏期短、发病快，若抢救不及时，游客就可能会有生命危险。这样不仅会给游客的身体健康带来极大的危害，也会让旅行社的声誉受到极大的损害，所以导游员在带团过程中要慎重行事，要以游客的利益为重、以旅行社的利益为重，严格遵守导游员的职业道德，防患于未然。

1.食物中毒事故的处理

（1）设法缓解病情

游客食物中毒后，导游员要设法催吐，并让中毒者多喝水以加速排泄，缓解中毒者的病情。

（2）立即送往医院

在对中毒游客进行初步解毒处理后，要立即把他送往最近的医院进行抢救，并要求医生开具诊断证明和填写抢救经过报告。

（3）立即报告

导游员在把游客送往医院的同时要向旅行社报告游客中毒情况及采取的措施，追求相关单位的责任，协助游客向有关单位索赔。

2.食物中毒事故的预防

为了避免此类事故的发生，导游员在带团过程中要做到以下几点：严格按旅行社的规定到定点餐馆用餐；提醒游客不要随意在小摊上吃东西；发现饭菜、饮料、水果不卫生或变质，应立即与餐厅联系，要求更换，并要求餐厅负责人出面道歉。

（六）游客摔伤或被蛇、虫咬伤事故的处理与预防

游客在野外游览参观，有时会不小心摔伤或被蛇、虫咬伤，导致旅游活动受阻，进而影响旅游活动的正常开展，还会影响其他游客的情绪。导游员要对此类事故高度重视，不得掉以轻心。

1.摔伤事故的处理

（1）立即进行初步处理

游客摔伤后，导游员要先观察伤情，再根据伤情进行初步处理，千万不要盲目进行，以免人为地给医生抢救制造困难。一般程序是先止血，再进行伤口包扎。若造成骨折就应就地取材为客人上夹板。

（2）送往医院抢救

若游客的伤势比较严重，导游员应设法把游客及时送往最近的医院抢救，所需费用由受伤游客自己承担。

（3）做好善后工作

导游员要立即将事故报告旅行社，根据领导的指示前往医院探望，如果是境外游客，要为其办理离团手续，并帮助其向有关单位索赔。事情结束后，要认真写出书面报告，总结教训，避免事故再次发生。

2. 被蛇、虫咬伤事故的处理

（1）应急处理

如果游客被蛇、虫咬伤，导游员要设法把毒液排出，并采取措施阻止毒液进一步向身体其他部位扩散。如果是被蝎、蜂蜇伤，导游员要帮助游客将毒刺拔出，将毒液挤出或吸出，然后用消毒液冲洗伤口；若是被毒蛇咬伤，要立即用带子或细绳在伤口靠近心脏方向扎紧，防止毒液扩散，然后再用小刀沿着纵向切口，再设法把毒液吸出。

（2）送医院抢救

进行初步应急处理后，导游员要立即把受伤游客送往最近的医院进行救治，并要求主治医生开具相关证明，一切治疗费用由受伤游客自己承担。

（3）做好善后事宜

导游员应将事故报告旅行社领导，严格按照领导的指示处理好善后工作。

3. 游客摔伤和被蛇、虫咬伤事故的预防

为了防止此类事故的发生，导游员应细心提醒游客靠山边行走并注意自己的脚下，告诉游客走路不看景，看景不走路；阻止游客前往有危险的地方拍照、攀爬、嬉戏；提醒游客不要在草丛或灌木中穿行等。

三、实训内容、组织方式及步骤

实训内容：治安事故的处理

实训要求：请学生根据材料，总结出导游人员应对治安事故的措施以及防止治安事故的措施。

实训形式：案例分析。

实训步骤：

第一步：实训前准备。要求参加实训的同学，课前查阅相关书籍，初步了解本次实训所涉及的基础知识。

第二步：以 5～6 人的小组为单位，进行资料的分析与讨论，各人充分发表各人的观点。

 案例分析 7-1

2008 年 2 月 9 日 20：40（北京时间 2 月 10 日 2：00 多），16 位游客在游览南

非约翰内斯堡景点太阳城之后，在当地市中心的一家中餐馆吃饭，随后当地接待中国旅游团的旅行社派司机送中国游客返回住处。途中在经过一处红绿灯时，一辆无牌照的沃尔沃轿车加速从后面超到了大家乘坐的旅游巴士前，而此时另一辆沃尔沃轿车也迅速停在了巴士后方。沃尔沃轿车上跳下了3名持AK—47冲锋枪的黑人，并迅速上了旅游巴士，将巴士开进一处建筑旁的一个死胡同开始洗劫。游客身上价值人民币15万元左右的财物被洗劫一空，其中3名游客的3本护照也被劫匪抢走，2人受伤。

第三步：各小组根据实训指导教师提问进行讨论，并记录讨论结果。

表9-2　案例分析讨论记录稿

专业班级		组　别		
记录人		时　间		
小组成员				
讨论记录	根据材料，说说导游人员应对这样的事故采取什么措施？ 根据材料，说说导游人员应该采取什么措施防止此类事故的发生？			成　绩
	组员1			
	组员2			
	组员3			
	组员4			
	组员5			
	组员6			

第四步：各小组选出一名代表发言，对小组讨论结果进行总结。第五步：实训指导教师对小组成员的讨论情况进行总结。

四、实训时间及成绩评定

（一）实训时间

资料分析、讨论时间以20分钟为宜，各小组代表发言时间控制在3分钟以内

（二）实训成绩评定

1.实训成绩按优秀、良好、中等、及格、不及格5个等级评定。

2.实训成绩评定准则：

（1）是否弄清治安事故产生的原因。

（2）是否掌握治安事故的处理方法。

（3）是否懂得如何避免治安事故的发生。

（4）是否为本次实训活动制订了很好的计划并付诸实施，是否能很好地对实训的内容进行总结和概括。

实训项目四　安全救护培训

一、实训目的

通过案例分析，要求学生了解安全救护的基本知识。

通过模拟演习，要求学生掌握一些旅游f见病、突发病及意外伤害的防治和救护方法。

二、基本知识点

人们外出旅游，由于环境变化，加之大脑亢奋、身体疲劳、饮食不调等因素，容易生病或不适，甚至突发急症，有时还会受伤。因此，导游员应该学习并掌握一些旅游常见病、突发病及意外伤害的防治和救护方法，以便在关键时刻派上用场，保护好旅游者的安全，使旅游活动顺利进行。但要记住，任何紧急情况发生后，导游员都应报告旅行社，并把严重者送医院治疗、抢救。

（一）常见病的防治

1. 中暑

人长时间地处在暴晒、高热、高湿热环境中容易中暑。盛夏旅游时，导游人员在带团时要注意劳逸结合，避免游客长时间地在骄阳下活动。

（1）症状：中暑的主要症状是大汗、口渴、头昏、耳鸣、眼花、胸闷、恶心、呕吐、发烧，严重者会神志不清甚至昏迷。

（2）处理方法：若有人中暑，可让中暑者于阴凉通风处平躺，解开衣领，放松裤带；可能时让其饮用含盐饮料，对发烧者要用冷水或酒精擦身散热，服用必要的防暑药物；

缓解后让其静坐（卧）休息。严重中暑者在做必要治疗后应立即送医院。

2.腹泻

腹泻的病因很多，最常见的有食物中毒、痢疾、某些药物、情绪压力、酗酒、病毒、细菌感染和腹寒。如果腹泻不严重，而患者又知道多喝水，失去的水分会自然得到补充。如果患者不愿意多喝水，或会呕吐，水分补充就很困难，脱水现象很快会发生。此时可能需要住院。

（1）症状（下列现象之一或全部现象可能出现）：频繁排便，粪色不一，从淡褐到绿色；肚子绞痛；疲倦；口渴；粪中有血丝。

（2）处理办法：建议食用液态饮食以补充体内的水分及化学物质，如茶、清汤、运动饮料、碳酸饮料（摇晃以减少气泡）或盐糖稀释液。水可以直接被吸收，每小时最少要饮用60毫升的稀释液。如果腹泻持续1－2天，或尿量和次数减少，就要看医生，因为可能发生严重的脱水。同时，避免食用坚硬的食物。

3.呕吐

（1）各种情况：有许多情况会造出呕吐，尤其常见于肠胃病毒感染、吃太多、饮酒过量和情绪不佳。呕吐也会出现在更严重的情况下，诸如盲肠炎、粪便阻塞、气喘、动物咬、昆虫叮咬过敏、褐色蜘蛛叮咬、海洋生物叮咬、毒蝎咬、毒蛇咬、戒除药物、心脏病、热衰竭、受伤休克、糖尿病昏迷、食物中毒和头颈受伤。与肠病毒、过度饮食和情绪压力有关的呕吐通常不会持久。任何严重或持续超过1～2天的呕吐就需要就医，因为脱水或体内化学物损失可能发生。这对婴儿、老人或有心脏病的人尤其重要。呕吐可能意味着有严重问题。如果呕吐还带有严重腹痛，或最近头部受伤，或呕吐物带有咖啡色的血，就要立刻看医生。

（2）处理办法：在处理和肠胃不适有关的单纯呕吐时，要补充失去的体液，应经常吸食诸如碳酸饮料、茶、果汁等汤。呕吐停止后，避免吃硬食物，慢慢恢复正常饮食。

如果患者没有知觉并且呕吐，只要没有头、颈或背伤，应让他侧躺而头部后仰，这样做可以防止患者被呕吐物梗塞。头部受伤的患者应将头侧转以防止梗塞。

4.晕动病

晕动病是晕车、晕船、晕机和由于摇摆、旋转、加速度引起的一种疾病。主要原因是运动对前庭器的过度刺激所致，出现呕吐、恶心等不适的感觉。在旅游者乘机、车、船旅途当中，难免会出现呕吐、恶心等不适的感觉，这些都是因为晕动病在起作用。在带团过程当中，旅客在途中出现这些情况的时候，了解并初步掌握的晕动病预防和处理，对于我们从事导游的人员就显得格外的重要了。

晕动症实训内容

项　目	说　明
项目名称	晕动病
时　间	实训授课 0.5 学时，共计 25 分钟，其中示范讲解 10 分钟，学生分组演练 15 分钟
要　求	（1）了解晕动病的发病机制 （2）熟悉、掌握晕动病的预防和简单处理
器具准备	电话、塑料袋、生理盐水、茶苯海明、甲氧氯普胺、苯巴比妥
方　法	（1）教师示范讲解 （2）学生分组实习 （3）分组演练
步骤与操作标准	（1）实训前：准备好实训所需的物品，交代实训中的注意事项 （2）教师示范讲解 1）晕动病的发病机制：本病多在乘坐交通运输工具数分钟或数小时后发生，主要原因是运动对前庭器的过度刺激所致，只有第八对脑神经和小脑前庭束完整无损时才可能发生晕动病 2）临床表现：通常先出现唾液分泌增多、面色苍白、出冷汗、头晕，随后发生上腹不适、恶心、呕吐和心动过缓。发生呕吐后，患者即感到无力、注意力不集中。乘坐交通运输工具数分钟或数小时后发生，引起呕吐、心率减慢、血压下降、唾液分泌.一般多见于 2 ~ 12 岁年轻乘客 3）发病原因：通风不良、不悦气体、情绪惊恐和忧郁、睡眠不足、过度疲劳、饥饿或饱餐等易促发此病的发生 （3）实训开始 1）上车前准备。在乘客上车前，导游应检查每位乘客位子上是否有备用的塑料袋，以准备给乘客在旅途中晕车呕吐时用。自带晕车药，以备乘客晕车用 2）将晕车的乘客安排适合的位置。将平时晕车的乘客安排在靠窗户的座位，以保证空气的通畅，减少晕车的可能性。给有需要的乘客视情况发放晕车药 3）讲解晕车的注意事项。向乘客讲解晕车的一般知识及预防措施 4）预防：启程前避免饱餐、饮酒和过度疲劳。在旅行途中应闭目静坐，不要观看旅途两旁晃 5）动物体，避免阅读。乘坐轮船时，可适时走出船舱到甲板上呼吸新鲜空气.对于晕动病易感者，在乘车和乘船前 1~1.5 个小时可给予抗晕动病药物，预防发病 6）认真判断。旅客在乘坐交通运输工具数分钟或数小时后，出现唾液分泌增多、面色苍白、出冷汗、头晕，随后发生上腹不适、恶心、呕吐。发生呕吐后，乘客即感到无力、注意力不集中。在短暂缓解后，如果重新开始运动或运动更为剧烈，以上症状可再次出现.根据旅客乘车后的表现，一般不难判断是晕动病

续　表

项　目	说　明
步骤与操作标准	7）处理。应将乘客安排在安静、通风良好，运动刺激最小的位置，闭目仰卧或半卧位，头部抬高固定。较严重的乘客可予晕车药口服（茶苯海明），有呕吐剧烈的乘客可加用甲氧氯普胺，出现脱水较严重的，可口服补充生理盐水，情绪不稳定的乘客，可口服地西泮 10 毫克或苯巴比妥 100 毫克 8）与医院联系。当乘客呕吐较为严重，且口服药物无法控制，导游应将乘客脱离运输工具，及时送往医院，以免乘客因剧烈呕吐导致脱水、电解质紊乱、血压下降和精神抑郁。将乘客呕吐的内容物及量告知医生，以便医生及时补充电解质 安顿好乘客后，导游应及时回到队伍当中 （4）实训结束
实训总结	每组实训者认真总结本次实训的心得、体会，并写出实训总结

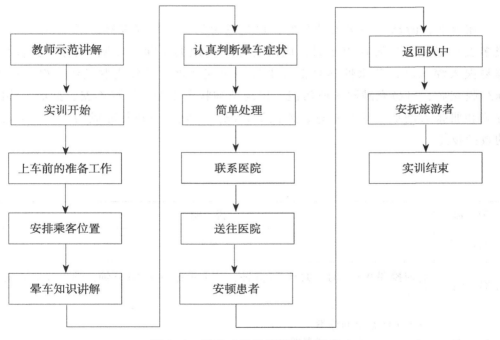

图 9-1　晕动症急救实训操作程序

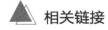 相关链接

处理乘客晕车

　　之前，导游小张带一老年团去江西庐山景区游玩。庐山海拔 1400m，上山有两条路可走，分南山路和北山路。可谓山路十八弯，据司机讲山上的路上有 100 多道弯。

早上小张和团友说："今天早上我们就要坐车上山了，团友们你们当中有没有晕车的，请随身带好晕车药，早餐不要吃得太多哦。"用完早餐后，大家出发了。一路上大家欣赏着风景，有说有笑。当汽车走了一半时，突然有位游客说："张导，我感觉要吐，能不能停车让我休息下？"长期带团上庐山的小张知道，是这位游客晕车了。小张和司机商量，让师傅开慢点。并上前问："你今天早上有用早餐吗？""没有，我怕路上晕车"。

"怕晕车不能不吃东西，而是少吃点，你早上有没有吃晕车药？这个药要半小时前吃才能见效"，小张随即给游客换了个靠窗户的座位，打开车窗通风，并且将随身带来的晕车药给游客服下。为了怕车上更多的游客晕车，小张马上在车上和大家做起了游戏，自己先表演了个节目后，让大家都来表演。一路上大家又说又笑，不知不觉到达山顶了，连平时爱晕车的游客也没有半点想吐的感觉。

5. 溺水

在暑期，游泳是许多人的爱好，也是避暑的一种很好选择，但是该运动存在很多安全隐患。导游在出团时，旅游者在对当地的水深、环境不熟悉的情况下，容易误入深水区，若水性不是很好则较易出现溺水，导致皮肤发绀、颜面肿胀、球结膜充血、口鼻充满泡沫或污泥，出现精神状态改变，烦躁不安、抽搐、昏睡、昏迷和肌张力增加，甚至窒息、死亡等状况。因此，心肺复苏成为一项导游必备的救护技能。

溺水实训内容

项　目	说　明
项目名称	溺水
时　间	实训授课 0.5 学时，共计 25 分钟，其中示范讲解 10 分钟，学生分组演练 15 分钟
要　求	（1）了解溺水的分类 （2）了解溺水的不同表现 （3）熟悉掌握心肺复苏的程序及操作
器具准备	电话、硬板、毛巾（纱布）、秒表、人工气囊、肾上腺素、利多卡因
方　法	（1）教师示范讲解 （2）学生分组实习 （3）分组演练

项　目	说　明
步骤与操作 标准	（1）实训前准备好实训所需的物品，交代实训中的注意事项 （2）教师示范讲解 1）人淹没于水或其他液体中，由于液体充塞呼吸道及肺泡或反射性引起喉痉挛发生窒息和缺氧，并处于临床死亡状态称为淹溺。从水中救出后暂时性窒息，尚有大动脉搏动者称为近乎淹溺。近乎淹溺后数分钟到数日死亡为继发淹溺，常因淹溺并发症所致 2）淹溺有两种情况 ① 湿性淹溺：喉部肌肉松弛吸入大量水分，充塞呼吸道和肺泡发生窒息。水大量进入呼吸道数秒钟后神志丧失，发生呼吸停止和心室颤动。湿性淹溺约占淹溺者的90% ② 干性淹溺：喉痉挛导致窒息，呼吸道和肺泡很少或无水吸入，约占淹溺者的10% 3）溺水的分类： ① 淡水淹溺：淡水较血压或其他体液渗透压低。进入人体后迅速吸收到血环，严重病例可引起溶血，出现高钾血症和血红蛋白尿 ② 海水淹溺：吸入的海水较淡水在肺泡内停留时间长，不能吸收到血液循环，反而使血液中的水进入肺泡腔，产生肺水肿 4）临床表现：与溺水时间长短，吸入量多少，吸入水的性质及器官损伤范围有关。近乎淹溺者可有头痛或视觉障碍、剧烈咳嗽、胸痛、呼吸困难、咳粉红色泡沫痰。溺入海水者口渴感明显，最初数小时可有寒战、发热、皮肤发绀、颜面肿胀、球结膜充血、口鼻充满泡沫或污泥。常出现精神状态改变，烦躁不安、抽搐、昏睡、昏迷和肌张力增加，呼吸表浅、急促或停止，肺部可闻及干湿啰音，淹溺者会出现呼吸、心跳停止，出现临床死亡 5）溺水致死的主要原因：主要是气管内吸入大量水分阻碍呼吸，或因喉头强烈痉挛，引起呼吸道关闭、窒息死亡 6）自救与救护：当发生溺水时，不熟悉水性时可采取自救法：除呼救外，取仰卧位，头部向后，使鼻部可露出水面呼吸。呼气要浅，吸气要深。因为深吸气时，人体比重降到0.967，比水略轻，可浮出水面，呼气时人体比重为1.057，比水略重，此时千万不要慌张，不要将手臂上举乱扑动，而使身体下沉更快·会游泳者，如果发生小腿抽筋，要保持镇静，采取仰泳位，用手将抽筋的腿的脚趾向背侧弯曲，可使痉挛松解，然后慢慢游向岸边。救护溺水者，应迅速游到溺水者附近，观察清楚位置，从其后方出手救援，或投入木板、救生圈、长杆等，让落水者攀扶上岸 7）治疗：心肺复苏术 ① 出水后救护：首先清理溺水者口鼻内污泥、痰涕，取下假牙，然后进行控水处理。救护人员单腿屈膝，将溺水者俯卧于救护者的大腿上，借体位使溺水者体内水由气管口腔中排出。有些农村将溺水者俯卧横入在牛背上，头脚下悬，赶牛行走，这样又控水、又起到人工呼吸作用。如果溺水者呼吸心跳已停止，立即进行口对口人工呼吸，同时进行胸外心脏按压 ② 心肺复苏：当疑有病人意识丧失或倒地时，应警惕心跳、呼吸嫌停可能。首先用手轻推病人肩部并呼喊病人，如无反应，立即使病人仰卧，转动病人。急救者将耳或面颊贴近病人口鼻，倾听有无呼吸，并同时触摸病人的颈动脉有无搏动，若判定心跳、呼吸停止，应立即抢救，进行心肺复苏。初期复苏包括以下三个步骤，概括为 A、B、C

项　目	说　明
步骤与操作标准	A——Aairway（气道），该方法为确保呼吸通畅是首步重要措施，但却常被忽视而导致人工呼吸的无效和延误急救。病人昏迷后咽喉部支持组织松弛，舌根后坠是引起呼吸道阻塞最多见的原因。另外，呕吐物及其他异物亦可造成呼吸道阻塞。目前解决此类阻塞的方法首先推荐的是仰头举额手法，即急救者一手置于病人前额，用力后压将头向后翘起。另一手的食指和中指置于下颌骨之下靠近下处，举起下颌，并助头部后仰。此时气管以上呼吸道完全伸直，呈最佳通气位置。实施时注意勿将手指压向下软组织的深处而阻塞气道。若呼吸道有异物阻塞的呕吐物、血块等应即刻清除。口、鼻中异物可用毛巾擦去或以食指作钩状将其取出。气管的异物阻塞，施救者可一手抵病人正中线脐部稍上，远离剑突尖下，另一手置该手上，迅速向上猛压病人腹部。该法能抬高膈肌迫使肺部排出足量的空气，形成人工咳嗽，使气道内异物移动、排除。实施时应注意勿损伤内脏器官 B——breathing（呼吸）。该方法为迅速给予人工呼吸是复苏的重要措施之一，方法有多种，而口对口人工呼吸是最及时、有效的方式。急救者用仰头举额法打开病人气道后，一手置于前额保持头部后仰的同时，用拇指和食指夹住病人鼻翼，防止空气从鼻孔逸出。深呼吸后，用双唇包绕封住病人的嘴部，用力吹气，每次吹气量以病人胸廓升起为原则，约800~1200毫升，如此连续吹气两次，可使病人肺部充分换气，如病人仍无自主呼吸，则按每分钟12次的频率进行人工呼吸。在快速2次口对口人工呼吸后，即应触摸病人颈动脉，如无搏动，应在人工呼吸的同时立即进行心脏按压 C——circulation（循环）。复苏时建立人工循环方法有胸外心脏按压和胸内心脏按压两种，现场急救多采用胸外心脏按压，此法已经推广普及，效果亦被公认。胸外心脏按压可在任何场合进行，为现场急救时最实用、最有效的心脏复苏方法。病人就地仰卧，如在软床上要在其背部垫一块木板，急救者用一手掌根部防在病人的胸骨下半部，另一手置于此手背上，二掌相叠时手指伸直向上跷起或者相互交叉锁住，两肘关节伸直，急救者双肩位于双手的正上方，利用身体重量和肩臂力量，有节奏地垂直向下用力按压。每次按压时要使胸骨下陷3.8 ~ 5厘米，压深不够则按压无效。每次按压后压力必须全部放松，使胸骨恢复正常位。放松时间和按压时间相同，即各占50%的时间。放松时手掌根部不应离开肋骨，以免再次按压时呈拍击状，而分散按压力量。按压频率为80 ~ 100次 / 分钟。心脏按压必须与人工呼吸相配合，有两人进行复苏时，有一人专司口对口人工呼吸，心脏按压与人工呼吸的比例为5：1，即每5次心脏按压间隙时加入一次口对口人工呼吸。如只有一人进行复苏，则心脏按压与人工呼吸的比例为15 ：2。小儿胸壁富有弹性，施行心脏按压时只用单手按压，新生儿则用食指和中指两指头按压。新生儿心脏位置较成人稍高，按压部位在胸骨中部，按压小儿应使胸骨下陷2.5 ~ 4厘米，新生儿1 ~ 2厘米即已达要求 . 无论是成人还是婴儿，胸外按压的连续性十分重要，不得因替换救护者、检查心脏而中断按压的连续性，按压稍停不超过5秒，气管插管时停止心脏按压亦不应超过15秒。在心脏按压过程中应摸到大动脉搏动，收缩压在8千帕斯卡以上，说明操作正确，如瞳孔逐渐由大缩小，紫绀消退，甚至出现自主呼吸，均说明按压有效。初期复苏是在万分紧张的情况下进行的，A、B、C三步骤应密切相连，有氧时宜及早给氧，同时应设法呼救，直至病人呼吸循环已恢复并基本稳定，否则不宜转诊

项　目	说　明
步骤与操作 标准	③ 后期复苏。后期复苏是初期复苏的继续，是借助器械设备和较先进的复苏技术、知识以争取较佳疗效的复苏阶段。后期复苏的内容包括继续初期复苏、利用专用设备和专门技术进行复苏、心电监测和诊治心律失常、除颤和起搏、药物治疗、输血输液等。一般只有在医院才能进行这样的救护 ④ 注意事项：尽可能了解伤员昏迷的时间；把伤员转移到空气新鲜的地方；把伤员所穿的有碍呼吸的衣服和领扣、腰带等都解开；用衣服等物放在伤员的腰部，检查有无肋骨骨折，选用适宜的人工呼吸法；施行人工呼吸时，不可用力过猛，速度不可太快，平均每 5 秒钟一次；做人工呼吸要有耐心，应连续地做，不可间断，至少做 2 个小时或至伤员自动呼吸恢复为止，切不可做了一阵，认为伤员已死，就停止人工呼吸 （3）实训开始 1）出团前的准备。暑期带团，导游在出团前，应向旅游者介绍各地水位的深浅，劝告旅游者在不熟悉水位的情况下，禁止下水。如旅游者要游泳的，要为他们准备救生圈 2）出发前，讲解游泳溺水的自救措施。传授下水前的热身操，溺水的自救措施，讲解游泳过程中的注意事项，严禁不会水的旅游者下水 3）做好下水前的各项安全措施，配备好救生员 4）下水前带领旅游者做热身操，先适应水温后再下水 5）当出现溺水时，按上述方法救起溺水者。呼唤救护帮手，通知医院 6）判断溺水的程度，检查溺水者的心跳、呼吸 7）控水处理，将溺水者体内的水排出 8）做好心肺复苏的前期准备，将溺水者搬上硬板床 9）清理呼吸道，用手指或毛巾清除口、鼻内的淤泥、异物 10）口对口人工呼吸，外加胸外按压 11）等待救援或将溺水者送往医院，进行进一步治疗，将救护的过程向医院汇报 12）安顿好溺水的旅游者后，导游应及时回到队伍当中 （4）实训结束
实训总结	每组实训者认真总结本次实训的心得、体会，并写出实训总结

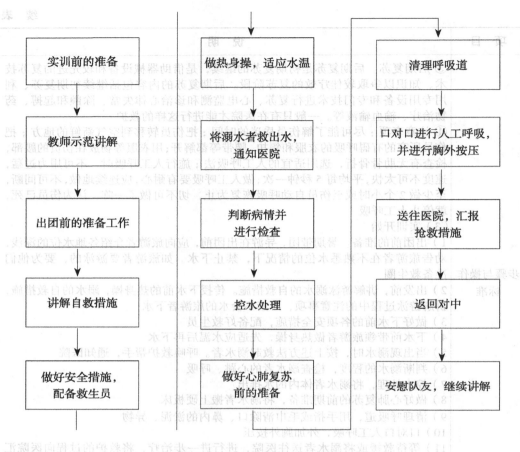

图 9-2　溺水急救实训操作程序

 相关链接：

紧急处理溺水者

　　某一年夏天，导游小刘带一个 37 人年轻团前往深圳旅游。第二天，旅游者按照计划来到深圳的海边景点大梅沙，这里是享受海洋、海滩、阳光的最佳场所。经过一番讲解后，游客们都纷纷下水，享受这海浪带来的乐趣。突然听见有人喊叫："刘导，有人在水里不见了！"小刘一下子惊呆了，立即来到海岸边和大家一起呼喊着。闻讯赶来的救生员立即跳入水中，搜寻着溺水者。经过 5 分钟的搜寻，终于溺水者被救生员托出了水面。小刘才发现是团员小王。这时围观的人越来越多，大家一边疏散人群，一边呼喊着小王的名字，他始终没有应答。检查后发现他已经没有了呼吸和脉搏，小刘立即拨打了 120，并和救生员开始为他清理呼吸道，实施人工呼吸。经过将近15分钟的心肺复苏，小王吐出很多海水，也慢慢恢复了呼吸和脉搏。这时120的救护车也赶到了，小刘请单位的领导陪同一起，将小王抬上了救护车，送往医院。自己清点人数后，带领着大家继续下一个景点。

（二）突发病的救护

1.心脏病捧发

旅游者心脏病猝发时，切忌急着将患者抬或背着去医院，而应让其就地平躺，头略高，由患者亲属或领队或其他游客从患者口袋中寻找备用药物让其服用；同时，地陪应与附近医院或医务所联系，请医生速来救治，病情稍稳定后送医院。

2.昏厥

（1）症状：昏厥是由于脑中血液补充量减少所造成的短暂知觉丧失，通常几分钟后就会恢复。症状为：皮肤苍白、湿、凉；头晕；恶心；症状可能发生在昏厥之前或当中。

（2）防止昏厥的办法：让患者躺下，腿抬高20～30厘米，或让患者坐着，并慢慢向前弯曲身体，直到头在两膝之间。将患者前方的危险品移开。安慰患者，使他冷静。

如果昏厥已经发生，要立即处置。让患者躺下，抬高脚部20～30厘米，除非怀疑患者头部有伤（跌倒所致）；维持畅通的气道，解开衣领；如果患者呕吐，让他侧卧，或是把他的头侧转以防止梗塞；轻轻地用冷水拍患者的脸，不可以对脸部泼水；检查身体各部有无摔倒所致的肿大或变形；除非患者看起来完全复原，否则不可以喂他喝任何东西。在患者恢复知觉后，要观察他、安慰他，使他冷静。如果几分钟内不能恢复，就要请医生了。

（三）受伤的救护

1.骨折

当游客发生骨折时，必须及时送医院救治，但在现场，导游人员应做一些力所能及的初步处理。

（1）止血。如果游客受伤骨折并有出血，首先应及时止血。常见的止血方法有：手压法，即用手指、手掌、拳在伤口靠近心脏一侧压迫血管止血；加压包扎法，即在创伤处放厚敷料，用绷带加压包扎；止血带法，即用弹性止血带绑在伤口靠近心脏一侧的大血管处止血。

（2）包扎。如果有外伤，包扎前最好先清洗伤口。包扎时动作要轻柔，松紧要适度，绷带的结口不要在创伤处。

（3）上夹板。就地取材上夹板，以固定两端关节，避免转动骨折肢体。

2. 蝎、蜂蜇伤，蛇咬伤

若游客被蝎、蜂蜇伤，导游人员要设法将毒刺拔出，用口或吸管吸出毒汁，然后用肥皂水，条件许可时用5%的苏打水或3%的淡氨水洗敷伤口，同时服用止痛药。导游人员、游客如果识中草药，可用大青叶、薄荷叶1两面针等捣烂外敷。

蛇咬伤处如在手臂或腿部，可在咬伤处上方5 ~ 10厘米处用一条带子绑住，但不要切断血液循环。在医护人员治疗之前，用肥皂和水清洗蛇咬伤处，或用消毒过的刀片在蛇毒牙痕处切一道深约0.5厘米的切口，切口方向应与肢体纵向平行，然后用嘴将毒液吸出吐掉。严重者要送医院抢救。

3. 脱臼

当骨头末端脱离关节的位置时就是脱臼。通常因跌倒或骨头受打击造成。脱臼最常发生在肩膀、臂部、肘部、指头、拇指和膝盖骨。其症状为：肿大、关节变形、受伤部位移动会疼或不能移动、受伤部位皮肤变色、碰触患处会疼。导游员须将患者安置在舒适的位置，用夹板、枕头或吊带将患处加以固定，将游客送往医院进行救治。

（四）人工呼吸救助法

实施CPR并无特定的疾病对象，任何人只要处于呼吸与心跳停止的状态之下，便需要CPR的急救处置，如溺水、心脏病发作或呼吸衰竭所引起的呼吸与心跳停止。

CPR的施行步骤：呼叫患者，评估意识；请人报警求救；打开呼吸道；人工呼吸；心外按摩。

单人CPR施救方法：胸外按摩与呼吸之比率是15：2；胸外按摩之速率是每分钟80 ~ 100次；每做完15次心脏按压后，给予患者人工呼吸2次。

注意：对于一个有脉搏、呼吸正常的人，绝对不能随意练习CPR，因为会造成不必要的危险，如骨折、肝脾脏裂伤、心率不整等。导游员应在专业人员的指导下学习这种救助方法。

三、实训内容、组织方式及步骤

实训内容 I ：旅途中的急救

实训要求：请学生根据材料，总结出应对的办法。

实训形式：案例分析。

实训步骤：

第一步：实训前准备。要求参加实训的同学，课前查阅相关书籍，初步了解本次实训所涉及的基础知识。

第二步：以5 ~ 6人的小组为单位，进行资料的分析与讨论，各人充分发表各人的观点。

案例分析 9-2

导游丁某在带领一队 20 人的旅游团攀登黄山时，突然发生 1 名旅客因脚下踩空而摔伤的事件。该游客幸亏被一棵大树挡住而幸免于难。经检查，该游客右上肢及右下肢皮肤擦伤明显，出血不止。

第三步：对小组成员的各种观点进行记录。

表 7-3　"旅途中的急救"资料分析记录

专业班级		组　别	
记录人		时　间	
小组成员			
讨论记录	丁某该采取哪些急救措施？ 如果该游客突然出现了心跳呼吸骤停，丁某又该怎么办？		成　绩
	组员 1		
	组员 2		
	组员 3		
	组员 4		
	组员 5		
	组员 6		

第四步：各小组选出一名代表发言，对小组讨论结果进行总结。

第五步：实训指导教师对小组成员的讨论情况进行总结。

实训内容 Q：一些旅游常见病、突发病及意外伤害的防治和救护实训要求：请医务人员指导，结合救护知识，教师组织学生模拟演习旅行中各种常见病、突发病、受伤等情况的防治和急救办法，学习人工呼吸基本救护方法。

实训形式：模拟演练。

实训步骤：

第一步：学习安全救护基本知识。

第二步：医务人员指导。

第三步：教师组织学生模拟演习。

第四步：总结交流。

四、实训时间及成绩评定

（一）实训时间

实训内容 I：资料分析、讨论时间以 15 分钟为宜，各小组代表发言时间控制在 3 分钟以内。

实训内容 n：学习安全救护基本知识时间控制在 20 分钟，医务人员指导 20 分钟，课堂模拟演习时间 30 分钟，总结交流时间 10 分钟。

（二）实训成绩评定

1. 实训成绩按优秀、良好、中等、及格、不及格 5 个等级评定。

2. 实训成绩评定准则：

（1）是否了解安全救护的基本知识。

（2）是否掌握一些旅游常见病、突发病及意外伤害的防治和救护方法。

（3）是否能有效地对此次模拟演习进行总结交流。

 相关链接

国家旅游局公布"2010 年十大旅游案例"

4 月 11 日，国家旅游局公布了 2010 年引起社会广泛关注、影响较大的 10 件旅游案例，并向全国旅游主观部门通报，以期警示旅游全行业。

据悉，2010 年全国旅游行业开展了"2010 全国旅游服务质量提升年"活动，各地旅游行政管理部门依据《旅行社条例》等法律法规，查处了一批损害旅游者权益和旅游业声誉的案件，强化了旅游企业和旅游从业人员守法诚信经营、优质服务的意识，进一步规范了旅游市场秩序 2011 年旅游监管工作按照全国旅游工作会议和全国旅游监管工作会议部署，将继续加大旅游监管工作力度，规范旅游市场秩序，提高旅游服务质量。工作重点是治理"零负团费""挂靠承包"、强迫消费等突出问题。

通报要求各级旅游行政管理部门要继续强化依法行政、以法兴旅的能力，将提高旅游服务质量放在突出位置一抓到底，对落实不力的，要通过纪检监察等方式进行问责；各旅游企业要将信誉作为企业的生命线，以诚信立业，以诚信取信于民，讲求商业道德和社会责任，依法依规经营；通过媒体宣传，引导广大旅游者追求有品质的旅游，倡导文明旅游、理性消费，做传播文明的使者。旅游全行业要共同为将旅游业打造成让人民群众更加满意的现代服务业而努力。

【案例一】南京某旅行社低于成本接待和服务案

2010 年 7 月 18 日，南京杨某等 12 名游客报名参团港澳五日游，在港澳游玩结束返回珠海逗留期间，珠海地接导游擅自将游览百货公司行程变更为珠宝店，并极力向游客推销香烟和珠宝，但游客都不愿意购买，为此双方发生激烈争吵，导游威胁并将所有游客赶下大巴车，双方对峙 1 小时之后，司机自愿将游客送到广州白云机场，导游一度阻拦。事后，游客将导游骂人的视频上传网络，并向南京市旅游质量监督管理所投诉南京市某旅行社未经旅游者同意擅自将旅游业务委托给其他旅行社，以及向深圳地接社支付的费用低于接待和服务成本。

在历时 40 余天的案件查处中，南京质监所与香港旅游业议会、深圳市文体旅游局密切合作，实地在南京、深圳、珠海、广州等地调查取证，取得了案件的第一手证据。

经调查，该旅行社组织"港澳精品五日游"旅游活动，未事先征得游客同意即委托给深圳某旅行社，且没有将旅游目的地受委托旅行社的名称、地址、联系人和联系电话告知游客；该旅行社与深圳某旅行社的团费确认书标明地接费用为 450 元 / 人，同时深圳的旅行社承认南京的旅行社向其支付的费用低于接待和服务成本，且同时期南京的"港澳五日游"地接社费用报价在每人 1300 ～ 1800 元，深圳和广州的"港澳4 ～ 5 天游"的成本价在每人 1218 ～ 1500 元，表明该旅行社付给深圳某旅行社的费用低于"港澳五日游"的接待和服务成本。

依据《旅行社条例》，南京市旅游园林局对该旅行社作出责令改正、罚款 3 万元、停业整顿 1 个月的行政处罚。停业整顿期间正值旅游报名旺季，该社 51 家门店，1个月不能营业，经营损失可见一斑。处罚该社后，南京"港澳游"不约而同"涨价"，过去在广告中常见到的"千元港澳游"已经被"品质旅游，伴你远行"取代。

【案例二】浙江某旅行社港澳专列团游客购物退款案

2010 年 5 月 4 日，大量游客同时前往浙江省旅游局、杭州市政府、杭州市旅委上访，投诉浙江某旅行社不予退赔货款。经查，2009 年 10 月，浙江某旅行社组织港澳六日火车专列团，报价为 796 元 / 人（参团游客可获价值 100 元的《钱江晚报》1年赠阅，旅游费用实际为 696 元 / 人）。超低价吸引了大批游客参团，截至 2010 年 1月，该旅行社共组织了三趟港澳游专列，游客总人数为 2947 人。在游览期间，旅行社安排多次购物活动，诱导、强迫游客在珠海、香港、澳门等地购物。游客回来后发现，所购买商品存在质量问题，要求旅行社退赔，但因该旅行社对退货事件处置不当，没有先行赔付，引发大量游客集体上访的群体事件，经媒体报道后产生了非常恶劣的影响。

处《经有关部门积极协调，通过采取四种方式，即港澳购物店退还、划拨该旅行社的质量保证金（77 万元）、旅行社总社垫付（50 万元）以及业务操作人员支付，到 2010 年 7 月 9 日基本处理完毕，共计退货 1565 人次，退还货款 312. 万余元，其中，退现金 233 余万元，退信用卡 62 余万元，以及价值 18 余万元的货物。

杭州市旅委举一反三，建立并推广大型团队活动报备制度，即无论以包机、专列、包船等形式组织或地接 100 人以上的团队旅游，都须报旅游行政管理部门备案，以加大监督力度，防止类似事件再次发生。

【案例三】北京吕丽莉涉嫌旅游诈骗案

2010 年初，多名游客向北京市旅游局投诉并向公安机关报案称，北京某旅行社取消澳大利亚、新西兰旅游合同，员工吕丽莉有诈骗嫌疑。北京市朝阳公安分局以吕丽莉涉嫌诈骗，将其拘留。经查，吕丽莉原为该旅行社出境中心员工，后于 2009 年 1~10 月底承包了该出境中心部分业务，以该旅行社名义操作出境旅游业务。2009 年 11 月 1 日，该旅行社在报纸刊登声明，解除其与吕丽莉的承包关系，称吕丽莉的债权债务与其无关。在此之后，吕丽莉使用其私刻的印章，继续以该旅行社出境中心名义操作旅游业务，采取以超低价格招徕游客，再以向游客收取出境游保证金弥补团款的方式，在 2009 年 11 月至 2010 年初期间，将招徕的游客交包括该旅行社在内的其他 10 家旅行社安排出境旅游。2010 年年初，因吕丽莉未向上述旅行社支付或足额支付旅游团款，旅行社未如期安排游客出行，引发游客投诉和报案。吕丽莉案件涉及游客约 200 人，收取出境游保证金 700 余万元，除部分款项打入该旅行社出境中心对公账户外，大部分款项汇入吕丽莉的个人账户且不知去向。吕丽莉因涉嫌诈骗被公安机关刑事拘留后，经检察机关批准，已被正式逮捕。由于担心无法退回团款，游客数十次到国家旅游局、北京市政府、北京市旅游局等地上访，造成重大影响。

此次在北京市政府领导下，北京市旅游局协调市国资委等相关部门，责成该旅行社及其上级单位尽全力解决，挽回游客损失。经反复协调，多方努力，该旅行社上级单位同意以债权转让的方式全额垫付游客的损失。

【案例四】香港导游"阿珍"辱骂游客案

2010 年 1 月，安徽省宣城市某电器公司开展有奖促销活动，获奖顾客可获得港澳双卧六日游大奖。电器公司委托宣城 A 旅行社承办此项旅游活动，A 旅行社与没有出境游资质的宣城 B 旅行社合作，其后 B 旅行社又与深圳 C 旅行社签订了赴港澳游的委托协议，参加港澳双卧六日游的游客与 B 旅行社签订了出境旅游合同。2010 年 3 月 24 日，51 人的港澳旅游团从安徽出发，香港接待社为 D 旅行社。该团在港旅游期间，香港接待社所派导游李巧珍多次胁迫游客购物，并进行人身侮辱。该团游客将导游李巧珍在旅游大巴上谩骂游客的言行暗录下来，回内地后将录像传至互联网上，引起社会广泛关注。网友戏称导游为"恶女阿珍"。

此理国家旅游局要求安徽省旅游局和广东省旅游局认真调查，严肃处理。安徽省旅游局指导、支持宣城市旅游局对本案涉及的 A 旅行社和 B 旅行社进行了调查处理。

A 旅行社和 B 旅行社均无出境游业务经营权，其行为违反了《旅行社条例》第四十六条第一项规定，即未取得相应的旅行社业务经营许可经营出境旅游业务。B 旅行社辩称，其与有出境游经营权的 C 旅行社有委托协议。经查，B 旅行社与 C 旅行社之间的委托不符合有关出境游委托招徕游客的规定。宣城市旅游局依据此项规定，对 A 旅行社处以责令改正，没收违法所得 1960 元，并处 10 万元罚款；对 B 旅行社处以责令改正，并处 10 万元罚款。

国家旅游局发函广东省旅游局，要求其调查 C 旅行社是否有零负团费、低于成本经营等违法违规行为。广东省旅游局与深圳文体旅游局通过调查，以该旅行社将旅行社业务委托给不具有相应资质的 B 旅行社．违反了《旅行社条例》第五十五条第四项的规定，决定对其罚款 50 000 元。

香港旅游业议会对本案涉及的香港旅行社和导游进行了查处。该会认定导游李巧珍违反了《导游作业守则》的相关规定，严重损害了香港旅游业的形象和声誉，施以暂停导游证六个月的处罚，其后如果再次违反有关规例，将永久吊销导游证；对指派她接待旅行团的 D 旅行社处以 4.75 万港元罚款。

【案例五】陈佑铭猝死案

2010 年 5 月下旬，湖南乒乓球前国手陈某与家人参加了湖南 A 旅行社组织的香港游，香港地接社 B 旅行社安排郑某某为该团导游。5 月 22 日，郑某某将游客带到红磡一珠宝店，安排约 20 名游客入店购物。约 20 分钟后，陈某独自走到店门外看报纸。半小时后，郑某某叫其返回店内，他进店后打算再离开时，被郑某某出言指骂并阻止他离开店铺，双方为此发生争执。陈佑铭气愤异常，心脏病发作，送医院后不治身亡。

事件发生后，国家旅游局质监所就此代表国家旅游局，向香港旅游事务专员容伟雄发函，建议就此事件进行全面调查并做出严肃处理。国家旅游局质监所就此向全国发布了第 4 号"旅游服务警示"，提示广大游客"提防低价陷阱，抵制强迫购物"。湖南省旅游局协助湖南 A 旅行社及死者亲属处理相关善后事宜，并积极协调沟通，向香港提出妥善处理事件的希望和要求，转达死者亲属的诉求。经香港、内地多方共同努力，死者家属获得经济赔偿。

香港旅游事务专员责成香港旅游议会对陈佑铭猝死事件予以彻查，香港旅游业议会规条委员会于 2010 年 6 月 21 日召开全体会议，决定终止香港 B 旅行社的议会会籍，而终止会籍导致该社停牌。议会总干事董耀中表示，议会之所以前所未有地动用如此严厉的处分，是因为该旅行社使用冒牌导游，而且在随后书面解释时弄虚作假。

【案例六】江西某旅行社旅游合同违规案

由 2010 年，江西省旅游行政管理部门以某旅行社未与旅游者签订合同，违反

《旅行社条例》第二十八条的规定，对该旅行社处以罚款 2 万元的行政处罚。2009 年 6 月至 7 月间，江西省旅游质监所连续接到游客对江西某旅行社的多起投诉。经查，发现该旅行社与游客签订的旅游合同，游客所持合同未加盖旅行社印章，该旅行社所持合同加盖的是组团部印章而非法人印章，进一步调查发现该旅行社以往所签合同大多如此。

处嫂江西省旅游局就旅游合同印章的认定问题请示国家旅游局，国家旅游局批复明确指出："旅行社给游客的旅游合同不加盖印章，或者旅行社在旅游合同上加盖部门、门市部等其他非法人印章，均应认定为旅行社未与游客签订合同。"据此，按照《旅行社条例》第二十八条、第五十五条的规定，江西省旅游局对该旅行社处以 2 万元罚款的行政处罚。听证后该旅行社不服，提起行政诉讼，一审判决旅行社败诉，现正在向江西省高院提起上诉。

【案例七】吉林 103 人团购遭遇假机票被拒登机案

素由 2010 年 12 月 18 日，吉林省 103 人在长春机场登机时，被机场方面告知所持机票为假票，不能登机。经查，103 人是吉林长春、敦化等地的市民，拟赴深圳参加由当地旅行社组织的港澳游自由行。103 人委托延边某旅行社敦化分公司代订往返机票 103 张，票款合计 156 310 元。未料，该分公司负责人粟某为偿还个人欠款，违法出具假机票，导致 103 人出行受阻，影响恶劣。

延边某旅行社敦化分公司负责人粟某出具假机票违法，被公安部门刑事拘留。该旅行社遂主动与被害人代表达成调解协议，一次性退还 156 310 元机票款，同时赔偿游客的直接经济损失 59 000 元。延边州旅游局针对该旅行社内部管理混乱，造成游客权益损害问题，撤销该旅行敦化分公司的旅行社分社备案登记并收缴《备案登记证建议工商部门吊销该分社的营业执照。吉林省旅游局决定暂停受理该旅行在省内设立分社的备案，要求该旅行社暂停省内其余分社经营业务进行整改。

【案例八】桂林某旅行社违规经营一日游案

2010 年 6 月 9 日，中央电视台经济频道《消费主张》栏目播出记者暗访桂林一日游情况。具体情形是，记者以游客身份报名参加了桂林某旅行社下设门店组织的桂林、漓江一日游。在游览过程中，导游梁某为了多安排购物活动、延长购物时间，将景区游览时间大大压缩，使旅游质量降低。导游安排的一家购物场所，以虚假的"得子祈福"为名，假意降价，大肆向游客推销商品；另一家假冒军工企业名义，兜售假冒伪劣商品。节目播出后在社会上产生了较大的影响。

节目播出后，桂林市政府主要领导做出批示，市旅游局、工商局等部门密切配合，按照职责，立即查处。国家旅游局要求彻底调查并做出严肃处理，同时针对旅游市场秩序和服务质量存在的突出问题，向各省级旅游局发出《关于进一步整顿旅游市场秩序，提高旅游服务质量的通知》（明码电报），要求各地结合贯彻落实国务院 41 号文件精神和 2010 旅游服务质量提升年活动，把暴露出来的突出问题作为重点，结合本地实际，开展专项整治活动。

经过调查，桂林市旅游局对桂林某旅行社下设服务网点违规从事招徕、咨询以外活动，依据《旅行社条例》罚款人民币 30 万元；对导游梁某私自承揽导游业务，依据《导游人员管理条例》第九条第二款和第十九条，吊销其导游证；购物店由桂林市工商管理部门依法处理。

【案例九】内蒙古两旅行社涉嫌挂靠承包经营案

2010 年 5 月 7 日，中国青年报以《内蒙古多家旅行社公开出租部门些大型旅行社就像收租子的"地主"》为题，反映内蒙古两家旅行社涉嫌挂靠承包违法问题。据记者调查，承包一个部门缴纳 1 万元保证金，承包费为每年 1.5 万元，承包人可以对外宣称是该旅行社的某一部门，各个承包部门业务独立，旅行社不过问，导致内蒙古旅游市场出现秩序和质量问题。

国家旅游局要求内蒙古自治区旅游局立即对报道中涉及的内蒙古海外、内蒙古中旅挂靠承包问题进行调查。经查，内蒙古自治区旅游局认定其中一家旅行社挂靠承包事实成立，依据《旅行社条例》第四十七条的规定，对其处以停业整顿一个月的行政处罚；成立领导小组，于 6 月 10 日至 10 月 30 日在全区开展"旅行社挂靠承包专项整治"，先后召开会议 60 余次，检查旅行社 612 家，处罚旅行社 53 家，其中，通报批评 9 家，停业整顿 3 家，罚款 4 家（数额 4.4 万元），注销旅行社 31 家，通过专项整治，统一了对挂靠承包危害性的认识，建立了防范和打击挂靠承包制度，挂靠承包现象得到有效遏制。

旅行社挂靠承包现象在全国很多地方都存在，因此，国家旅游局转发了内蒙古自治区旅游局《整治旅行社挂靠承包经营专项工作方案》，在全国部署治理旅行社部门挂靠承包违法行为。

【案例十】央视曝光北京一日游乱象

由 2010 年 10 月 10 日，中央电视台新闻频道"每周质量报告"栏目播出"十一"黄金周北京"一日游"市场秩序混乱的节目，反映一些旅行社擅自改变旅游景点和旅游线路，以居庸关长城、水关长城代替八达岭长城，以明皇宫蜡像馆替换十三陵中的定陵，旅游从业人员强迫和欺骗游客消费、辱骂围攻游客等，一些旅行社和旅游商店合谋串通，商店向旅行社支付人头费或回扣。

处理节目播出后，北京市旅游行政管理部门立即到"一日游"景点、购物点集中的昌平区、延庆县两地，与当地政府和有关部门展开调查，对节目中涉及的欺客宰客购物点和出租车迅速查封、查处，对违规旅游企业依法查处，联合工商、交通、城管、公安等部门对其他欺骗游客和欺行霸市的企业及个人依法处理。2010年，北京市对"一日游"市场进行了多轮检查整顿，组建了"一日游"市场治理整顿领导小组，成立多部门参加的专项整治联合办公室，统筹协调和督促指导"一日游"市场的专项整治；强化属地管理，建立整治"一日游"的工作台账，对各相关部门、区县工作实行量化考评；市旅游局采用手机短信、公交车电子屏等方式开展宣传引导，提醒游客识别假一日游广告，谨防低价消费陷阱，倡导理性消费，增强依法维权意识。在多轮联合整治中，共查处"黑导游"21人，查抄小广告窝点6个，收缴小广告7万余张和假地图3000册；查处旅游客车违法违章24起，查扣非法从事"一日游""黑车"28辆；处理各类违法人员63人，治安拘留62人；关闭3家医疗咨询点；清理假"一日游"站牌1250块。

（资料来源：国家旅游局）

附录

附录一　导游人员管理条例

　　第一条　为了规范导游活动，保障旅游者和导游人员的合法权益，促进旅游业的健康发展，制定本条例。

　　第二条　本条例所称导游人员，是指依照本条例的规定取得导游证，接受旅行社委派，为旅游者提供向导、讲解及相关旅游服务的人员。

　　第三条　国家实行全国统一的导游人员资格考试制度。

　　具有高级中学、中等专业学校或者以上学历，身体健康，具有适应导游需要的基本知识和语言表达能力的中华人民共和国公民，可以参加导游人员资格考试；经考试合格的，由国务院旅游行政部门或者国务院旅游行政部门委托省、自治区、直辖市人民政府旅游行政部门颁发导游人员资格证书。

　　第四条　在中华人民共和国境内从事导游活动，必须取得导游证。取得导游人员资格证书的，经与旅行社订立劳动合同或者在相关旅游行业组织注册，方可持所订立的劳动合同或者登记证明材料，向省、自治区、直辖市人民政府旅游行政部门申请领取导游证。导游证的样式规格，由国务院旅游行政部门规定。

　　第五条　有下列情形之一的，不得颁发导游证：

　　（一）无民事行为能力或者限制民事行为能力的；

　　（二）患有传染性疾病的；

　　（三）受过刑事处罚的，过失犯罪的除外；

　　（四）被吊销导游证的。

　　第六条　省、自治区、直辖市人民政府旅游行政部门应当自收到申请领取导游证之日起15日内，颁发导游证；发现有本条例第五条规定情形，不予颁发导游证的，应当书面通知申请人。

　　第七条　导游人员应当不断提高自身业务素质和职业技能。

国家对导游人员实行等级考核制度。导游人员等级考核标准和考核办法，由国务院旅游行政部门制定。

第八条　导游人员进行导游活动时，应当佩戴导游证。

导游证的有效期限为3年。导游证持有人需要在有效期满后继续从事导游活动的，应当在有效期限届满3个月前，向省、自治区、直辖市人民政府旅游行政部门申请办理换发导游证手续。

第九条　导游人员进行导游活动，必须经旅行社委派。

导游人员不得私自承揽或者以其他任何方式直接承揽导游业务，进行导游活动。

第十条　导游人员进行导游活动时，其人格尊严应当受到尊重，其人身安全不受侵犯。

导游人员有权拒绝旅游者提出的侮辱其人格尊严或者违反其职业道德的不合理要求。

第十一条　导游人员进行导游活动时，应当自觉维护国家利益和民族尊严，不得有损害国家利益和民族尊严的言行。

第十二条　导游人员进行导游活动时，应当遵守职业道德，着装整洁，礼貌待人，尊重旅游者的宗教信仰、民族风俗和生活习惯。

导游人员进行导游活动时，应当向旅游者讲解旅游地点的人文和自然情况，介绍风土人情和习俗；但是，不得迎合个别旅游者的低级趣味，在讲解、介绍中掺杂庸俗下流的内容。

第十三条　导游人员应当严格按照旅行社确定的接待计划，安排旅游者的旅行、游览活动，不得擅自增加、减少旅游项目或者中止导游活动。

导游人员在引导旅游者旅行、游览过程中，遇有可能危及旅游者人身安全的紧急情形时，经征得多数旅游者的同意，可以调整或者变更接待计划，但是应当立即报告旅行社。

第十四条　导游人员在引导旅游者旅行、游览过程中，应当就可能发生危及旅游者人身、财物安全的情况，向旅游者作出真实说明和明确警示，并按照旅行社的要求采取防止危害发生的措施。

第十五条　导游人员进行导游活动，不得向旅游者兜售物品或者购买旅游者的物品，不得以明示或者暗示的方式向旅游者索要小费。

第十六条　导游人员进行导游活动，不得欺骗、胁迫旅游者消费或者与经营者串通欺骗、胁迫旅游者消费。

第十七条　旅游者对导游人员违反本条例规定的行为，有权向旅游行政部门投诉。

第十八条　无导游证进行导游活动的，由旅游行政部门责令改正并予以公告，处1000元以上3万元以下的罚款；有违法所得的，并处没收违法所得。

第十九条　导游人员未经旅行社委派，私自承揽或者以其他任何方式直接承揽导游业务，进行导游活动的，由旅游行政部门责令改正，处1000元以上3万元以下的罚款；有违法所得的，并处没收违法所得；情节严重的，由省、自治区、直辖市人民政府旅游行政部门吊销导游证并予以公告。

第二十条　导游人员进行导游活动时，有损害国家利益和民族尊严的言行的，由旅游行政部门责令改正；情节严重的，由省、自治区、直辖市人民政府旅游行政部门吊销导游证并予以公告；对该导游人员所在的旅行社给予警告直至责令停业整顿。

第二十一条　导游人员进行导游活动时未佩戴导游证的，由旅游行政部门责令改正；拒不改正的，处500元以下的罚款。

第二十二条　导游人员有下列情形之一的，由旅游行政部门责令改正，暂扣导游证3至6个月；情节严重的，由省、自治区、直辖市人民政府旅游行政部门吊销导游证并予以公告：

（一）擅自增加或者减少旅游项目的；

（二）擅自变更接待计划的；

（三）擅自中止导游活动的。

第二十三条　导游人员进行导游活动，向旅游者兜售物品或者购买旅游者的物品的，或者以明示或者暗示的方式向旅游者索要小费的，由旅游行政部门责令改正，处1000元以上3万元以下的罚款；有违法所得的，并处没收违法所得；情节严重的，由省、自治区、直辖市人民政府旅游行政部门吊销导游证并予以公告；对委派该导游人员的旅行社给予警告直至责令停业整顿。

第二十四条　导游人员进行导游活动，欺骗、胁迫旅游者消费或者与经营者串通欺骗、胁迫旅游者消费的，由旅游行政部门责令改正，处1000元以上3万元以下的罚款；有违法所得的，并处没收违法所得；情节严重的，由省、自治区、直辖市人民政府旅游行政部门吊销导游证并予以公告；对委派该导游人员的旅行社给予警告直至责令停业整顿；构成犯罪的，依法追究刑事责任。

第二十五条　旅游行政部门工作人员玩忽职守、滥用职权、徇私舞弊，构成犯罪的，依法追究刑事责任；尚不构成犯罪的，依法给予行政处分。

第二十六条　景点景区的导游人员管理办法，由省、自治区、直辖市人民政府参照本条例制定。

第二十七条　本条例自1999年10月1日起施行。1987年11月14日国务院批准、1987年12月1日国家旅游局发布的《导游人员管理暂行规定》同时废止。

附录二　导游管理办法

一、导游管理办法

第一章　总则

第一条　为规范导游执业行为，提升导游服务质量，保障导游合法权益，促进导游行业健康发展，依据《中华人民共和国旅游法》《导游人员管理条例》和《旅行社条例》等法律法规，制定本办法。

第二条　导游执业的许可、管理、保障与激励，适用本办法。

第三条　国家对导游执业实行许可制度。从事导游执业活动的人员，应当取得导游人员资格证和导游证。

国家旅游局建立导游等级考核制度、导游服务星级评价制度和全国旅游监管服务信息系统，各级旅游主管部门运用标准化、信息化手段对导游实施动态监管和服务。

第四条　旅游行业组织应当依法维护导游合法权益，促进导游职业发展，加强导游行业自律。

旅行社等用人单位应当加强对导游的管理和培训，保障导游合法权益，提升导游服务质量。

导游应当恪守职业道德，提升服务水平，自觉维护导游行业形象。

第五条　支持和鼓励各类社会机构积极弘扬导游行业先进典型，优化导游执业环境，促进导游行业健康稳定发展。

第二章　导游执业许可

第六条　经导游人员资格考试合格的人员，方可取得导游人员资格证。

国家旅游局负责制定全国导游资格考试政策、标准，组织导游资格统一考试，以及对地方各级旅游主管部门导游资格考试实施工作进行监督管理。

省、自治区、直辖市旅游主管部门负责组织、实施本行政区域内导游资格考试具体工作。

全国导游资格考试管理的具体办法，由国家旅游局另行制定。

第七条　取得导游人员资格证，并与旅行社订立劳动合同或者在旅游行业组织注册的人员，可以通过全国旅游监管服务信息系统向所在地旅游主管部门申请取得导游证。

导游证采用电子证件形式，由国家旅游局制定格式标准，由各级旅游主管部门通过全国旅游监管服务信息系统实施管理。电子导游证以电子数据形式保存于导游个人移动电话等移动终端设备中。

第八条　在旅游行业组织注册并申请取得导游证的人员，应当向所在地旅游行业组织提交下列材料：

（一）身份证；

（二）导游人员资格证；

（三）本人近期照片；

（四）注册申请。

旅游行业组织在接受申请人取得导游证的注册时，不得收取注册费；旅游行业组织收取会员会费的，应当符合《社会团体登记条例》等法律法规的规定，不得以导游证注册费的名义收取会费。

第九条　导游通过与旅行社订立劳动合同取得导游证的，劳动合同的期限应当在1个月以上。

第十条　申请取得导游证，申请人应当通过全国旅游监管服务信息系统填写申请信息，并提交下列申请材料：

（一）身份证的扫描件或者数码照片等电子版；

（二）未患有传染性疾病的承诺；

（三）无过失犯罪以外的犯罪记录的承诺；

（四）与经常执业地区的旅行社订立劳动合同或者在经常执业地区的旅游行业组织注册的确认信息。

前款第（四）项规定的信息，旅行社或者旅游行业组织应当自申请人提交申请之日起5个工作日内确认。

第十一条　所在地旅游主管部门对申请人提出的取得导游证的申请，应当依法出具受理或者不予受理的书面凭证。需补正相关材料的，应当自收到申请材料之日起5个工作日内一次性告知申请人需要补正的全部内容；逾期不告知的，收到材料之日起即为受理。

所在地旅游主管部门应当自受理申请之日起10个工作日内，作出准予核发或者不予核发导游证的决定。不予核发的，应当书面告知申请人理由。

第十二条　具有下列情形的，不予核发导游证：

（一）无民事行为能力或者限制民事行为能力的；

（二）患有甲类、乙类以及其他可能危害旅游者人身健康安全的传染性疾病的；

（三）受过刑事处罚的，过失犯罪的除外；

（四）被吊销导游证之日起未逾3年的。

第十三条　导游证的有效期为 3 年。导游需要在导游证有效期届满后继续执业的，应当在有效期限届满前 3 个月内，通过全国旅游监管服务信息系统向所在地旅游主管部门提出申请，并提交本办法第十条第（二）项至第（四）项规定的材料。

旅行社或者旅游行业组织应当自导游提交申请之日起 3 个工作日内确认信息。所在地旅游主管部门应当自旅行社或者旅游行业组织核实信息之日起 5 个工作日内予以审核，并对符合条件的导游变更导游证信息。

第十四条　导游与旅行社订立的劳动合同解除、终止或者在旅游行业组织取消注册的，导游及旅行社或者旅游行业组织应当自解除、终止合同或者取消注册之日起 5 个工作日内，通过全国旅游监管服务信息系统将信息变更情况报告旅游主管部门。

第十五条　导游应当自下列情形发生之日起 10 个工作日内，通过全国旅游监管服务信息系统提交相应材料，申请变更导游证信息：

（一）姓名、身份证号、导游等级和语种等信息发生变化的；

（二）与旅行社订立的劳动合同解除、终止或者在旅游行业组织取消注册后，在 3 个月内与其他旅行社订立劳动合同或者在其他旅游行业组织注册的；

（三）经常执业地区发生变化的；

（四）其他导游身份信息发生变化的。

旅行社或者旅游行业组织应当自收到申请之日起 3 个工作日内对信息变更情况进行核实。所在地旅游主管部门应当自旅行社或者旅游行业组织核实信息之日起 5 个工作日内予以审核确认。

第十六条　有下列情形之一的，所在地旅游主管部门应当撤销导游证：

（一）对不具备申请资格或者不符合法定条件的申请人核发导游证的；

（二）申请人以欺骗、贿赂等不正当手段取得导游证的；

（三）依法可以撤销导游证的其他情形。

第十七条　有下列情形之一的，所在地旅游主管部门应当注销导游证：

（一）导游死亡的；

（二）导游证有效期届满未申请换发导游证的；

（三）导游证依法被撤销、吊销的；

（四）导游与旅行社订立的劳动合同解除、终止或者在旅游行业组织取消注册后，超过 3 个月未与其他旅行社订立劳动合同或者未在其他旅游行业组织注册的；

（五）取得导游证后出现本办法第十二条第（一）项至第（三）项情形的；

（六）依法应当注销导游证的其他情形。

导游证被注销后，导游符合法定执业条件需要继续执业的，应当依法重新申请取得导游证。

第十八条　导游的经常执业地区应当与其订立劳动合同的旅行社（含旅行社分社）或者注册的旅游行业组织所在地的省级行政区域一致。

导游证申请人的经常执业地区在旅行社分社所在地的，可以由旅行社分社所在地旅游主管部门负责导游证办理相关工作。

第三章　导游执业管理

第十九条　导游为旅游者提供服务应当接受旅行社委派，但另有规定的除外。

第二十条　导游在执业过程中应当携带电子导游证、佩戴导游身份标识，并开启导游执业相关应用软件。

旅游者有权要求导游展示电子导游证和导游身份标识。

第二十一条　导游身份标识中的导游信息发生变化，导游应当自导游信息发生变化之日起 10 个工作日内，向所在地旅游主管部门申请更换导游身份标识。旅游主管部门应当自收到申请之日起 5 个工作日内予以确认更换。

导游身份标识丢失或者因磨损影响使用的，导游可以向所在地旅游主管部门申请重新领取，旅游主管部门应当自收到申请之日起 10 个工作日内予以发放或者更换。

第二十二条　导游在执业过程中应当履行下列职责：

（一）自觉维护国家利益和民族尊严；

（二）遵守职业道德，维护职业形象，文明诚信服务；

（三）按照旅游合同提供导游服务，讲解自然和人文资源知识、风俗习惯、宗教禁忌、法律法规和有关注意事项；

（四）尊重旅游者的人格尊严、宗教信仰、民族风俗和生活习惯；

（五）向旅游者告知和解释文明行为规范、不文明行为可能产生的后果，引导旅游者健康、文明旅游，劝阻旅游者违反法律法规、社会公德、文明礼仪规范的行为；

（六）对可能危及旅游者人身、财产安全的事项，向旅游者作出真实的说明和明确的警示，并采取防止危害发生的必要措施。

第二十三条　导游在执业过程中不得有下列行为：

（一）安排旅游者参观或者参与涉及色情、赌博、毒品等违反我国法律法规和社会公德的项目或者活动；

（二）擅自变更旅游行程或者拒绝履行旅游合同；

（三）擅自安排购物活动或者另行付费旅游项目；

（四）以隐瞒事实、提供虚假情况等方式，诱骗旅游者违背自己的真实意愿，参加购物活动或者另行付费旅游项目；

（五）以殴打、弃置、限制活动自由、恐吓、侮辱、咒骂等方式，强迫或者变相强迫旅游者参加购物活动、另行付费等消费项目；

（六）获取购物场所、另行付费旅游项目等相关经营者以回扣、佣金、人头费或者奖励费等名义给予的不正当利益；

（七）推荐或者安排不合格的经营场所；

（八）向旅游者兜售物品；

（九）向旅游者索取小费；

（十）未经旅行社同意委托他人代为提供导游服务；

（十一）法律法规规定的其他行为。

第二十四条　旅游突发事件发生后，导游应当立即采取下列必要的处置措施：

（一）向本单位负责人报告，情况紧急或者发生重大、特别重大旅游突发事件时，可以直接向发生地、旅行社所在地县级以上旅游主管部门、安全生产监督管理部门和负有安全生产监督管理职责的其他相关部门报告；

（二）救助或者协助救助受困旅游者；

（三）根据旅行社、旅游主管部门及有关机构的要求，采取调整或者中止行程、停止带团前往风险区域、撤离风险区域等避险措施。

第二十五条　具备领队条件的导游从事领队业务的，应当符合《旅行社条例实施细则》等法律、法规和规章的规定。

旅行社应当按要求将本单位具备领队条件的领队信息及变更情况，通过全国旅游监管服务信息系统报旅游主管部门备案。

第四章　导游执业保障与激励

第二十六条　导游在执业过程中，其人格尊严受到尊重，人身安全不受侵犯，合法权益受到保障。导游有权拒绝旅行社和旅游者的下列要求：

（一）侮辱其人格尊严的要求；

（二）违反其职业道德的要求；

（三）不符合我国民族风俗习惯的要求；

（四）可能危害其人身安全的要求；

（五）其他违反法律、法规和规章规定的要求。

旅行社等用人单位应当维护导游执业安全、提供必要的职业安全卫生条件，并为女性导游提供执业便利、实行特殊劳动保护。

第二十七条　旅行社有下列行为的，导游有权向劳动行政部门投诉举报、申请仲裁或者向人民法院提起诉讼：

（一）不依法与聘用的导游订立劳动合同的；

（二）不依法向聘用的导游支付劳动报酬、导游服务费用或者缴纳社会保险费用的；

（三）要求导游缴纳自身社会保险费用的；

（四）支付导游的报酬低于当地最低工资标准的。

旅行社要求导游接待以不合理低价组织的旅游团队或者承担接待旅游团队的相关费用的，导游有权向旅游主管部门投诉举报。

鼓励景区对持有导游证从事执业活动或者与执业相关活动的导游免除门票。

第二十八条　旅行社应当与通过其取得导游证的导游订立不少于1个月期限的劳动合同，并支付基本工资、带团补贴等劳动报酬，缴纳社会保险费用。

旅行社临时聘用在旅游行业组织注册的导游为旅游者提供服务的，应当依照旅游和劳动相关法律、法规的规定足额支付导游服务费用；旅行社临时聘用的导游与其他单位不具有劳动关系或者人事关系的，旅行社应当与其订立劳动合同。

第二十九条　旅行社应当提供设置"导游专座"的旅游客运车辆，安排的旅游者与导游总人数不得超过旅游客运车辆核定乘员数。

导游应当在旅游车辆"导游专座"就坐，避免在高速公路或者危险路段站立讲解。

第三十条　导游服务星级评价是对导游服务水平的综合评价，星级评价指标由技能水平、学习培训经历、从业年限、奖惩情况、执业经历和社会评价等构成。导游服务星级根据星级评价指标通过全国旅游监管服务信息系统自动生成，并根据导游执业情况每年度更新一次。

旅游主管部门、旅游行业组织和旅行社等单位应当通过全国旅游监管服务信息系统，及时、真实地备注各自获取的导游奖惩情况等信息。

第三十一条　各级旅游主管部门应当积极组织开展导游培训，培训内容应当包括政策法规、安全生产、突发事件应对和文明服务等，培训方式可以包括培训班、专题讲座和网络在线培训等，每年累计培训时间不得少于24小时。培训不得向参加人员收取费用。

旅游行业组织和旅行社等应当对导游进行包括安全生产、岗位技能、文明服务和文明引导等内容的岗前培训和执业培训。

导游应当参加旅游主管部门、旅游行业组织和旅行社开展的有关政策法规、安全生产、突发事件应对和文明服务内容的培训；鼓励导游积极参加其他培训，提高服务水平。

第五章　罚则

第三十二条　导游违反本办法有关规定的，依照下列规定处理：

（一）违反本办法第十九条规定的，依据《旅游法》第一百零二条第二款的规定处罚；

（二）违反本办法第二十条第一款规定的，依据《导游人员管理条例》第二十一条的规定处罚；

（三）违反本办法第二十二条第（一）项规定的，依据《导游人员管理条例》第二十条的规定处罚；

（四）违反本办法第二十三条第（一）项规定的，依据《旅游法》第一百零一条的规定处罚；

（五）违反本办法第二十三条第（二）项规定的，依据《旅游法》第一百条的规定处罚；

（六）违反本办法第二十三条第（三）项至第（六）项规定的，依据《旅游法》第九十八条的规定处罚；

（七）违反本办法第二十三条第（七）项规定的，依据《旅游法》第九十七条第（二）项的规定处罚；

（八）违反本办法第二十三条第（八）项规定的，依据《导游人员管理条例》第二十三条的规定处罚；

（九）违反本办法第二十三条第（九）项规定的，依据《旅游法》第一百零二条第三款的规定处罚。

违反本办法第三条第一款规定，未取得导游证从事导游活动的，依据《旅游法》第一百零二条第一款的规定处罚。

第三十三条 违反本办法规定，导游有下列行为的，由县级以上旅游主管部门责令改正，并可以处 1000 元以下罚款；情节严重的，可以处 1000 元以上 5000 元以下罚款：

（一）未按期报告信息变更情况的；

（二）未申请变更导游证信息的；

（三）未更换导游身份标识的；

（四）不依照本办法第二十四条规定采取相应措施的；

（五）未按规定参加旅游主管部门组织的培训的；

（六）向负责监督检查的旅游主管部门隐瞒有关情况、提供虚假材料或者拒绝提供反映其活动情况的真实材料的；

（七）在导游服务星级评价中提供虚假材料的。

旅行社或者旅游行业组织有前款第（一）项和第（七）项规定行为的，依照前款规定处罚。

第三十四条 导游执业许可申请人隐瞒有关情况或者提供虚假材料申请取得导游人员资格证、导游证的，县级以上旅游主管部门不予受理或者不予许可，并给予警告；申请人在一年内不得再次申请该导游执业许可。

导游以欺骗、贿赂等不正当手段取得导游人员资格证、导游证的，除依法撤销相关证件外，可以由所在地旅游主管部门处 1000 元以上 5000 元以下罚款；申请人在三年内不得再次申请导游执业许可。

第三十五条　导游涂改、倒卖、出租、出借导游人员资格证、导游证，以其他形式非法转让导游执业许可，或者擅自委托他人代为提供导游服务的，由县级以上旅游主管部门责令改正，并可以处 2000 元以上 1 万元以下罚款。

第三十六条　违反本办法第二十五条第二款规定，旅行社不按要求报备领队信息及变更情况，或者备案的领队不具备领队条件的，由县级以上旅游主管部门责令改正，并可以删除全国旅游监管服务信息系统中不具备领队条件的领队信息；拒不改正的，可以处 5000 元以下罚款。

旅游行业组织、旅行社为导游证申请人申请取得导游证隐瞒有关情况或者提供虚假材料的，由县级以上旅游主管部门责令改正，并可以处 5000 元以下罚款。

第三十七条　对导游违反本办法规定的行为，县级以上旅游主管部门应当依照旅游经营服务不良信息管理有关规定，纳入旅游经营服务不良信息管理；构成犯罪的，依法移送公安机关追究其刑事责任。

第三十八条　旅游主管部门及其工作人员在履行导游执业许可、管理职责中，滥用职权、玩忽职守、徇私舞弊的，由有关部门责令改正，对直接负责的主管人员和其他直接责任人员依法给予处分。

第六章　附则

第三十九条　本办法下列用语的含义：

（一）所在地旅游主管部门，是指旅行社（含旅行社分社）、旅游行业组织所在地的省、自治区、直辖市旅游主管部门或者其委托的设区的市级旅游主管部门、县级旅游主管部门；

（二）旅游行业组织，是指依照《社会团体登记管理条例》成立的导游协会，以及在旅游协会、旅行社协会等旅游行业社会团体内设立的导游分会或者导游工作部门，具体由所在地旅游主管部门确定；

（三）经常执业地区，是指导游连续执业或者 3 个月内累计执业达到 30 日的省级行政区域；

（四）导游身份标识，是指标识有导游姓名、证件号码等导游基本信息，以便于旅游者和执法人员识别身份的工作标牌，具体标准由国家旅游局制定。

第四十条　本办法自 2018 年 1 月 1 日起施行。

二、《导游管理办法》解读

1. 问：《导游管理办法》（以下简称《办法》）的立法背景和目的是什么？

答：导游是我国旅游从业人员的重要组成部分，是旅游业中与各要素关联最多、与游客接触最密切的环节。多年来，导游为展示旅游形象、传播先进文化、促进中外交流、推动旅游业发展做出了积极贡献。但近年来导游群体在"不合理低价"的恶性竞争中，一方面自身合法权益得不到保障，另一方面辱骂游客、强迫消费等损害游客利益的案件时有发生，社会反响较大，影响了导游队伍的形象，成为旅游市场的顽疾。因此，加快推动导游体制机制改革，保障、维护导游和旅游者的合法权益，是解决旅游市场秩序问题，推动旅游业"三步走"发展战略，满足人民美好生活需要的重要一环。

为破解导游执业难题，保障导游合法权益，维护旅游市场秩序，顺应大众旅游时代的市场需求，国家旅游局认真贯彻落实党中央、国务院"放管服"改革要求，全面推进导游体制改革工作。2016 年 9 月，国家旅游局废止了 2001 年颁布实施的《导游人员管理实施办法》，停止实施导游岗前培训考核、计分管理、年审管理和导游人员资格证 3 年有效等不符合上位法要求、不适应改革发展需要的制度，赢得了社会的认可和好评。同时，国家旅游局推动设计开发了汇集导游基本信息、执业信息、社会评价为一体的"电子导游证"，代替原 IC 卡导游证，建设"全国旅游监管服务平台"，规范导游执业证件和执业行为管理，便利导游信息变更、异地执业换证手续，细化导游执业管理规范，加强导游事中事后监管和执业保障激励，逐步形成"社会化、扁平化、实时化、常态化"的导游管理体制；与人力资源社会保障部、交通运输部、全国总工会等部门印发实施一系列文件保障导游合法权益；举办导游大赛等活动，树立导游正面形象。

《中共中央关于全面推进依法治国若干重大问题的决定》《法治政府建设实施纲要（2015—2020 年）》提出，坚持在法治下推进改革、在改革中完善法治，实现立法和改革决策相统一、相衔接，做到重大改革于法有据、立法主动适应改革和经济社会发展需要；对实践证明已经比较成熟的改革经验和行之有效的改革举措，要及时上升为法律法规规章。经过两年的导游改革实践探索，旅游部门逐步形成了一些比较有效、也比较成熟的经验。为保障导游相关改革成果的顺利实施，促进导游管理和保障手段的法治化，有必要制定新的管理办法。

2.《办法》有哪些简政放权、优化服务的便民举措？

《办法》秉承简政放权、优化服务的理念，如何便利导游执业是立法主要目的。一是实现导游证网上审批。目前，导游不再需要像过去一样，跑到旅游部门办理导游证相关事宜，而是可以直接通过网上申请、变更、注销导游证，这就大大缩短了审批期限，减少了审批流程，降低了审批成本；同时，网上审批痕迹适时可监控，既明确了旅游部门的审批职责，规范了审批行为，又使导游可适时查询审批进度，了解审批情况。二是间接下放了导游证审批层级。《导游人员管理条例》规定，由省级旅游部门负责核发导游证。在无法改变当前导游证法定审批层级的情况下，为方便导游申请取得导游证，《办法》第三十九条第（一）项通过定义的方式，将核发导游证的部门明确为旅行社（含旅行社分社）或者旅游行业组织所在地的省、自治区、直辖市旅游主管部门或者其委托的设区的市级旅游主管部门、县级旅游主管部门。至于委托至设区的市级旅游主管部门还是县级旅游主管部门负责审核和核发导游证，可由各省级旅游主管部门根据本地实际自行确定。三是明确了审批需要提交的材料，并减少无谓的证明材料。《办法》第八条、第十条明确规定导游申请取得导游证需要提交的申请材料，并规定一次性告知制度，使导游申请导游证有据可查、有章可循；同时，为落实国务院取消审批证明有关要求，将导游需提供未患有传染性疾病、无过失犯罪以外的犯罪记录的证明改为承诺，身份证只需首次申请时提交扫描件或者数码照片电子版即可，大大减轻申请人负担。但国家旅游局也提醒申请人要对自己提交材料的真实性负责，如果以隐瞒有关情况、提供虚假材料或者欺骗、贿赂等不正当手段申请取得导游人员资格证、导游证的，除不予受理、不予许可或者撤销许可并给予警告等处罚外，申请人在一年内或者三年内不得再次申请执业。四是明确了导游证的审批时限要求。《办法》明确了旅游部门受理申请、核发和变更导游证的期限，以及旅行社和旅游行业组织确认相关信息的期限，规范了审批行为。五是明确核发导游证不得收费。当前，旅游部门办理导游证不收取任何费用。同时，《办法》进一步在第八条第二款规定，旅游行业组织在接受申请人取得导游证的注册时，不得收取注册费；旅游行业组织收取会员会费的，应当符合《社会团体登记条例》等法律法规的规定，不得以导游证注册费的名义收取会费。六是明确导游证可以在旅行社分社所在地申领制度。鉴于旅行社分社虽不具有独立法人资格，但与旅行社具有一样的经营范围，可以直接组织旅游者出行。因此，为方便主要接受旅行社分社委派的导游申请取得导游证，《办法》第十八条专门规定，导游证申请人的经常执业地区在旅行社分社所在地的，可以由旅行社分社所在地旅游主管部门负责导游证办理相关工作。七是按照国务院取消"临时导游证核发"的决定，没有再对临时导游证相关内容作出规定。八是为进一步推进导游体制改革预留空间。在现行旅游法律法规规定导游为旅游者提供服务应当接受旅行社委派的基础上，《办法》第十九条增加了"但另有规定的除外"的表述，为进一步开展导游执业改革工作预留了空间。九是明确了《旅游法》规定的旅游行业组织的范围，即依照《社会团体登记管理条例》成立的导游协会，以及在旅游协会、旅行社协会等旅游行业社会团体内设立的导游分会或者导游工作部门。具体是在省一级设立的旅游行业组织还是在市一级设立的旅游行业组织，以及是哪些符合条件的旅游行业组织，由所在地旅游主管部门确定。

3. 问：《办法》第七条明确了"导游证采用电子证件形式"。电子导游证与原IC卡导游证有什么区别，在管理上有什么不同？

答：电子导游证与原IC卡导游证都是导游取得的从事导游执业活动的许可证件，但二者在核发、外观形态、载体、功能、使用和管理等方面存在显著区别。一是在核发方面，导游通过全国旅游监管服务平台申领，在旅游部门审批通过后即可自动生成"电子导游证"，导游只需将相关证件保存在自己手机APP中即可；同时配套设计了卡片式"导游身份标识"，作为工作标牌便于旅游者和执法人员识别，电子导游证和导游身份标识的申领均十分便捷。而IC卡导游证的制作周期长，程序相对复杂，核发、使用的时间成本也较高。二是在载体形态方面，电子导游证保存在导游个人移动电话等移动终端设备中，以电子数据形式存在，只要有手机等终端设备，即可随身携带。而原IC卡导游证虽然内含电子芯片，但非电子数据形态存在。三是在功能方面，电子导游证除了显示导游的基本信息之外，还能够存储导游的执业轨迹，记录导游的社会评价，体现导游的服务星级水平，拥有导游执业的完整数据库。而IC卡导游证只能体现导游姓名、性别、证号等一般性静态信息。四是在使用和管理方面，对于电子导游证，旅游者和旅游监管人员仅采用微信、APP扫描二维码的方式，即可与系统信息进行比对，甄别导游身份，防止导游与证件不匹配而非法从事导游业务等问题。对于IC卡导游证，只有监管人员采用专用的扫描设备才可读取导游基本信息，识别导游真伪。由此可见，推行导游执业证件改革，并在《办法》明确导游证电子化制度，大大方便了导游证的申领、变更和注销，降低了导游证的制作成本，也有利于旅游者加强对导游身份的识别和旅游部门对导游执业行为的监管。

4. 问：《办法》规定导游注册情况、劳动合同情况或者经常执业地区等发生变化后，应变更导游证信息，这种制度设计的初衷是什么？

答：根据《旅游法》《导游人员管理条例》的规定，与旅行社订立劳动合同或者在旅游行业组织注册，是取得导游证的条件。因此，如果导游与旅行社订立的劳动合同解除、终止或者在旅游行业组织取消注册后，导游实际已经不再具备取得导游证的条件，不再属于合法持证导游。特别要提醒导游的是，如果此时从事导游执业活动，属于非法从事导游执业活动。为此，《办法》第十四条规定，导游应当在发生相关情况之日起5个工作日内，通过全国旅游监管服务信息系统将信息变更情况报告旅游主管部门。考虑到在实践中，导游与某家旅行社订立的劳动合同解除、终止或者在某个旅游行业组织取消注册后，很有可能与其他旅行社订立劳动合同或者在其他旅游行业组织注册，因此，《办法》规定了 3 个月的缓冲期，即如果在 3 个月内更换单位或者行业组织的，应当依照《办法》第十五条的规定申请变更导游证信息，依照第二十一条的规定申请更换导游身份标识；如果不再从事导游业务或者 3 个月内没有更换单位或者行业组织的，应当申请注销导游证，否则旅游部门将依照《办法》第十七条的规定，直接注销导游证。如果注销导游证之后还想继续执业的，依照《办法》第十条的规定，重新申请取得导游证。

同时，考虑到导游从事导游业务由旅行社委派，而旅行社或者旅游行业组织所在地即为导游证申领地，也通常为导游的经常执业地。虽然实行导游证网上审批制度后，导游相关信息已经互联互通，但对导游的日常监管、服务和培训等仍实行属地管理原则。如果导游在甲省办理的导游证，但经常工作地点却在乙省，即导游的经常执业地区如果与其订立劳动合同的旅行社（含旅行社分社）或者注册的旅游行业组织所在地的省级行政区域不一致，不但自身更换导游身份标识、参加培训等不方便，也不便于旅游部门的监管和旅游者权益的保障。因此，《办法》规定，导游的经常执业地区发生变化的，也应当申请变更导游证信息。这里也特别提醒两点：一是导游的经常执业地区，是指导游连续执业或者 3 个月内累计执业达到 30 日的省级行政区域。导游受旅行社委派作为全陪带团赴异地从事导游执业活动的，不属于此类情况。二是规定导游据此申请变更导游证信息并非重新审批核发导游证，与导游证全国通用制度并不冲突。导游在提出信息变更申请后，相关转出地、转入地的旅行社、旅游行业组织和旅游主管部门应当依法核实变更相关信息，均不得无理拒绝。

5. 问：在规范导游执业行为方面，《办法》做了哪些规定？

答："放管结合"是国务院推进"放管服"改革的重要要求，简政放权需要与加强事中事后监管结合起来，齐头并进，该管的要管起来，不能一放了之，让违背市场竞争原则、违反导游从业规则、侵害旅游者权益、不讲诚信的行为放任自流。《办法》集中体现了对导游执业行为"放管结合"的理念，针对当前导游执业活动中最突出的问题，对《旅游法》《导游人员管理条例》等有关规定进行了细化和衔接，对导游执业活动提出了一系列具体要求，包括：导游的委派，导游证和导游身份标识的佩戴，导游应当履行的职责、采取的应急处置措施和禁止的行为等。特别是：一是为导游体制改革留出空间，即规定"导游为旅游者提供服务应当接受旅行社委派，但另有规定的除外"。二是明确"导游身份标识"制度，以替代原"导游 IC"证件的外在标识作用，便于旅游者和执法人员识别导游身份。三是为治理"不合理低价"组织旅游活动、欺客宰客等问题，在第二十三条细化了《旅游法》第三十五条的规定，对导游诱骗、强迫或者变相强迫旅游者消费等作出针对性规定。四是根据《行政许可法》的有关规定，对导游涂改、倒卖、出租、出借导游人员资格证、导游证，以其他形式非法转让导游执业许可，以及擅自委托他人代为提供导游服务的行为设定法律责任。五是根据《行政许可法》的有关规定，明确了导游证的撤销和注销制度，并对隐瞒情况、提供虚假材料或者欺骗、贿赂等不正当手段取得导游执业证件的行为设定法律责任。六是对侵害旅游消费者合法权益的导游建立黑名单制度，依照旅游经营服务不良信息管理有关规定，纳入旅游经营服务不良信息管理，让失信者寸步难行。

6. 问:《办法》有哪些保障导游权益的举措?

答: 为激励和引导导游忠于职守、爱岗敬业，诚实守信、乐于奉献，使社会公众进一步理解、尊重和信任导游，增强导游的职业自信心和自豪感，近年来，国家旅游局先后印发了《国家旅游局 人力资源社会保障部 中华全国总工会关于进一步加强导游劳动权益保障的指导意见》《国家旅游局 交通运输部关于进一步规范导游专座等有关事宜的通知》和《国家旅游局关于深化导游体制改革加强导游队伍建设的意见》等文件。《办法》结合《旅游法》《劳动法》《劳动合同法》《旅行社条例》等有关规定，将文件有关精神上升到规章层面，明确了导游执业权利、导游劳动保障制度、"导游专座"要求、导游培训制度等。一是在导游执业权利方面，针对当前个别导游特别是女性导游在执业活动中住宿、餐饮等条件较差和人身财产安全无法得到足够保障的情况，根据《劳动法》《劳动合同法》对用人单位执行国家劳动标准、提供安全设施和劳动卫生等条件、劳动防护用品和劳动保护设施，特别是对女职工实行特殊劳动保护的规定，《办法》第二十六条明确，旅行社等用人单位应当维护导游执业安全、提供必要的职业安全卫生条件，并为女性导游提供执业便利、实行特殊劳动保护。二是在导游劳动保障方面，根据《劳动合同法》的规定，用人单位自用工之日起即与劳动者建立劳动关系，建立劳动关系应当订立书面劳动合同，及时足额支付不得低于当地最低工资标准的劳动报酬，并依法为劳动者缴纳社会保险费;用人单位招用劳动者，不得扣押劳动者的居民身份证和其他证件，不得要求劳动者提供担保或者以其他名义向劳动者收取财物;劳动行政部门负责全国劳动合同制度实施的监督管理，劳动者合法权益受到侵害的，有权要求有关部门依法处理，或者依法申请仲裁、提起诉讼。据此，《办法》作了衔接性规定，鼓励导游对旅行社违反劳动法律法规的行为进行投诉举报，依法维权。同时，细化《旅游法》的规定，从旅行社聘用专职导游和兼职导游两方面，对旅行社支付劳动报酬和导游服务费用、缴纳社会保险作出规定，并要求"旅行社应当与通过其取得导游证的导游订立不少于1个月期限的固定期限或者无固定期限劳动合同"，"旅行社临时聘用的导游与其他单位不具有劳动关系或者人事关系的，旅行社应当与其订立劳动合同"。《旅行社条例》第三十四条规定，"旅行社不得要求导游人员和领队人员接待不支付接待和服务费用或者支付的费用低于接待和服务成本的旅游团队，不得要求导游人员和领队人员承担接待旅游团队的相关费用"，

《办法》据此规定，"旅行社要求导游接待以不合理低价组织的旅游团队或者承担接待旅游团队的相关费用的，导游有权向旅游主管部门投诉举报"。三是在导游培训方面，明确旅游主管部门免费进行导游培训的制度，提升导游服务能力和水平。培训方式可以包括培训班、专题讲座、网络在线培训等，每年为导游提供的免费培训时间累计不得少于 24 小时。此外，考虑到导游除了日常带团需要进入景区外，还有在踩线、学习等与执业相关的活动中有进入景区的需要，但旅游部门不能强制要求景区免除门票。据此，《办法》从鼓励和倡导的角度作出相应规定。

7.《办法》为什么设立导游星级评价制度，与导游等级评定制度有什么不同？

多年来，导游为旅游业发展做出了积极贡献，但与快速增长的旅游发展和人民日益增长的美好生活需要相比，导游服务水平还存在发展不平衡不充分的问题。导游队伍素质参差不齐，导游服务的市场价值尚未得到充分认可，迫切需要研究设计一种与导游服务质量直接相关、通过市场化方式对导游服务水平进行标识的评价模式，便于旅行社、旅游消费者对导游的识别选择。正是基于此，国家旅游局在认真调研并借鉴相关行业有关制度的基础上，推动建立了导游星级评价制度。

导游等级评定制度与星级评价制度都是为便于旅游者和社会各方面对导游水平能力的识别，并激励导游自我提升导游执业素养而确立的制度，二者互为补充，但也存在着明显的区别。一是评价功能不同，导游等级评定制度是对导游职业技能水平的评价，侧重的是技能水平，相对是静态的，等级一般只升不降；导游星级评价制度侧重对导游执业服务能力、质量和信用水平的评价，侧重的是服务水平，相对是动态的，星级有升有降。二是评价方式不同。导游等级评定主要通过考试方式，对导游技能大赛获得最佳名次的导游也可以晋升等级；导游服务星级评价主要基于旅游者对导游服务的客观评价，不组织考试、不设评定机构，通过"全国旅游监管服务平台"自动计分生成导游服务星级。三是评价内容不同。导游等级评定中，中级导游员考核内容主要为"导游知识专题"和"汉语言文学知识"，高级导游员考核内容主要为"导游案例分析"和"导游词创作"，特级导游员的考核采取论文答辩方式；导游服务星级主要以游客对导游服务的满意度为导向，对导游服务水平进行综合评价，指标包括社会评价、技能水平、执业经历、学习培训和奖惩情况等，促进导游以诚实劳动、至诚服务赢得更好社会评价，取得更高服务星级，获取更多就业机会。

8.对于侵犯导游权益的行为或者导游存在违法违规行为的，《办法》有惩处要求吗？

对相关违法违规行为，《办法》明确了处罚措施，切实有力维护导游权益，优化旅游环境。在《办法》罚则部分，对现有旅游法律、法规有明确规定的，采取法条指引的方式作出规定；对现有旅游法律、法规没有明确规定的，在规章制定权限范围内作出行政法律责任规定。

附录三　国家旅游局办公室关于领队管理工作有关事宜的通知

2016年11月7日，第十二届全国人民代表大会常务委员会第二十四次会议通过《全国人民代表大会常务委员会关于修改＜中华人民共和国对外贸易法＞等十二部法律的决定》，就取消"领队证核发"许可对《旅游法》第三十九条、第四十一条、第九十六条和第九十八条至第一百零三条的相关规定作了修改。2017年3月1日中华人民共和国国务院令第676号修改公布的《旅行社条例》，以及2016年12月12日国家旅游局令第42号修改公布的《旅行社条例实施细则》进一步明确领队管理由资格准入制改为备案管理制，旅游主管部门不再对领队从业进行行政审批。为贯彻实施有关旅游法律、法规和规章，现就领队管理有关事宜通知如下：

一、关于领队人员学历、语言能力、从业经历条件的认定

（一）大专以上学历。包括普通高校、成考、自考及国家承认的其他形式的具有大专及以上的同等学历。（详见附件2）

（二）语言能力。符合下列情形之一：1.通过外语语种导游资格考试；2.取得国家级发证机构颁发的或国际认证的、出境旅游目的地国家（地区）对应语种语言水平测试的相应等级证书。（详见附件3）

（三）从业经历。符合下列情形之一：1.两年以上旅行社业务经营经历；2.两年以上旅行社管理经历；3.两年以上导游从业经历。（详见附件4）

二、关于边境旅游领队、赴台旅游领队的条件

（一）边境旅游领队。从事边境旅游领队业务的人员，应取得导游证，并与委派其从事领队业务的、取得边境旅游业务经营许可的旅行社订立劳动合同，学历、语言、从业经历等条件由边境地区省、自治区结合本地实际另行规定。

（二）赴台旅游领队。从事大陆居民赴台湾地区旅游领队业务的人员，应符合《大陆居民赴台湾地区旅游管理办法》规定的要求，暂不实施在线备案。

三、关于领队备案、取消备案流程

（一）与出境社、边境社签订劳动合同并通过"全国旅游监管服务平台"完成换发电子导游证的导游，登录自己的平台账号上传本人的学历证书、语言等级证书及劳动合同的扫描件。（语言等级证书备案功能将于8月31日启用）

（二）出境社、边境社登录"全国旅游监管服务平台"使用"领队备案管理"功能，将符合条件的导游备案为领队。（边境旅游领队备案功能将于 8 月 31 日启用）

（三）出境社、边境社取消领队备案的，可登录"全国旅游监管服务平台"使用"取消备案"功能取消领队备案。

领队应当对其填报、提供的学历、语言能力、从业经历等材料的真实性负责，旅行社应当严格审核领队填报、提供的有关材料。不具备领队条件的人员隐瞒有关情况或者提供虚假材料取得领队备案、从事领队业务的，由旅游主管部门对领队依照不具备领队条件从业、对旅行社依照委派不具备条件的领队的有关规定予以处理。

四、关于原有领队备案事宜

根据《立法法》第九十三条和《行政许可法》第八条的规定，2013 年 10 月 1 日《旅游法》施行前已取得领队证（被依法吊销的除外）、且于 2017 年 10 月 1 日前持有导游证的人员，可按照《旅游法》施行前对领队学历、语言、从业经历等的有关规定，在"全国旅游监管服务平台"上备案后，继续从事领队业务。

请各省级旅游主管部门将 2013 年 10 月 1 日《旅游法》施行前已取得领队证（被依法吊销的除外）、且于 2017 年 10 月 1 日前持有导游证的人员，按附件 1 表格模版汇总后，分别以纸质、电子版两种形式，于 2017 年 8 月 31 日前统一一次性报送国家旅游局监督管理司。请各地认真负责、公正严谨地做好此项核报工作。

附录四　旅游安全管理办法

第一章　总则

第一条　为了加强旅游安全管理，提高应对旅游突发事件的能力，保障旅游者的人身、财产安全，促进旅游业持续健康发展，根据《中华人民共和国旅游法》《中华人民共和国安全生产法》《中华人民共和国突发事件应对法》《旅行社条例》和《安全生产事故报告和调查处理条例》等法律、行政法规，制定本办法。

第二条　旅游经营者的安全生产、旅游主管部门的安全监督管理，以及旅游突发事件的应对，应当遵守有关法律、法规和本办法的规定。

本办法所称旅游经营者，是指旅行社及地方性法规规定旅游主管部门负有行业监管职责的景区和饭店等单位。

第三条　各级旅游主管部门应当在同级人民政府的领导和上级旅游主管部门及

有关部门的指导下，在职责范围内，依法对旅游安全工作进行指导、防范、监管、培训、统计分析和应急处理。

第四条　旅游经营者应当承担旅游安全的主体责任，加强安全管理，建立、健全安全管理制度，关注安全风险预警和提示，妥善应对旅游突发事件。

旅游从业人员应当严格遵守本单位的安全管理制度，接受安全生产教育和培训，增强旅游突发事件防范和应急处理能力。

第五条　旅游主管部门、旅游经营者及其从业人员应当依法履行旅游突发事件报告义务。

第二章　经营安全

第六条　旅游经营者应当遵守下列要求：

（一）服务场所、服务项目和设施设备符合有关安全法律、法规和强制性标准的要求；

（二）配备必要的安全和救援人员、设施设备；

（三）建立安全管理制度和责任体系；

（四）保证安全工作的资金投入。

第七条　旅游经营者应当定期检查本单位安全措施的落实情况，及时排除安全隐患；对可能发生的旅游突发事件及采取安全防范措施的情况，应当按照规定及时向所在地人民政府或者人民政府有关部门报告。

第八条　旅游经营者应当对其提供的产品和服务进行风险监测和安全评估，依法履行安全风险提示义务，必要时应当采取暂停服务、调整活动内容等措施。

经营高风险旅游项目或者向老年人、未成年人、残疾人提供旅游服务的，应当根据需要采取相应的安全保护措施。

第九条　旅游经营者应当对从业人员进行安全生产教育和培训，保证从业人员掌握必要的安全生产知识、规章制度、操作规程、岗位技能和应急处理措施，知悉自身在安全生产方面的权利和义务。

旅游经营者建立安全生产教育和培训档案，如实记录安全生产教育和培训的时间、内容、参加人员以及考核结果等情况。

未经安全生产教育和培训合格的旅游从业人员，不得上岗作业；特种作业人员必须按照国家有关规定经专门的安全作业培训，取得相应资格。

第十条　旅游经营者应当主动询问与旅游活动相关的个人健康信息，要求旅游者按照明示的安全规程，使用旅游设施和接受服务，并要求旅游者对旅游经营者采取的安全防范措施予以配合。

第十一条　旅行社组织和接待旅游者，应当合理安排旅游行程，向合格的供应商订购产品和服务。

旅行社及其从业人员发现履行辅助人提供的服务不符合法律、法规规定或者存在安全隐患的，应当予以制止或者更换。

第十二条　旅行社组织出境旅游，应当制作安全信息卡。

安全信息卡应当包括旅游者姓名、出境证件号码和国籍，以及紧急情况下的联系人、联系方式等信息，使用中文和目的地官方语言（或者英文）填写。

旅行社应当将安全信息卡交由旅游者随身携带，并告知其自行填写血型、过敏药物和重大疾病等信息。

第十三条　旅游经营者应当依法制定旅游突发事件应急预案，与所在地县级以上地方人民政府及其相关部门的应急预案相衔接，并定期组织演练。

第十四条　旅游突发事件发生后，旅游经营者及其现场人员应当采取合理、必要的措施救助受害旅游者，控制事态发展，防止损害扩大。

旅游经营者应当按照履行统一领导职责或者组织处置突发事件的人民政府的要求，配合其采取的应急处置措施，并参加所在地人民政府组织的应急救援和善后处置工作。

旅游突发事件发生在境外的，旅行社及其领队应当在中国驻当地使领馆或者政府派出机构的指导下，全力做好突发事件应对处置工作。

第十五条　旅游突发事件发生后，旅游经营者的现场人员应当立即向本单位负责人报告，单位负责人接到报告后，应当于1小时内向发生地县级旅游主管部门、安全生产监督管理部门和负有安全生产监督管理职责的其他相关部门报告；旅行社负责人应当同时向单位所在地县级以上地方旅游主管部门报告。

情况紧急或者发生重大、特别重大旅游突发事件时，现场有关人员可直接向发生地、旅行社所在地县级以上旅游主管部门、安全生产监督管理部门和负有安全生产监督管理职责的其他相关部门报告。

旅游突发事件发生在境外的，旅游团队的领队应当立即向当地警方、中国驻当地使领馆或者政府派出机构，以及旅行社负责人报告。旅行社负责人应当在接到领队报告后1小时内，向单位所在地县级以上地方旅游主管部门报告。

第三章　风险提示

第十六条　国家建立旅游目的地安全风险（以下简称风险）提示制度。

根据可能对旅游者造成的危害程度、紧急程度和发展态势，风险提示级别分为一级（特别严重）、二级（严重）、三级（较重）和四级（一般），分别用红色、橙色、黄色和蓝色标示。

风险提示级别的划分标准，由国家旅游局会同外交、卫生、公安、国土、交通、气象、地震和海洋等有关部门制定或者确定。

第十七条　风险提示信息，应当包括风险类别、提示级别、可能影响的区域、起始时间、注意事项、应采取的措施和发布机关等内容。

一级、二级风险的结束时间能够与风险提示信息内容同时发布的，应当同时发布；无法同时发布的，待风险消失后通过原渠道补充发布。

三级、四级风险提示可以不发布风险结束时间，待风险消失后自然结束。

第十八条　风险提示发布后，旅行社应当根据风险级别采取下列措施：

（一）四级风险的，加强对旅游者的提示；

（二）三级风险的，采取必要的安全防范措施；

（三）二级风险的，停止组团或者带团前往风险区域；已在风险区域的，调整或者中止行程；

（四）一级风险的，停止组团或者带团前往风险区域，组织已在风险区域的旅游者撤离。

其他旅游经营者应当根据风险提示的级别，加强对旅游者的风险提示，采取相应的安全防范措施，妥善安置旅游者，并根据政府或者有关部门的要求，暂停或者关闭易受风险危害的旅游项目或者场所。

第十九条　风险提示发布后，旅游者应当关注相关风险，加强个人安全防范，并配合国家应对风险暂时限制旅游活动的措施，以及有关部门、机构或者旅游经营者采取的安全防范和应急处置措施。

第二十条　国家旅游局负责发布境外旅游目的地国家（地区），以及风险区域范围覆盖全国或者跨省级行政区域的风险提示。发布一级风险提示的，需经国务院批准；发布境外旅游目的地国家（地区）风险提示的，需经外交部门同意。

地方各级旅游主管部门应当及时转发上级旅游主管部门发布的风险提示，并负责发布前款规定之外涉及本辖区的风险提示。

第二十一条　风险提示信息应当通过官方网站、手机短信及公众易查阅的媒体渠道对外发布。一级、二级风险提示应同时通报有关媒体。

第四章　安全管理

第二十二条　旅游主管部门应当加强下列旅游安全日常管理工作：

（一）督促旅游经营者贯彻执行安全和应急管理的有关法律、法规，并引导其实施相关国家标准、行业标准或者地方标准，提高其安全经营和突发事件应对能力；

（二）指导旅游经营者组织开展从业人员的安全及应急管理培训，并通过新闻媒体等多种渠道，组织开展旅游安全及应急知识的宣传普及活动；

（三）统计分析本行政区域内发生旅游安全事故的情况；

（四）法律、法规规定的其他旅游安全管理工作。

旅游主管部门应当加强对星级饭店和 A 级景区旅游安全和应急管理工作的指导。

第二十三条　地方各级旅游主管部门应当根据有关法律、法规的规定，制定、修订本地区或者本部门旅游突发事件应急预案，并报上一级旅游主管部门备案，必要时组织应急演练。

第二十四条　地方各级旅游主管部门应当在当地人民政府的领导下，依法对景区符合安全开放条件进行指导，核定或者配合相关景区主管部门核定景区最大承载量，引导景区采取门票预约等方式控制景区流量；在旅游者数量可能达到最大承载量时，配合当地人民政府采取疏导、分流等措施。

第二十五条　旅游突发事件发生后，发生地县级以上旅游主管部门应当根据同级人民政府的要求和有关规定，启动旅游突发事件应急预案，并采取下列一项或者多项措施：

（一）组织或者协同、配合相关部门开展对旅游者的救助及善后处置，防止次生、衍生事件；

（二）协调医疗、救援和保险等机构对旅游者进行救助及善后处置；

（三）按照同级人民政府的要求，统一、准确、及时发布有关事态发展和应急处置工作的信息，并公布咨询电话。

第二十六条　旅游突发事件发生后，发生地县级以上旅游主管部门应当根据同级人民政府的要求和有关规定，参与旅游突发事件的调查，配合相关部门依法对应当承担事件责任的旅游经营者及其责任人进行处理。

第二十七条　各级旅游主管部门应当建立旅游突发事件报告制度。

第二十八条　旅游主管部门在接到旅游经营者依据本办法第十五条规定的报告后，应当向同级人民政府和上级旅游主管部门报告。一般旅游突发事件上报至设区的市级旅游主管部门；较大旅游突发事件逐级上报至省级旅游主管部门；重大和特别重大旅游突发事件逐级上报至国家旅游局。向上级旅游主管部门报告旅游突发事件，应当包括下列内容：

（一）事件发生的时间、地点、信息来源；

（二）简要经过、伤亡人数、影响范围；

（三）事件涉及的旅游经营者、其他有关单位的名称；

（四）事件发生原因及发展趋势的初步判断；

（五）采取的应急措施及处置情况；

（六）需要支持协助的事项；

（七）报告人姓名、单位及联系电话。

前款所列内容暂时无法确定的，应当先报告已知情况；报告后出现新情况的，应当及时补报、续报。

第二十九条　各级旅游主管部门应当建立旅游突发事件信息通报制度。旅游突发事件发生后，旅游主管部门应当及时将有关信息通报相关行业主管部门。

第三十条　旅游突发事件处置结束后，发生地旅游主管部门应当及时查明突发事件的发生经过和原因，总结突发事件应急处置工作的经验教训，制定改进措施，并在30日内按照下列程序提交总结报告：

（一）一般旅游突发事件向设区的市级旅游主管部门提交；

（二）较大旅游突发事件逐级向省级旅游主管部门提交；

（三）重大和特别重大旅游突发事件逐级向国家旅游局提交。

旅游团队在境外遇到突发事件的，由组团社所在地旅游主管部门提交总结报告。

第三十一条　省级旅游主管部门应当于每月5日前，将本地区上月发生的较大旅游突发事件报国家旅游局备案，内容应当包括突发事件发生的时间、地点、原因及事件类型和伤亡人数等。

第三十二条　县级以上地方各级旅游主管部门应当定期统计分析本行政区域内发生旅游突发事件的情况，并于每年1月底前将上一年度相关情况逐级报国家旅游局。

第五章　罚则

第三十三条　旅游经营者及其主要负责人、旅游从业人员违反法律、法规有关安全生产和突发事件应对规定的，依照相关法律、法规处理。

第三十四条　旅行社违反本办法第十一条第二款的规定，未制止履行辅助人的非法、不安全服务行为，或者未更换履行辅助人的，由旅游主管部门给予警告，可并处2000元以下罚款；情节严重的，处2000元以上10 000元以下罚款。

第三十五条　旅行社违反本办法第十二条的规定，不按要求制作安全信息卡，未将安全信息卡交由旅游者，或者未告知旅游者相关信息的，由旅游主管部门给予警告，可并处2000元以下罚款；情节严重的，处2000元以上10 000元以下罚款。

第三十六条　旅行社违反本办法第十八条规定，不采取相应措施的，由旅游主管部门处2000元以下罚款；情节严重的，处2000元以上10 000元以下罚款。

第三十七条　按照旅游业国家标准、行业标准评定的旅游经营者违反本办法规定的，由旅游主管部门建议评定组织依据相关标准作出处理。

第三十八条　旅游主管部门及其工作人员违反相关法律、法规及本办法规定，玩忽职守，未履行安全管理职责的，由有关部门责令改正，对直接负责的主管人员和其他直接责任人员依法给予处分。

第六章　附则

第三十九条　本办法所称旅游突发事件，是指突然发生，造成或者可能造成旅游者人身伤亡、财产损失，需要采取应急处置措施予以应对的自然灾害、事故灾难、公共卫生事件和社会安全事件。

根据旅游突发事件的性质、危害程度、可控性以及造成或者可能造成的影响，旅游突发事件一般分为特别重大、重大、较大和一般四级。

第四十条　本办法所称特别重大旅游突发事件，是指下列情形：

（一）造成或者可能造成人员死亡（含失踪）30人以上或者重伤100人以上；

（二）旅游者500人以上滞留超过24小时，并对当地生产生活秩序造成严重影响；

（三）其他在境内外产生特别重大影响，并对旅游者人身、财产安全造成特别重大威胁的事件。

第四十一条　本办法所称重大旅游突发事件，是指下列情形：

（一）造成或者可能造成人员死亡（含失踪）10人以上、30人以下或者重伤50人以上、100人以下；

（二）旅游者200人以上滞留超过24小时，对当地生产生活秩序造成较严重影响；

（三）其他在境内外产生重大影响，并对旅游者人身、财产安全造成重大威胁的事件。

第四十二条　本办法所称较大旅游突发事件，是指下列情形：

（一）造成或者可能造成人员死亡（含失踪）3人以上10人以下或者重伤10人以上、50人以下；

（二）旅游者50人以上、200人以下滞留超过24小时，并对当地生产生活秩序造成较大影响；

（三）其他在境内外产生较大影响，并对旅游者人身、财产安全造成较大威胁的事件。

第四十三条　本办法所称一般旅游突发事件，是指下列情形：

（一）造成或者可能造成人员死亡（含失踪）3人以下或者重伤10人以下；

（二）旅游者50人以下滞留超过24小时，并对当地生产生活秩序造成一定影响；

（三）其他在境内外产生一定影响，并对旅游者人身、财产安全造成一定威胁的事件。

第四十四条　本办法所称的"以上"包括本数；除第三十四条、第三十五条、第三十六条的规定外，所称的"以下"不包括本数。

第四十五条　本办法自 2016 年 12 月 1 日起施行。国家旅游局 1990 年 2 月 20 日发布的《旅游安全管理暂行办法》同时废止。

附录五　旅行社条例

第一章　总则

第一条　为了加强对旅行社的管理，保障旅游者和旅行社的合法权益，维护旅游市场秩序，促进旅游业的健康发展，制定本条例。

第二条　本条例适用于中华人民共和国境内旅行社的设立及经营活动。

本条例所称旅行社，是指从事招徕、组织、接待旅游者等活动，为旅游者提供相关旅游服务，开展国内旅游业务、入境旅游业务或者出境旅游业务的企业法人。

第三条　国务院旅游行政主管部门负责全国旅行社的监督管理工作。

县级以上地方人民政府管理旅游工作的部门按照职责负责本行政区域内旅行社的监督管理工作。

县级以上各级人民政府工商、价格、商务、外汇等有关部门，应当按照职责分工，依法对旅行社进行监督管理。

第四条　旅行社在经营活动中应当遵循自愿、平等、公平、诚信的原则，提高服务质量，维护旅游者的合法权益。

第五条　旅行社行业组织应当按照章程为旅行社提供服务，发挥协调和自律作用，引导旅行社合法、公平竞争和诚信经营。

第二章　旅行社的设立

第六条　申请经营国内旅游业务和入境旅游业务的，应当取得企业法人资格，并且注册资本不少于 30 万元。

第七条　申请经营国内旅游业务和入境旅游业务的，应当向所在地省、自治区、直辖市旅游行政管理部门或者其委托的设区的市级旅游行政管理部门提出申请，并提交符合本条例第六条规定的相关证明文件。受理申请的旅游行政管理部门应当自受理申请之日起 20 个工作日内作出许可或者不予许可的决定。予以许可的，向申请人颁发旅行社业务经营许可证；不予许可的，书面通知申请人并说明理由。

第八条　旅行社取得经营许可满两年，且未因侵害旅游者合法权益受到行政机关罚款以上处罚的，可以申请经营出境旅游业务。

第九条　申请经营出境旅游业务的，应当向国务院旅游行政主管部门或者其委托的省、自治区、直辖市旅游行政管理部门提出申请，受理申请的旅游行政管理部门应当自受理申请之日起 20 个工作日内作出许可或者不予许可的决定。予以许可的，向申请人换发旅行社业务经营许可证；不予许可的，书面通知申请人并说明理由。

第十条　旅行社设立分社的，应当向分社所在地的工商行政管理部门办理设立登记，并自设立登记之日起 3 个工作日内向分社所在地的旅游行政管理部门备案。

旅行社分社的设立不受地域限制。分社的经营范围不得超出设立分社的旅行社的经营范围。

第十一条　旅行社设立专门招徕旅游者、提供旅游咨询的服务网点（以下简称旅行社服务网点）应当依法向工商行政管理部门办理设立登记手续，并向所在地的旅游行政管理部门备案。

旅行社服务网点应当接受旅行社的统一管理，不得从事招徕、咨询以外的活动。

第十二条　旅行社变更名称、经营场所、法定代表人等登记事项或者终止经营的，应当到工商行政管理部门办理相应的变更登记或者注销登记，并在登记办理完毕之日起 10 个工作日内，向原许可的旅游行政管理部门备案，换领或者交回旅行社业务经营许可证。

第十三条　旅行社应当自取得旅行社业务经营许可证之日起 3 个工作日内，在国务院旅游行政主管部门指定的银行开设专门的质量保证金账户，存入质量保证金，或者向作出许可的旅游行政管理部门提交依法取得的担保额度不低于相应质量保证金数额的银行担保。

经营国内旅游业务和入境旅游业务的旅行社，应当存入质量保证金 20 万元；经营出境旅游业务的旅行社，应当增存质量保证金 120 万元。

质量保证金的利息属于旅行社所有。

第十四条　旅行社每设立一个经营国内旅游业务和入境旅游业务的分社，应当向其质量保证金账户增存 5 万元；每设立一个经营出境旅游业务的分社，应当向其质量保证金账户增存 30 万元。

第十五条　有下列情形之一的，旅游行政管理部门可以使用旅行社的质量保证金：

（一）旅行社违反旅游合同约定，侵害旅游者合法权益，经旅游行政管理部门查证属实的；

（二）旅行社因解散、破产或者其他原因造成旅游者预交旅游费用损失的。

第十六条　人民法院判决、裁定及其他生效法律文书认定旅行社损害旅游者合法权益，旅行社拒绝或者无力赔偿的，人民法院可以从旅行社的质量保证金账户上划拨赔偿款。

第十七条　旅行社自交纳或者补足质量保证金之日起三年内未因侵害旅游者合法权益受到行政机关罚款以上处罚的，旅游行政管理部门应当将旅行社质量保证金的交存数额降低 50%，并向社会公告。旅行社可凭省、自治区、直辖市旅游行政管理部门出具的凭证减少其质量保证金。

第十八条　旅行社在旅游行政管理部门使用质量保证金赔偿旅游者的损失，或者依法减少质量保证金后，因侵害旅游者合法权益受到行政机关罚款以上处罚的，应当在收到旅游行政管理部门补交质量保证金的通知之日起 5 个工作日内补足质量保证金。

第十九条　旅行社不再从事旅游业务的，凭旅游行政管理部门出具的凭证，向银行取回质量保证金。

第二十条　质量保证金存缴、使用的具体管理办法由国务院旅游行政主管部门和国务院财政部门会同有关部门另行制定。

第三章　外商投资旅行社

第二十一条　外商投资旅行社适用本章规定；本章没有规定的，适用本条例其他有关规定。

前款所称外商投资旅行社，包括中外合资经营旅行社、中外合作经营旅行社和外资旅行社。

第二十二条　外商投资企业申请经营旅行社业务，应当向所在地省、自治区、直辖市旅游行政管理部门提出申请，并提交符合本条例第六条规定条件的相关证明文件。省、自治区、直辖市旅游行政管理部门应当自受理申请之日起 30 个工作日内审查完毕。予以许可的，颁发旅行社业务经营许可证；不予许可的，书面通知申请人并说明理由。

设立外商投资旅行社，还应当遵守有关外商投资的法律、法规。

第二十三条　外商投资旅行社不得经营中国内地居民出国旅游业务以及赴香港特别行政区、澳门特别行政区和台湾地区旅游的业务，但是国务院决定或者我国签署的自由贸易协定和内地与香港、澳门关于建立更紧密经贸关系的安排另有规定的除外。

第四章　旅行社经营

第二十四条　旅行社向旅游者提供的旅游服务信息必须真实可靠，不得作虚假宣传。

第二十五条　经营出境旅游业务的旅行社不得组织旅游者到国务院旅游行政主管部门公布的中国公民出境旅游目的地之外的国家和地区旅游。

第二十六条　旅行社为旅游者安排或者介绍的旅游活动不得含有违反有关法律、法规规定的内容。

第二十七条　旅行社不得以低于旅游成本的报价招徕旅游者。未经旅游者同意，旅行社不得在旅游合同约定之外提供其他有偿服务。

第二十八条 旅行社为旅游者提供服务，应当与旅游者签订旅游合同并载明下列事项：

（一）旅行社的名称及其经营范围、地址、联系电话和旅行社业务经营许可证编号；

（二）旅行社经办人的姓名、联系电话；

（三）签约地点和日期；

（四）旅游行程的出发地、途经地和目的地；

（五）旅游行程中交通、住宿、餐饮服务安排及其标准；

（六）旅行社统一安排的游览项目的具体内容及时间；

（七）旅游者自由活动的时间和次数；

（八）旅游者应当交纳的旅游费用及交纳方式；

（九）旅行社安排的购物次数、停留时间及购物场所的名称；

（十）需要旅游者另行付费的游览项目及价格；

（十一）解除或者变更合同的条件和提前通知的期限；

（十二）违反合同的纠纷解决机制及应当承担的责任；

（十三）旅游服务监督、投诉电话；

（十四）双方协商一致的其他内容。

第二十九条 旅行社在与旅游者签订旅游合同时，应当对旅游合同的具体内容作出真实、准确、完整的说明。

旅行社和旅游者签订的旅游合同约定不明确或者对格式条款的理解发生争议的，应当按照通常理解予以解释；对格式条款有两种以上解释的，应当作出有利于旅游者的解释；格式条款和非格式条款不一致的，应当采用非格式条款。

第三十条 旅行社组织中国内地居民出境旅游的，应当为旅游团队安排领队全程陪同。

第三十一条 旅行社为接待旅游者委派的导游人员，应当持有国家规定的导游证。

取得出境旅游业务经营许可的旅行社为组织旅游者出境旅游委派的领队，应当取得导游证，具有相应的学历、语言能力和旅游从业经历，并与委派其从事领队业务的旅行社订立劳动合同。旅行社应当将本单位领队名单报所在地设区的市级旅游行政管理部门备案。

第三十二条 旅行社聘用导游人员、领队人员应当依法签订劳动合同，并向其支付不低于当地最低工资标准的报酬。

第三十三条 旅行社及其委派的导游人员和领队人员不得有下列行为：

（一）拒绝履行旅游合同约定的义务；

（二）非因不可抗力改变旅游合同安排的行程；

（三）欺骗、胁迫旅游者购物或者参加需要另行付费的游览项目。

第三十四条　旅行社不得要求导游人员和领队人员接待不支付接待和服务费用或者支付的费用低于接待和服务成本的旅游团队，不得要求导游人员和领队人员承担接待旅游团队的相关费用。

第三十五条　旅行社违反旅游合同约定，造成旅游者合法权益受到损害的，应当采取必要的补救措施，并及时报告旅游行政管理部门。

第三十六条　旅行社需要对旅游业务作出委托的，应当委托给具有相应资质的旅行社，征得旅游者的同意，并与接受委托的旅行社就接待旅游者的事宜签订委托合同，确定接待旅游者的各项服务安排及其标准，约定双方的权利、义务。

第三十七条　旅行社将旅游业务委托给其他旅行社的，应当向接受委托的旅行社支付不低于接待和服务成本的费用；接受委托的旅行社不得接待不支付或者不足额支付接待和服务费用的旅游团队。

接受委托的旅行社违约，造成旅游者合法权益受到损害的，作出委托的旅行社应当承担相应的赔偿责任。作出委托的旅行社赔偿后，可以向接受委托的旅行社追偿。

接受委托的旅行社故意或者重大过失造成旅游者合法权益损害的，应当承担连带责任。

第三十八条　旅行社应当投保旅行社责任险。旅行社责任险的具体方案由国务院旅游行政主管部门会同国务院保险监督管理机构另行制定。

第三十九条　旅行社对可能危及旅游者人身、财产安全的事项，应当向旅游者作出真实的说明和明确的警示，并采取防止危害发生的必要措施。

发生危及旅游者人身安全的情形的，旅行社及其委派的导游人员、领队人员应当采取必要的处置措施并及时报告旅游行政管理部门；在境外发生的，还应当及时报告中华人民共和国驻该国使领馆、相关驻外机构、当地警方。

第四十条　旅游者在境外滞留不归的，旅行社委派的领队人员应当及时向旅行社和中华人民共和国驻该国使领馆、相关驻外机构报告。旅行社接到报告后应当及时向旅游行政管理部门和公安机关报告，并协助提供非法滞留者的信息。

旅行社接待入境旅游发生旅游者非法滞留我国境内的，应当及时向旅游行政管理部门、公安机关和外事部门报告，并协助提供非法滞留者的信息。

第五章　监督检查

第四十一条　旅游、工商、价格、商务、外汇等有关部门应当依法加强对旅行社的监督管理，发现违法行为，应当及时予以处理。

第四十二条　旅游、工商、价格等行政管理部门应当及时向社会公告监督检查的情况。公告的内容包括旅行社业务经营许可证的颁发、变更、吊销、注销情况，旅行社的违法经营行为以及旅行社的诚信记录、旅游者投诉信息等。

第四十三条　旅行社损害旅游者合法权益的，旅游者可以向旅游行政管理部门、工商行政管理部门、价格主管部门、商务主管部门或者外汇管理部门投诉，接到投诉的部门应当按照其职责权限及时调查处理，并将调查处理的有关情况告知旅游者。

第四十四条　旅行社及其分社应当接受旅游行政管理部门对其旅游合同、服务质量、旅游安全、财务账簿等情况的监督检查，并按照国家有关规定向旅游行政管理部门报送经营和财务信息等统计资料。

第四十五条　旅游、工商、价格、商务、外汇等有关部门工作人员不得接受旅行社的任何馈赠，不得参加由旅行社支付费用的购物活动或者游览项目，不得通过旅行社为自己、亲友或者其他个人、组织牟取私利。

第六章　法律责任

第四十六条　违反本条例的规定，有下列情形之一的，由旅游行政管理部门或者工商行政管理部门责令改正，没收违法所得，违法所得10万元以上的，并处违法所得1倍以上5倍以下的罚款；违法所得不足10万元或者没有违法所得的，并处10万元以上50万元以下的罚款：

（一）未取得相应的旅行社业务经营许可，经营国内旅游业务、入境旅游业务、出境旅游业务的；

（二）分社超出设立分社的旅行社的经营范围经营旅游业务的；

（三）旅行社服务网点从事招徕、咨询以外的旅行社业务经营活动的。

第四十七条　旅行社转让、出租、出借旅行社业务经营许可证的，由旅游行政管理部门责令停业整顿1个月至3个月，并没收违法所得；情节严重的，吊销旅行社业务经营许可证。受让或者租借旅行社业务经营许可证的，由旅游行政管理部门责令停止非法经营，没收违法所得，并处10万元以上50万元以下的罚款。

第四十八条　违反本条例的规定，旅行社未在规定期限内向其质量保证金账户存入、增存、补足质量保证金或者提交相应的银行担保的，由旅游行政管理部门责令改正；拒不改正的，吊销旅行社业务经营许可证。

第四十九条　违反本条例的规定，旅行社不投保旅行社责任险的，由旅游行政管理部门责令改正；拒不改正的，吊销旅行社业务经营许可证。

第五十条　违反本条例的规定，旅行社有下列情形之一的，由旅游行政管理部门责令改正；拒不改正的，处1万元以下的罚款：

（一）变更名称、经营场所、法定代表人等登记事项或者终止经营，未在规定期限内向原许可的旅游行政管理部门备案，换领或者交回旅行社业务经营许可证的；

（二）设立分社未在规定期限内向分社所在地旅游行政管理部门备案的；

（三）不按照国家有关规定向旅游行政管理部门报送经营和财务信息等统计资料的。

第五十一条　违反本条例的规定，外商投资旅行社经营中国内地居民出国旅游业务以及赴香港特别行政区、澳门特别行政区和台湾地区旅游业务，或者经营出境旅游业务的旅行社组织旅游者到国务院旅游行政主管部门公布的中国公民出境旅游目的地之外的国家和地区旅游的，由旅游行政管理部门责令改正，没收违法所得，违法所得10万元以上的，并处违法所得1倍以上5倍以下的罚款；违法所得不足10万元或者没有违法所得的，并处10万元以上50万元以下的罚款；情节严重的，吊销旅行社业务经营许可证。

第五十二条　违反本条例的规定，旅行社为旅游者安排或者介绍的旅游活动含有违反有关法律、法规规定的内容的，由旅游行政管理部门责令改正，没收违法所得，并处2万元以上10万元以下的罚款；情节严重的，吊销旅行社业务经营许可证。

第五十三条　违反本条例的规定，旅行社向旅游者提供的旅游服务信息含有虚假内容或者作虚假宣传的，由工商行政管理部门依法给予处罚。

违反本条例的规定，旅行社以低于旅游成本的报价招徕旅游者的，由价格主管部门依法给予处罚。

第五十四条　违反本条例的规定，旅行社未经旅游者同意在旅游合同约定之外提供其他有偿服务的，由旅游行政管理部门责令改正，处1万元以上5万元以下的罚款。

第五十五条　违反本条例的规定，旅行社有下列情形之一的，由旅游行政管理部门责令改正，处2万元以上10万元以下的罚款；情节严重的，责令停业整顿1个月至3个月：

（一）未与旅游者签订旅游合同；

（二）与旅游者签订的旅游合同未载明本条例第二十八条规定的事项；

（三）未取得旅游者同意，将旅游业务委托给其他旅行社；

（四）将旅游业务委托给不具有相应资质的旅行社；

（五）未与接受委托的旅行社就接待旅游者的事宜签订委托合同。

第五十六条　违反本条例的规定，旅行社组织中国内地居民出境旅游，不为旅游团队安排领队全程陪同的，由旅游行政管理部门责令改正，处1万元以上5万元以下的罚款；拒不改正的，责令停业整顿1个月至3个月。

第五十七条　违反本条例的规定，旅行社委派的导游人员未持有国家规定的导游证或者委派的领队人员不具备规定的领队条件的，由旅游行政管理部门责令改正，对旅行社处2万元以上10万元以下的罚款。

第五十八条　违反本条例的规定，旅行社不向其聘用的导游人员、领队人员支付报酬，或者所支付的报酬低于当地最低工资标准的，按照《中华人民共和国劳动合同法》的有关规定处理。

第五十九条　违反本条例的规定，有下列情形之一的，对旅行社，由旅游行政管理部门或者工商行政管理部门责令改正，处10万元以上50万元以下的罚款；对导游人员、领队人员，由旅游行政管理部门责令改正，处1万元以上5万元以下的罚款；情节严重的，吊销旅行社业务经营许可证、导游证：

（一）拒不履行旅游合同约定的义务的；

（二）非因不可抗力改变旅游合同安排的行程的；

（三）欺骗、胁迫旅游者购物或者参加需要另行付费的游览项目的。

第六十条　违反本条例的规定，旅行社要求导游人员和领队人员接待不支付接待和服务费用、支付的费用低于接待和服务成本的旅游团队，或者要求导游人员和领队人员承担接待旅游团队的相关费用的，由旅游行政管理部门责令改正，处2万元以上10万元以下的罚款。

第六十一条　旅行社违反旅游合同约定，造成旅游者合法权益受到损害，不采取必要的补救措施的，由旅游行政管理部门或者工商行政管理部门责令改正，处1万元以上5万元以下的罚款；情节严重的，由旅游行政管理部门吊销旅行社业务经营许可证。

第六十二条　违反本条例的规定，有下列情形之一的，由旅游行政管理部门责令改正，停业整顿1个月至3个月；情节严重的，吊销旅行社业务经营许可证：

（一）旅行社不向接受委托的旅行社支付接待和服务费用的；

（二）旅行社向接受委托的旅行社支付的费用低于接待和服务成本的；

（三）接受委托的旅行社接待不支付或者不足额支付接待和服务费用的旅游团队的。

第六十三条　违反本条例的规定，旅行社及其委派的导游人员、领队人员有下列情形之一的，由旅游行政管理部门责令改正，对旅行社处2万元以上10万元以下的罚款；对导游人员、领队人员处4000元以上2万元以下的罚款；情节严重的，责令旅行社停业整顿1个月至3个月，或者吊销旅行社业务经营许可证、导游证：

（一）发生危及旅游者人身安全的情形，未采取必要的处置措施并及时报告的；

（二）旅行社组织出境旅游的旅游者非法滞留境外，旅行社未及时报告并协助提供非法滞留者信息的；

（三）旅行社接待入境旅游的旅游者非法滞留境内，旅行社未及时报告并协助提供非法滞留者信息的。

第六十四条　因妨害国（边）境管理受到刑事处罚的，在刑罚执行完毕之日起五年内不得从事旅行社业务经营活动；旅行社被吊销旅行社业务经营许可的，其主要负责人在旅行社业务经营许可被吊销之日起五年内不得担任任何旅行社的主要负责人。

第六十五条　旅行社违反本条例的规定，损害旅游者合法权益的，应当承担相应的民事责任；构成犯罪的，依法追究刑事责任。

第六十六条　违反本条例的规定，旅游行政管理部门或者其他有关部门及其工作人员有下列情形之一的，对直接负责的主管人员和其他直接责任人员依法给予处分：

（一）发现违法行为不及时予以处理的；

（二）未及时公告对旅行社的监督检查情况的；

（三）未及时处理旅游者投诉并将调查处理的有关情况告知旅游者的；

（四）接受旅行社的馈赠的；

（五）参加由旅行社支付费用的购物活动或者游览项目的；

（六）通过旅行社为自己、亲友或者其他个人、组织牟取私利的。

第七章　附则

第六十七条　香港特别行政区、澳门特别行政区和台湾地区的投资者在内地投资设立的旅行社，参照适用本条例。

第六十八条　本条例自 2009 年 5 月 1 日起施行。1996 年 10 月 15 日国务院发布的《旅行社管理条例》同时废止。

附录六　旅游投诉处理办法

第一章　总则

第一条　为了维护旅游者和旅游经营者的合法权益，依法公正处理旅游投诉，依据《中华人民共和国消费者权益保护法》《旅行社条例》《导游人员管理条例》和《中国公民出国旅游管理办法》等法律、法规，制定本办法。

第二条　本办法所称旅游投诉，是指旅游者认为旅游经营者损害其合法权益，请求旅游行政管理部门、旅游质量监督管理机构或者旅游执法机构（以下统称"旅游投诉处理机构"），对双方发生的民事争议进行处理的行为。

第三条　旅游投诉处理机构应当在其职责范围内处理旅游投诉。

地方各级旅游行政主管部门应当在本级人民政府的领导下，建立、健全相关行政管理部门共同处理旅游投诉的工作机制。

第四条　旅游投诉处理机构在处理旅游投诉中，发现被投诉人或者其从业人员有违法或犯罪行为的，应当按照法律、法规和规章的规定，作出行政处罚、向有关行政管理部门提出行政处罚建议或者移送司法机关。

第二章　管辖

第五条　旅游投诉由旅游合同签订地或者被投诉人所在地县级以上地方旅游投诉处理机构管辖。

需要立即制止、纠正被投诉人的损害行为的，应当由损害行为发生地旅游投诉处理机构管辖。

第六条　上级旅游投诉处理机构有权处理下级旅游投诉处理机构管辖的投诉案件。

第七条　发生管辖争议的，旅游投诉处理机构可以协商确定，或者报请共同的上级旅游投诉处理机构指定管辖。

第三章　受理

第八条　投诉人可以就下列事项向旅游投诉处理机构投诉：

（一）认为旅游经营者违反合同约定的；

（二）因旅游经营者的责任致使投诉人人身、财产受到损害的；

（三）因不可抗力、意外事故致使旅游合同不能履行或者不能完全履行，投诉人与被投诉人发生争议的；

（四）其他损害旅游者合法权益的。

第九条　下列情形不予受理：

（一）人民法院、仲裁机构、其他行政管理部门或者社会调解机构已经受理或者处理的；

（二）旅游投诉处理机构已经作出处理，且没有新情况、新理由的；

（三）不属于旅游投诉处理机构职责范围或者管辖范围的；

（四）超过旅游合同结束之日 90 天的；

（五）不符合本办法第十条规定的旅游投诉条件的；

（六）本办法规定情形之外的其他经济纠纷。

属于前款第（三）项规定的情形的，旅游投诉处理机构应当及时告知投诉人向有管辖权的旅游投诉处理机构或者有关行政管理部门投诉。

第十条　旅游投诉应当符合下列条件：

（一）投诉人与投诉事项有直接利害关系；

（二）有明确的被投诉人、具体的投诉请求、事实和理由。

第十一条　旅游投诉一般应当采取书面形式，一式两份，并载明下列事项：

（一）投诉人的姓名、性别、国籍、通讯地址、邮政编码、联系电话及投诉日期；

（二）被投诉人的名称、所在地；

（三）投诉的要求、理由及相关的事实根据。

第十二条　投诉事项比较简单的，投诉人可以口头投诉，由旅游投诉处理机构进行记录或者登记，并告知被投诉人；对于不符合受理条件的投诉，旅游投诉处理机构可以口头告知投诉人不予受理及其理由，并进行记录或者登记。

第十三条　投诉人委托代理人进行投诉活动的，应当向旅游投诉处理机构提交授权委托书，并载明委托权限。

第十四条　投诉人4人以上，以同一事由投诉同一被投诉人的，为共同投诉。

共同投诉可以由投诉人推选1至3名代表进行投诉。代表人参加旅游投诉处理机构处理投诉过程的行为，对全体投诉人发生效力，但代表人变更、放弃投诉请求或者进行和解，应当经全体投诉人同意。

第十五条　旅游投诉处理机构接到投诉，应当在5个工作日内作出以下处理：

（一）投诉符合本办法的，予以受理；

（二）投诉不符合本办法的，应当向投诉人送达《旅游投诉不予受理通知书》，告知不予受理的理由；

（三）依照有关法律、法规和本办法规定，本机构无管辖权的，应当以《旅游投诉转办通知书》或者《旅游投诉转办函》，将投诉材料转交有管辖权的旅游投诉处理机构或者其他有关行政管理部门，并书面告知投诉人。

第四章　处理

第十六条　旅游投诉处理机构处理旅游投诉，除本办法另有规定外，实行调解制度。

旅游投诉处理机构应当在查明事实的基础上，遵循自愿、合法的原则进行调解，促使投诉人与被投诉人相互谅解，达成协议。

第十七条　旅游投诉处理机构处理旅游投诉，应当立案办理，填写《旅游投诉立案表》，并附有关投诉材料，在受理投诉之日起5个工作日内，将《旅游投诉受理通知书》和投诉书副本送达被投诉人。

对于事实清楚、应当即时制止或者纠正被投诉人损害行为的，可以不填写《旅游投诉立案表》和向被投诉人送达《旅游投诉受理通知书》，但应当对处理情况进行记录存档。

第十八条　被投诉人应当在接到通知之日起10日内作出书面答复，提出答辩的事实、理由和证据。

第十九条　投诉人和被投诉人应当对自己的投诉或者答辩提供证据。

第二十条　旅游投诉处理机构应当对双方当事人提出的事实、理由及证据进行审查。

旅游投诉处理机构认为有必要收集新的证据，可以根据有关法律、法规的规定，自行收集或者召集有关当事人进行调查。

第二十一条　需要委托其他旅游投诉处理机构协助调查、取证的，应当出具《旅游投诉调查取证委托书》，受委托的旅游投诉处理机构应当予以协助。

第二十二条　对专门性事项需要鉴定或者检测的，可以由当事人双方约定的鉴定或者检测部门鉴定。没有约定的，当事人一方可以自行向法定鉴定或者检测机构申请鉴定或者检测。

鉴定、检测费用按双方约定承担。没有约定的，由鉴定、检测申请方先行承担；达成调解协议后，按调解协议承担。

鉴定、检测的时间不计入投诉处理时间。

第二十三条　在投诉处理过程中，投诉人与被投诉人自行和解的，应当将和解结果告知旅游投诉处理机构；旅游投诉处理机构在核实后应当予以记录并由双方当事人、投诉处理人员签名或者盖章。

第二十四条　旅游投诉处理机构受理投诉后，应当积极安排当事双方进行调解，提出调解方案，促成双方达成调解协议。

第二十五条　旅游投诉处理机构应当在受理旅游投诉之日起60日内，作出以下处理：

（一）双方达成调解协议的，应当制作《旅游投诉调解书》，载明投诉请求、查明的事实、处理过程和调解结果，由当事人双方签字并加盖旅游投诉处理机构印章；

（二）调解不成的，终止调解，旅游投诉处理机构应当向双方当事人出具《旅游投诉终止调解书》。

调解不成的，或者调解书生效后没有执行的，投诉人可以按照国家法律、法规的规定，向仲裁机构申请仲裁或者向人民法院提起诉讼。

第二十六条　在下列情形下，经旅游投诉处理机构调解，投诉人与旅行社不能达成调解协议的，旅游投诉处理机构应当做出划拨旅行社质量保证金赔偿的决定，或向旅游行政管理部门提出划拨旅行社质量保证金的建议：

（一）旅行社因解散、破产或者其他原因造成旅游者预交旅游费用损失的；

（二）因旅行社中止履行旅游合同义务、造成旅游者滞留，而实际发生了交通、食宿或返程等必要及合理费用的。

第二十七条　旅游投诉处理机构应当每季度公布旅游者的投诉信息。

第二十八条　旅游投诉处理机构应当使用统一规范的旅游投诉处理信息系统。

第二十九条　旅游投诉处理机构应当为受理的投诉制作档案并妥善保管相关资料。

第三十条　本办法中有关文书式样，由国家旅游局统一制定。

第五章　附则

第三十一条　本办法由国家旅游局负责解释。

第三十二条　本办法自2010年7月1日起施行。《旅行社质量保证金暂行规定》《旅行社质量保证金暂行规定实施细则》《旅行社质量保证金赔偿暂行办法》同时废止。

附录七　旅 游 交 通

一、航空旅行常识

（一）航班、班次

民航的运输飞行主要有三种形式，即班期飞行、加班飞行和包机飞行，其中，班期飞行是按照班期时刻表和规定的航线，定机型定日期、定时刻的飞行，加班飞行是根据临时需要在班期飞行以外增加的飞行，包机飞行则是按照包机单位的要求，在现有航线上或以外进行的专用飞行。此外，还有不定期航班与季节性航班飞行。

航班分为定期航班和不定期航班，前者是指飞机定期自始发站起飞，按照规定的航线经过经停站至终点站，或直接到达终点站的飞行。在国际航班上飞行的航班称为国际航班，在国内航线上飞行的航班称为国内航班。航班又分为去程航班与回程航班。

班次是指在单位时间内飞行的航班数。班次是根据运量需求与运能来确定的。

（二）航班号

目前国内航班的编号是由执行任务的航空公司的二字英语代码和四个阿拉伯数字组成。其中，第一个数字表示执行该航班任务的航空公司的数字代码，如1表示中国国际航空公司，2表示西北航空公司，3表示南方航空公司，4表示西南航空公司，5表示东方航空公司，6表示北方航空公司。第二个数字表示该航班的终点站所属的管理局或航空公司所在地的数字代码，第三和第四个数字表示该航班的具体编号，并且，第四位数字若为单数表示去程航班，双数则为回程航班。如SZ4301是西南航空公司自成都至广州的飞机，CA1501是中国国际航空公司自北京至上海的飞机。

我国国际航班的航班号是由招待该航班任务的航空公司的二字英语代码和三个阿拉伯数字组成。其中，中国国际航空公司的第一个数字为9，其他航空公司第一个数字以招待航班任务的该航空公司的数字代码表示。前者如中国国际航空公司北京至新加坡为CA977，至东京为CA919；后者如中国东方航空公司上海至新加坡为MU545，至大坡为MU515，目前，我国航空运输飞国际航线的航空公司有中国国际航空公司、中国东方航空公司、中国南方航空公司、中国北方航空公司和中国新疆航空公司。

（三）机场建设费

机场建设费 1980 年在北京一地试行，1981 年在全国推开，开始是面向出境国际旅客征收，后为了建立旅游发展基金，征收对象扩展到除下述旅客外的所有离境旅客，在国内机场中转未出隔离厅的国际旅客；乘坐国际航班出境和乘坐香港、澳门地区航班出港持外交护照的旅客；持半票的 12 周岁以下的儿童；乘坐国内航班在当日（与机票所到的下一航班起飞时间间隔 8 小时以内）中转的旅客。

（四）机票

乘坐飞机旅行，旅客应根据有关规定购票。购买机票须出示有效证件，并填写旅客定座单。例如，中国居民须出本人的居民身份证，外国人要出示护照，台湾同胞要持台湾同胞旅行证明或公安机关出具的其他有效身份证件购买机票。机票只限票上所列姓名旅客使用，不得边境证让和涂改，否则机票无效，机票费不退。

国内、国际机票的有效期均为一年

外国旅游团抵达后，导游人员要核实机票；是否有国内段国际机票，有无返程、出境机票。要弄清出境机票是 OK 票还是 OPEN 票，所谓 OK 票，即已订妥日期、航班和机座的机票。持 OK 票的旅客若在该联程或回程让停留 72 小时以上，国内机票须在联程或回程航班机起飞前两天中午时以前，国际机票须在 72 小时前办理座位再证实手续，否则，原定座位不以保留；OPEN 票则是不定期机票，旅客乘机前须持机票和有效证件去民航办现订座手续。

二、铁路旅行常识

（一）旅客列车种类

旅客列车分为国际旅客列车和国内旅客列车。

按车次前冠有英文字母的不同分为；

高速列车，车次前冠有 G，共 6 对，从 G1/2–65/66 ；

准高速列车；车次前冠有 Z，共 20 对，从 Z23/24–Z67/68 ；

快速列车，车次前塞有 K，共 48 对，从 K1/2–K251/252 ；

旅游列车；车次前冠有 Y，共 70 对，从 Y5/6–Y271/272 ；

广深公司旅客快车；车次前冠有 S，共 17 对，从 S115/116–S147/148 ；

上海局管内特种豪华列车；车次前冠有 T，共 4 对，从 T 1/2–T5/16。

车次前未冠有英文字母的列车分为；

特别快车，包括局管内特别快车，从 3/4–297/298 ；

直通旅客快车，包括管内旅客快车，从 301/302–697/698，直通旅客列车，从 701/702-742/743。

除高速与准高速列车外，客运列车一般由软由软件包卧车厢\硬卧车厢\软座车厢\硬座车厢\餐车\行李车厢和邮车组成。

（二）车票

车票是旅客乘车的凭证，同时也是旅客加入铁路意外伤害强制保险的凭证车票分为两种，客票和附加票，前者包括软座\硬座，后者包括加恰似票，卧铺票\空调票。

（三）旅游携带品

每位旅客免费携带品的重量和体积是：儿童 10 千克，外交人员 35 千克，其他旅客 20 千克．携带品的长度和体积要适于放在行李架上或座位下边，并不妨碍其他旅客乘坐和通行，携带品的外部尺寸最大不得超过 160 厘米，杆状物品的长度不得超过 200 厘米，重量不得超过 20 千克。

凡是危险品（如雷管、炸药、鞭炮、汽油、煤油、电石、液化气等易爆、易燃、自燃物品和杀伤性剧毒物品），国家限制运输物品，妨碍公共卫生的物品、动物以及损坏或污染辆的物品都不能带入车内。

三、水路旅行常识

（一）一般常识

中国的水路交通分为沿海航运和内河航运两大类。

海外旅游者在中国水上旅游时大多乘坐豪华游轮。

航行在沿海和江湖上的客轮大小不等，船上的设备差异很大。大型客轮的舱室一般分五等：一等舱（软卧 1-2 人），二等舱（软卧 2-4 人），三等舱（4-8 人），四等舱（硬卧，8-24 人），和五等舱（硬卧），还有散席（包括座席）。豪华客轮设有特等舱（由软卧卧室、休息室、卫生间等组成）。

（二）船票

船票分普通船票和加快船票又分成人票、儿童票和残废军人优待票。

旅客在乘船前丢失船票，应另行购票，上船后旅客丢失船票，如能提出足够的证明，经确认后无需补票；无法证明时，按有关规定处理。

（三）行李

乘坐沿海和长江客轮，持全价票的旅客可参身携带免费行李 30 千克，持半价票者和免票儿童 15 千克，每件行李的体积不得超过 0.2 立方米，长度不超过 1.5 米，重量不超过 30 千克，乘坐其他内河客轮，免费携带的行李分别为 20 千克和 10 千克。

下列物品不准携带上船：法令限制运输的物品，有臭味，恶腥味的物品，能损坏、污染船舶和妨碍其他旅客的物品，爆炸品、易燃品、自燃品、腐蚀物品、有毒物品、杀伤性物品以及放射性物质。

四、保险知识

保险是一种风险转移机制，即个人或企业通过保险将一些难以确定的事故转移给别人去负担，以付出一笔已知的保险费为代价，就可阉损失转移给保险公司承担，当然、输保险本身并不能消除风险，保险只能为遭受风险损失扔人提供经济补偿。

为了保障旅游者的合法权益，国家旅游局和中国人民保险公司于 1990 年 2 月联合下发了《关于旅行社接待的海外旅游者在华旅游期间统一袿旅游意外保险的通知》。凡由我国旅行社外联组织接待的海外来华旅游者，包括华侨、港澳台同胞在内，都应纳入意外保险之列并支付保险费，现将某旅行社编印的《旅行社旅客责任保险陪同人员须知》附后供参考。1997 年，根据上年颁布的《旅行社管理条例》及其后颁布的《实施细由》的要求，国家旅游局又颁布了《旅行社办理旅游意外保险暂行规定》，规定旅行社组织的团队旅游，不信纸是海外旅游者的入境旅游，还是中国公民的国内旅游和出境旅游，旅行社都必须为旅游者办理旅游意外保险，从而完善了我国旅游意外保险制度。

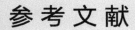

参考文献

[1] 韩笑.基于应用型人才培养的导游业务实训教学模式探索[J].产业与科技论坛，2016，15（06）：165–168.

[2] 韩笑.翻转课堂在"导游业务实训"教学中的应用[J].文教资料，2017（21）：207–209.

[3] 王艳芹.旅游专业导游业务实训教学改革初探[J].河南农业，2013（06）：20–21.

[4] 薛晨囡.导游业务课程实训现状及改革创新分析[J].科教导刊（中旬刊），2013（12）：71–72.

[5] 周芝.重庆市中等职业学校旅游服务与管理专业课程设置的问题及对策研究[D].重庆师范大学，2016.

[6] 李晖.高校旅游管理专业导游实训教学设计[J].新西部（理论版），2014（17）：146–150.

[7] 刘国强，张辉.导游业务实训教程[M].北京.科学出版社，2008.

[8] 朱红霞等.新编导游业务实训教程[M].浙江大学出版社，2010.